梧桐树系列丛书　　　段立群　关春霞　主编

劳动教育课程实施与评价

LAODONG JIAOYU
KECHENG SHISHI YU
PINGJIA

关春霞　陈东东　李淼　主编

知识产权出版社

全国百佳图书出版单位

—北京—

图书在版编目（CIP）数据

劳动教育课程实施与评价 / 关春霞，陈东东，李淼主编 .—北京：知识产权出版社，2020.12（2024.12重印）

（梧桐树系列丛书 / 段立群，关春霞主编）

ISBN 978-7-5130-7310-3

Ⅰ.①劳… Ⅱ.①关… ②陈… ③李… Ⅲ.①劳动课—教学研究—中小学 Ⅳ.① G633.932

中国版本图书馆 CIP 数据核字（2020）第 226222 号

内容提要

马克思在《资本论》中指出："未来教育对所有已满一定年龄的儿童来说，就是生产劳动同智育和体育相结合，它不仅是提高社会生产的一种方法，而且是造就全面发展的人的唯一方法。"可见，劳动教育具有立德树人、全面育人的重要价值。因此，学校劳动教育课程的科学系统规划、丰富多元的内容、实施要素的构建、成果的可视化评价、坚实充足的保障等，直接决定着课程是否能有效落实，学生是否得到全面发展。本书列举的学校劳动教育课程体系涉及课程背景、课程理念、课程目标、课程规划、实施要素、经典案例、课程评价等。本书将带您走进丰富的劳动教育主题，感知课程实施的深度与广度，带给学生的自然成长和体验劳动的喜悦！

责任编辑：曹靖凯　郑涵语　　　　　**责任印制**：刘译文

封面设计：舒　丁

梧桐树系列丛书

段立群　关春霞　主编

劳动教育课程实施与评价

LAODONG JIAOYU KECHENG SHISHI YU PINGJIA

关春霞　陈东东　李淼　主编

出版发行：知识产权出版社 有限责任公司	**网　址**：http://www.ipph.cn
电　话：010-82004826	http://www.laichushu.com
社　址：北京市海淀区气象路 50 号院	**邮　编**：100081
责编电话：010-82000860 转 8534	**责编邮箱**：laichushu@cnipr.com
发行电话：010-82000860 转 8101	**发行传真**：010-82000893
印　刷：三河市国英印务有限公司	**经　销**：各大网上书店、新华书店及相关专业书店
开　本：720mm×1000mm　1/16	**印　张**：19.5
版　次：2020 年 12 月第 1 版	**印　次**：2024 年 12 月第 8 次印刷
字　数：276 千字	**定　价**：86.00 元

ISBN 978-7-5130-7310-3

编 委 会

多元挖掘劳动教育的育人价值

我起初并不认识关春霞老师，是我当年的教育部校长培训中心首期全国优秀中学校长研究班的同学、现任河南省教育厅副厅长的毛杰女士推荐我为她这本书写序，我才有机会认识她，并认真读了这本书。

我感到此书是值得推介的，希望中小学老师、家长、同学都能够阅读它。关老师是个用心、善于积累，做学问的人。在日常生活、教育中，她孜孜不倦并带领一批老师共同研究劳动教育活动。在她的带领下，郑州市金水区各个学校劳动教育活动的兴起与蓬勃发展，不是随性、随意的，而是当成一门课程来开发，以新时代劳动教育的视角来开拓，可喜可贵。

我以为这本书有以下几个特点：

第一，具有前沿性。当我们国家开始推广劳动教育的时候，金水区已经有了比较成功的经验，此书不是泛泛讲道理，都是实践、都是体验。以案例来阐述劳动教育的意义、劳动教育的本质、劳动教育的内容、劳动教育的方法、劳动教育的途径等。比如其中的"豫之酱""蒸馒头""趣味纸雕""芬芳职业""手创王国""天使行动"等课程，将实施内容主题化、丰富化、项目化，实施方式综合化，让学生"像科学家一样的思考"，激发学生的兴趣和爱好。实践于真实的生活和学习之中，何其好啊。比如，南阳路第三小学"一方田"课程让孩子经历规范劳作，科学丈量，参观博物馆，了解现代农业科技技术等活动，不仅了解了过去的农耕方法、丰富了学生的认知世界，而且还明白了随着时代与科技的发展劳动方式也在改变，进一步激发学生学习文化知识的兴趣。学生们经历了这些"专业"性的研究，在实践过程中一定会获得深刻感悟。实施评价多元化，注重过程的同时也关注结果，将劳动成果可视化等，这些探索都十分有价值。实施途径多样化，与综合实践活动、研学、中队会等相结合；拓宽实施空间，利用校外资源协同发展等做法，都具有前瞻性。

第二，具有综合性。金水区的劳动教育活动，没有把它当成一个单一的技术性课程来做，而是成为集道德情感与知识体系、技能与能力发展为一体的综合性课程，打破了学科之间的界限，在各个学科进行综合性的开展，体现了课程的多元丰富。当代的劳动教育是新的一个领地，也是当下中小学教育的一个新领域。未来科技的发展，除了本学科的深度挖掘之外，需要各个学科的融合，在各个学科的边界上寻找一个突破，这是对未来发现世界至关重要的新的视角和视野。比如，郑州市第四十七中的劳动课程，涉及生物、历史、环境、非遗、道德与法治等学科，其内容与劳动教育相结合，让学生在劳动中学会思考，手脑并用，将书本知识应用到实践中，学以致用，融会贯通。

第三，具有系统性。金水区劳动教育课程具有完整的体系，虽然是局限在一个区域，分布在各个学校，但是经过组合重新排列之后，会发现其中的一些规律。这个规律分解出劳动教育的相关要点以及相互之间的联系。其一，田园劳作、家务劳动、职业体验、生活制造、社会服务，这些课程都是基于学校的校情、师情、学情以及社区资源进行开发与实施的，非常具有特色。其二，课程在实施过程中体现劳动教育并不是单一的劳作，而是一项系统性的实践与经历，关注劳动过程，关注劳动成果，关注劳动感悟。其三，学校课程的开设有共同的体系，从宏观到中观再到微观，遵循劳动教育实施的理念和独特价值。"生态小菜园"和"纸飞云霄"领域不一样，但它们都融合了研究性学习方式与职业体验，基于问题并解决于问题。这种共性形成了一个网络体系，互相联系，又独具一个个特点。

第四，具有实用性。它既是一本劳动教育鲜明的成果，也是一本教科书的范本。对其他学校、其他区域以及开始探索劳动教育课程的教师来说，可以以它为基点，结合自己的时间、自己的特点，进行丰富与创造。金水区优胜路小学"别开生'面'"课程围绕"面"，让学生经历研究小麦、研究面粉的制作过程、参观三全食品厂、研究各种面食、制作一种面食等活动，让学生带着问题，通过多种方式获得体验，创造成果，让劳动变得丰富有趣。"温暖回乡路""乐园""香薰蜡片""小鬼当家""风吹麦浪""慧心巧创"等课程，对于教师来讲可行性强，对于学生来讲内容虽然寻常，但基于已有的经验和经验的再改造，更容易激发学生的劳动热情，培养学生的劳动观念，形成劳动技能，增强社会责任感，感受劳动的乐趣和成就感。

第五，具有创新性。没有前人的经验可借鉴，它完全是一种原创性的东西。可以作为课程教材，又有大的提升空间。老师们可以直接使用，也可以在此基础上拓展，丰富自己的内容，体现更多自己的实践。所谓课程教材的"发展性"，每一个老师使用这个"课本"，都可以获得一种全新的体验。比如，郑州市一零三中学，自 2013 年建立农场已七年，学生经历种辣椒、摘辣椒、研发辣椒酱、设计 Logo 等一系列劳动项目，让学生从浅入深，由表及里、由单一到专业、由创意到物化，步步体验劳动的真谛，感受劳动最光荣，劳动最伟大。大家读了都会有体会，不会去照搬，而会触发自己新的思考。"创新奇""'衣'想天开服装秀""指尖上的皮影""'桐'心""田园联动"等课程，成为学校的品牌劳动课程，在实施内容和方式上，具有一定的创造性和创新性。如何锻炼学生的劳动创造思维，形成坚强的劳动品质，树立劳动创造世界的观念，并践行到行动中，具有启示性的意义。

这五个特点决定了这本书的价值。课程的完整性，体现在劳动教育的意义，它关乎培养全面发展的人，关乎未来社会需要创造与创新的人。未来的教育，需要这种多元的劳动教育作为支撑。在未来的信息化时代，在科技迅速发展的背景下，每个人仍然要掌握这些劳动的基本技能，劳动技能更不能丢失，这是人类一种永恒的力量，更是人类力量的源泉。

这五个特点，又是有机联系的，一个个特点构成了这本书的整体风貌。它是一个鲜活的读本。很高兴为这本书写序，真诚感谢毛杰女士的推荐，感动她对一位认真教学实践的普通老师的关爱，教育的希望在教师，这是真理。

中国作家协会会员、苏州市十杰校长、

苏州大学教育学院硕士生导师、

教育部领航班导师、

担任百年老校苏州第十中学校长

2020 年 12 月 12 日于双雨亭

前　言

　　马克思在《资本论》中指出："未来教育对所有已满一定年龄的儿童来说，就是生产劳动同智育和体育的结合，它不仅是提高社会生产的一种方法，而且是造就全面发展的人的唯一方法。"马克思和恩格斯从现代生产、现代科学与现代教育的内在联系以及人类社会发展的分析中，论证了人的全面发展以及教育与生产劳动相结合的必然性和必要性。享有盛誉的瑞士民主主义教育家裴斯泰洛齐是第一位将"教育与生产劳动相结合"职业教育理念付诸实践的人，实施了"学习与手工劳动相结合""学校与工厂相联系"等课程。可见，劳动教育对人的全面发展具有举足轻重的作用。

　　2020 年 3 月，中共中央、国务院印发了《关于全面加强新时代大中小学劳动教育的意见》（以下简称《意见》），要求"把劳动教育纳入人才培养全过程，贯穿大中小学名学段，贯穿家庭、学校、社会各方面，与德育、智育、体育、美育相融合"。新时代的劳动教育立足于人的整体发展，要求学生在动手实践、出力流汗、接受锻炼、磨炼意志的过程中，理解和形成马克思主义劳动观，树立劳动最光荣、劳动最崇高、劳动最伟大、劳动最美丽的观念；体会劳动创造美好生活，认知劳动不分贵贱，热爱劳动，尊重普通劳动者，培养勤俭、奋斗、创新、奉献的劳动精神；具备满足生存发展需要的基本劳动能力，形成良好的劳动习惯。新时代的劳动教育直指学生正确的劳动价值观和良好的劳动品质的培养。面对新形势新要求，学校应更新观念、

强化落实，以提升课程内涵为根本，实现劳动教育的真正落地。

为此，金水区在二十年的综合实践活动课程实施经验基础上将实施劳动教育课程的重担落在综合实践活动课程实施中，结合"职业体验""社会服务""设计制作"等活动主题，强化劳动教育的育人目标，建构新的课程整合模式，以破解原有的综合实践活动课程发展瓶颈的同时促进劳动教育课程规范、有效地实施与评价。为此我们特提出了"3+4+4"的模式，助推劳动教育课程的构建、实施与评价，"3"指"三个发展历程"，第一个"4"指"四种观念的更新"，第二个"4"指"四个实施领域的强化"，在规范落实劳动教育课程的同时实现综合实践活动课程与劳动教育课程的整合，达到深度、迭代的发展。

三大发展历程——融合与迭代劳动教育课程

第一阶段：2001年以前，以基础劳作为主。

2001年之前，学校就通过不同的形式开展劳动教育，从未间断过。当时的劳动教育，都是"碎片化""活动化"，但是学生的劳动兴趣盎然，活动井然有序，活动成果有目共睹。

基本劳作活动有：学校早晚的卫生打扫、学校组织每周一次的卫生流动红旗评比、一月一次的全校大扫除活动与评比、学校开展"雏鹰争章活动"等。平时倡导学生回到家里帮助父母做家务、整理自己的房间，培养良好的卫生习惯，锻炼自己的生活技能，做勤快的小蜜蜂等。

社会服务活动有：学校组织学生走进养老院、空巢老人家里、退休老干部活动中心、公交公司等单位，表演节目、送亲手制作的卡片、打扫卫生等活动。这样有助于帮助学生奉献爱心，关爱老人，培养劳动品质，尊重不同职业的劳动者。

田园劳动有：倡导学生利用暑假及十一假期，帮助家人或农民做农活，如：插秧、收花生、掰玉米、喂耕牛等，这样有助于培养学生爱劳动、会劳动的习惯的同时，体谅父母的不易、劳动的不易，树立勤俭节约、不浪费的思想品质。

学科劳动教育有：结合美术学科开展折纸、剪窗花等活动，结合语文学科开展贴对联、放鞭炮、包饺子、做菜、刷碗端盘等活动，结合数学学科了解农民一家秋收多少公斤粮食、春耕播种多少公斤种子的小调查活动等。

这个时期的学校劳动教育、社会劳动教育，都是以基本的劳作、动手操作、家务劳动等为主，学生有参与，学校也有简单的评价。虽然没有成为系统的课程或者系统的劳动体系，但劳动的效果和学生的成就都是有目共睹的。

第二阶段：2001—2016 年，实现从"单一"到"多元"的教育形态。

2001—2016 年的 16 年里，金水区以两种途径开展劳动教育课程。

第一，由学校的德育部门设置劳动教育活动，以校园的打扫卫生、家务活动、走进敬老院等基本的劳作活动为主，开展劳动教育。

第二，由学校教导处在综合实践活动课程实施中落实劳动教育。金水区作为国家课程改革实验区之一，自 2001 年起就开始实施综合实践活动课程。当时课程内容包括四大领域，即研究性学习、劳动技术、社区服务、信息技术整合。金水区重在研究性学习领域的常态化开展，同时也很重视劳动技术领域的常态实施。作为河南省地方教材《劳动与技术》（1—9 年级）、《通用技术》（10—12）都为学校提供了规范、有效的劳动教育主题。其中，创客、STEAM、PBL 等课程的开展，改变了劳动教育只是单一劳作的观念，将劳动教育的基本形态推向了科技化、生产化、创造化。

第三阶段：2017 年至今，实现了从"新"到"融"的课程迭代发展。

2017 年 10 月，教育部颁布了《中小学综合实践活动课程实施指导纲要》（以下简称《纲要》），规定了四种活动方式，即考察探究、设计制作、社会服务、职业体验。其中设计制作、社会服务、职业体验实施的内容与日常生活劳动、生产劳动、服务劳动密切相关，它们之间不仅相辅相成、互为融合，更是互为支撑。于是，金水区通过三种抓手助推劳动教育课程的规范、有效、多元的开展。第一，深入发掘现有的课程资源，整理构建适用于劳动教育的课程规划、资源包建设及课堂教学案例分析，探索综合实践活动与劳动教育课程有效融合的新模式，实现劳动教育课程在综合实践活动课程中的有效落地、持续发展。第二，建立综合实践活动课程与劳动教育课程相融合的课程评价体系，突出学生成果可视化、思维可视化、参与多元化，为学生劳动参与、体验提供导向和发展目标。第三，将校内实践活动资源建设和劳动周实践基地建设有机结合，充分利用社会资源、家校合作开展公益劳动，参与新型服务性劳动，培养学生新时代的责任担当，体验职业的工匠精神。课程的整合不仅助推了劳动教育课程体系的构建，促进了综合实践活动课程多元、开放的实施与纵深发展，还实现了两种课程互促互进、相辅相成的效益。

四个更新——提升课程实施品质

根据调研，目前劳动教育课程主要存在以下问题：

第一，教师理念不明晰，认为劳动教育就是基本的劳作；

第二，内容"碎片化""活动化"，不能成为系统的课程；

第三，活动实践的场地局限于校内，渠道不宽。

为此，结合金水区以往经验和遇到的发展瓶颈，我们提出了"四个更新"实施理念，具体如下：

一、更新整合教师队伍，保障课程从"老说不做"到"规范落地"

师资是保障劳动教育课程真正落地的首要要素。金水区作为国家基础教育课程改革首批 38 个实验区之一，自 2003 年开始常态化实施综合实践活动课程，至今 80.6% 的学校都有专职教师，总人数已突破 100 人，有效地保障了课程的规范实施。劳动教育课程与综合实践活动课程在课程规划、实施方式、实施内容、实施评价、资源开发、基地建设等方面互为联系，于是金水区将劳动教育课程开发与实施的重担落在了综合实践活动教师的肩上，解决了师资匮乏的问题，也开启了劳动教育课程实施的高起点。

金水区综合实践活动专职教师以综合实践活动课程实施的理念规划与设计劳动内容为主，将综合实践活动课程中的"设计制作""职业体验""社会服务"与劳动教育内容充分密切地融合，在实践、体验、创新中，培育和践行社会主义核心价值观，实现"立德树人""知行合一"的劳动教育功能。这些举措，既有利于劳动教育课程规范有效的落地，又有利于综合实践活动课程实施样态更为深度、迭代的发展。

二、更新实施理念，将零散的、不成体系的活动转化为课程

《关于全面加强新时代大中小学劳动教育的意见》中提出："整体优化学校课程设置，将劳动教育纳入中小学国家课程方案和职业院校、普通高等学校人才培养方案，形成具有综合性、实践性、开发性、针对性的劳动教育课程体系。"可见，劳动教育不再是学校内一个单独存在的活动，而是学校课程体系中的一个重要组成部分。学校只有整体规划和统筹已有的及未来计划进行的劳动教育活动，才能规范、有效地对劳动教育课程进行实施、管理和评价。

三、更新实施方式，将单一的活动转化为主题或"项目"

以往的劳动教育，多停留在田园劳作、日常家务劳动、学校大扫除、社会服务等单一的技能活动上，很难让学生保持持久的兴趣，对学生劳动素养的培养也较单一。为使劳动教育从单纯的技能操练转化为内涵更丰厚的核心素养培养，主题活动、项目学习是很好的方式。郑州市金水区在2020年年初的疫情期间，提出"以项目式学习方式开展不一样的劳动教育"理念，让学生带着好奇与问题，在家长的协助下，一起研究与开展"蒸馒头""做一道豫菜""整理衣物"等不同主题的学习，亲身实践，克服困难，完成任务，自我评价。这样的学习过程，不仅体现了合作探究的学习方式，还融入了科学的技术体验，激发了学生的劳动兴趣和创造力。

四、更新实施模式，从学校单线实施转向平台综合实践

目前，由于班级人数较多等条件限制，出于安全考虑，金水区的劳动教育大多在学校开展，但这显然是不够的。拓宽劳动教育途径，整合社会、家庭、学校各方面的力量，形成协同育人格局，是提升区域劳动教育课程实施

内涵的重要途径。如"家乡特产——枣"是区域特色课程之一，每届五年级学生都需要带着与大枣有关的问题，搜集与整理资料，并到"好想你"产业园进行研究、参观，了解枣的种类、生产过程、收藏方法、品牌 logo 设计，体验摘枣、设计包装、"我为家乡特产做代言"等一系列活动，让研学、探究、劳动、技术等在课程实施过程中融为一体。劳动教育要紧密结合学生的生活实际和成长需求，设计合理的课程活动，优化整合社会资源，为学生提供更为广阔的实践平台，满足学生多样化、综合化的劳动实践需求。

四个强化——推动课程良性发展

作为一门课程，它具有明确的目标、系统的活动、科学的评价等要素，为了进一步提升劳动教育的品质，建构规范、有效、丰富多元的课程实施内容，形成良性乃至不断叠加深化的课程样态，将劳动成果可视化、过程科学化，必须从劳动形态的改进与创新、劳动教育的学科渗透、劳动教育课程与综合实践活动课程的整合、评价机制的实用性四个方面进行强化。

一、强化劳动形态的改进与创新力度

马克思在《哥达纲领批判》中说，在合理的条件下，生产劳动和教育的早期结合是改造现代社会的最强有力的手段之一。重视劳动新形态、改进劳动教育方式是支撑新兴技术、提高创造性劳动能力的重要理念。对于学校教育而言，加强劳动形态的改进与创新力度尤为重要。其一，要发现教师的创造性，以此为基础开发与实施课程。如，金水区银河路小学的教师在新冠肺炎疫情期间，利用家里的废旧纸箱、卡纸、壁纸等，绘制了一本关于新冠病毒简介的立体书，生动形象地介绍了新冠病毒的基本情况，学生接受度良好。由此，结合学生生活、社会发展为题材的绘本制作课程将在学校进行规范开发与实施。其二，要认识到学习、生活中处处皆劳动。如，结合非物质文化遗产项目，让学生在学习非遗技能的基础上，成为非遗的继承者和成果的创生者。

　　劳动新形态的构建，应该是一种随着社会发展产生的创造性劳动与专业技术深层结合的形态，它不仅培养了学生的科学精神、劳动创造能力，而且还进一步推动了社会发展与建设。

　　二、强化劳动教育的学科渗透力度

　　在学科中融入劳动教育，打破单一学科知识与技能的壁垒，创新劳动教育模式，是进一步改变和改造学生生活世界的途径。郑州市金水区各学校根据学科特点与劳动教育的紧密联系，开展了不同学科的劳动教育课程。如：语文学科结合教材延伸开展了"正月十五制灯笼"、美术学科以水彩画知识开展了"让彩绘装点校园"、生物学科利用对比实验探究了"绿豆芽的成长"、数学学科结合空间学开展了"未来校园 3D 模型制作"、科学学科根据土壤知识实践了"腌制咸鸭蛋"、音乐学科结合乐器欣赏开发了"走进兰考"等课程，将劳动知识与技能融入学科教学，培养了学生崇尚劳动与奉献的精神，实现了树德、增智、强体、育美的综合育人价值。

　　三、强化劳动教育课程与综合实践活动课程整合的力度

　　综合实践活动课程中"设计制作""职业体验"等活动方式，与劳动教育中的生产劳动、服务性劳动紧密结合，因此，综合实践活动课程与劳动教育课程可以进行整合。如，金水区纬五路第二小学进行跨学科设计与开发的课程"珠趣"，让学生设计图案、编制成品、进行义卖等，不仅实现了综合实践活动课程探究型学习的价值，而且还实现了教育与生产劳动相结合的意义。马克思认为，现代科学技术也为教育与生产劳动相结合提供了重要的"纽带"。强化劳动教育与创客课程、STEAM 课程的整合是进一步深化劳动教育的有效途径。因此，强化劳动教育在综合实践活动课程中的整合与实施，是进一步助推劳动教育深入发展的有效途径。

　　四、强化评价机制的实用性

　　评价是了解学生成长、诊断课程效果的重要依据。因此，只有建立完善的劳动教育课程评价机制，才能激发学生劳动兴趣、记录学生劳动体验、展示学生劳动成果、培养学生的劳动素养和价值体认。因此，劳动教育课程的

评价要依循"重过程",兼顾"结果"的原则,从参与态度、实践过程、成果分享等方面对学生进行过程性评价,关注学生每一次的体验与成长,适时给予鼓励与肯定,不以分数和输赢为结果。如:南阳路第三小学的"一方田"课程中以小组为单位开展活动,从活动前、活动中、活动后三个方面,根据不同的劳动内容制定具体的评价标准,让学生时刻知道自己要准备什么、做什么、达到什么标准,有效提高了学生劳动的积极性,促进其自我反思,推动课程目标的达成,有效保障了劳动教育课程系统的、可持续的发展。

总之,劳动教育是国民教育体系的重要内容,是学生成长的必要途径,具有立德、增智、强体、育美的综合育人价值。金水区在探究、融合、更新的过程中,常态、有效、多元地落实劳动教育课程,促进学生综合能力的发展,实现"课程育人"的目标,对学生养成正确的人生观、价值观、世界观有积极作用。

国家级督导巡视员、教育部"国培计划"专家李源田先生这样评价:"《劳动教育课程实施与评价》读起来倍感欣喜。从生活中来,到创造中去;从实践中来,到理论中去;从趣味中来,到想象中去。字里行间,灵动地描绘着基础教育的底色,劳动教育的本色,综合教育的特色,创造教育的亮色。"

在此,感谢金水区教育局、金水区教育发展研究中心的领导团队,支持将区域经验进行梳理与总结;感谢金水区各中小学对劳动教育课程探究的做法进行提炼;感谢郑州新奇中学、经开区实验小学、河南省实验小学、艾瑞德国际小学等区域外学校的支持,将学校劳动教育课程实践与我们一起交流与分享;正是这样的文化环境和交流平台,才使这本书得以出版与推广。

面对新时代的劳动教育开发与实施传承,我们不忘初心,不忘劳动教育带给学生的成长,体验与继承"劳动最光荣"劳动创造美好生活的意义,将继续探索劳动新领域,培养新时代的劳动创造者。

关春霞

河南省郑州市金水区教育发展研究中心

第一单元　田园劳作

苏霍姆林斯基说："人的内心里有一种根深蒂固的需要——总想感到自己是发现者、研究者、探寻者。在儿童的精神世界中，这种需求特别强烈。"因此，给予学生在田园里发现与探究的空间，让孩子们沐浴在阳光雨露下，和大自然交朋友、和植物交朋友，感知万物成长的规律，体验农耕、播种、浇水、收获的乐趣，在劳作、出汗、探究中，培养爱劳动、会劳动的品质和坚持不懈的意志。

第二单元　家务劳动

陶行知说："要解放孩子的头脑、双手、脚、空间、时间，使他们充分得到自由的生活，从自由的生活中得到真正的教育。"可见，孩子们的成长离不开点点滴滴的生活，同时孩子也是创造美好生活的主人。为孩子的生活加点料，为孩子的课程加点色彩，让孩子们的经历丰富起来，思维活跃起来，情感丰盈起来，做一名创造美好生活、美好未来的新时代接班人。

第三单元　职业体验

杜威提出"教育即经验的改造"，意指构成人的身心的各种因素在外部环境和人的主动经验过程中统一全面改造、全面发展、全面生长的过程。孩子们的动手操作能力、设计能力、想象能力，是天生就具备的。改变思路，将简单的、不成体系的动手操作类劳动项目，赋予文化的符号、创生意义，彰显设计者的智慧和技艺，价值将会变得不同！

第四单元 生活制造

高尔基说："我们在我们的劳动过程中学习思考，劳动的结果，我们认识了世界的奥妙，于是我们就真正来改变生活了。"可见，追溯根源，探寻奥秘，获得规律，融会贯通，学以致用，再次改造，是多么重要！在课程中注重"项目式"学习主题的设计，是为孩子们提供"做中学""学中思"，实现知行合一，培养符合时代发展的、劳动创造者的重要途径。

第五单元 社会服务

马卡连柯说："劳动最大的益处还在于道德和精神上的发展。这种精神发展是由和谐的劳动产生的，它应当构成无产阶级社会公民区别于资产阶级社会公民的那种人的特质。"社会服务类的课程最能激发、反映学生在道德和精神层面上的"伟大"或者"渺小"，也最能触动学生内心深处的"灵魂"。课程要设置有目的、有系统的感化活动，以培养学生的公共生活规范意识和一定的世界观、认识观、价值观等。

第一单元

田园劳作

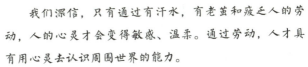

我们深信，只有通过有汗水，有老茧和疲乏人的劳动，人的心灵才会变得敏感、温柔。通过劳动，人才具有用心灵去认识周围世界的能力。

——苏霍姆林斯基

一方田

一、课程背景

在郑州市金水区南阳路第三小学"正教育"的教育哲学和"养正"的办学理念框架下，依据"润正童心，'正'在生长"的课程理念和相应的课程目标，我们构建了"润正课程体系"，它包含心之正、言之正、行之正、身之正、智之正五大课程。其中"一方田"属于行之正课程中劳动教育的范畴，是基于农耕的劳动教育类课程。本课程将劳动教育与学科教育相结合，依托学习共同体，开展跨学科的综合实践性研究学习，让学生在认识农耕工具、学习日常生产劳动、了解科技创新农耕工具的过程中，明白丰收来之不易，懂得价值需要汗水创造，从而端正劳动态度、培养劳动观念、掌握劳动知识、学习劳动技能；在活动及学习过程中，培养劳动情感，发展劳动思维和家国情怀。

我校高度重视"一方田"课程的开发，为课程实施提供了校内学习社团和校外实践基地，并组建了一支责任心强、具有创新精神的教师团队以及校外农耕指导专家团队，为课程的顺利开展提供了有利条件。与此同时，学生在经过学习学科知识后，了解了农作物及其生长的信息，为开展"一方田"劳动教育课程提供了知识支持，大大提高了学生的参与度及学习热情，在这些知识储备及情感积累的基础上实施课程内容将会事半功倍。

"一方田"课程依据时节发展及农作物生长规律，通过"一方花生""一方玉米""一方小麦"三项课程内容的开发与实施，让学生经历小麦、花生、玉米的播种、生长、施肥、灌溉及丰收的整个过程。学生在农作物的成长中开展研究性学习，融合多学科知识研究农作物生长的奥秘，学习基础农耕工具的使用，了解先进创新工具的发展，引导学生树立正确的劳动价值观，崇尚劳动、尊重劳动，增强对劳动人民的感情，提高学生发现问题、解决问题的能力，培养其合作意识、劳动意识与审美能力，提升学生综合素质，培养学生的创新意识及创新力，促进学生全面发展、健康成长。

二、课程理念

每一个生命的本源就如同一张干净的图纸，行走间，如素笺染墨，每一次经历与成长都是一笔浓墨或淡彩。"一方田"就是让每一个孩子通过劳动教育的滋养获得可资吸吮的精神力量、掌握基本的劳动能力，绘制充满正能量的成长蓝图。我们认为：

1. 课程是启正的基石。学校为孩子们提供的劳动教育课程，是求正行正、守正创新的过程。基于对农作物生命的呵护，对于劳动的热爱让浩然正气在生命中潜移默化地生长爱并内化为行为、思想上的品质，让堂堂正正中国少年的生命力更加鲜活，更好地为每个生命的未来奠基。

2. 课程是生命的场景。课程的价值追求就是生命的成长历程，课程的展开过程就是师生以其本真状态投入生命的过程。在劳动教育的过程中，有学习和了解农作物生长过程的场景，有与老师和同学一起农耕、劳动的场景，有一起感悟劳动价值、分享收获的喜悦的场景……因此，生命呈现出的所有场景都是课程。

3. 课程是个性的张扬。每一个孩子都是独一无二的，每一个孩子都是优秀的。优秀的课程是为了更好地帮助孩子认识自己，发现自己的优势。同

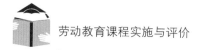

时，课程也会为孩子提供展示的舞台，让每一个孩子展示自信、张扬个性。

三、课程涉及的学科

本课程涉及劳动技术、语文、数学、美术、道德与法治、体育、综合实践活动等学科。

四、课程总目标

1. 通过日常观察、学习和搜集有关信息，了解农业相关知识。

2. 通过对小麦、花生、玉米的实践耕作，体验植物生长的全过程，形成基本的劳动实践技能与经验，能提出大胆的设计和设想，对解决的问题进行深入研究，并能用简洁清晰的语言表达自己的观点。

3. 通过对科技创新工具的学习和了解，激发学生学习和创造的欲望；在设计农耕工具的过程中，激发学生对农业科技的兴趣，发展学生创新思维与创造力。

4. 通过体验感悟，养成勤劳节约、勇敢担当的基本品格，培养学生爱自然、爱科学、爱国家的情感。

五、课程内容规划

"一方田"劳动教育课程面向全体学生，分学段设置一至六年级的劳动课程。由于每个学段参与实践的对象不同，为了使学生六年的小学生活能够经历和了解不同农作物的生长过程，丰富城市学生对于农作物播种、生长、收获等过程的了解和体验，激发其热爱大自然、热爱生活的热情和珍惜他人劳动成果的品质，具体内容如下：

表 1-1　"一方田"劳动教育课程活动表

年级	活动内容	活动目标	涉及学科	课时安排	活动形式
一至二年级	一方花生	通过资料搜集对花生生长过程的学习，初步了解花生的生长规律及种植花生所需要的工具及作用，并通过经历种植花生、除草、施肥、收获等过程，掌握基本的劳动技能，养成良好的劳动品质	劳动技术 综合实践活动 语文 数学 道德与法治	课内 8 课时 课外 8 课时	课内学习 活动基地
三至四年级	一方玉米	通过资料搜集，了解玉米的生长过程，通过科学丈量土地合理规划种植玉米，体验劳动的快乐，并能够自主发现问题、提出问题、分析问题、解决问题，提高劳动技能。通过工具的使用方法以及对科技创新种植的学习，了解科技创新发展，依据农耕中出现的问题，设计、制造属于自己的农耕工具	科学 劳动技术 综合实践活动 语文 数学 道德与法治 体育	课内 10 课时 课外 10 课时	课内学习 活动基地 一方田农展馆
五至六年级	一方小麦	通过资料搜集，了解小麦生长过程并记录下来，通过科学丈量土地合理规划种植小麦，体验劳动的快乐，并能够自主发现问题、提出问题、分析问题、解决问题，提高劳动技能。通过对自己收获的小麦进行加工，分享劳动成果，感受劳动乐趣，创造美好生活	劳动技术 综合实践活动 语文 数学 美术 道德与法治 体育	课内 10 课时 课外 10 课时	课内学习 活动基地 地摊时刻 一方田农展馆

六、课程实施要素

"一方田"劳动教育课程，意在给孩子一方成长的沃土。项目驱动、科学探究、研探结合、守正创新是本课程实施的四要素。课程在学科融合的基础上创建研究性学习小组，依托探究式学习，培养学生的学习能力，使学生掌握一定的劳动知识和劳动技能，端正劳动态度，培养劳动情感，发展劳动思维及培育家国情怀。

1. 项目驱动。本课程融合多个学科，以项目式学习来驱动课程的实施。学生在劳动课堂的学习中、在经历完整劳动的过程中，发现问题，完成任务，并对项目实践进行整体构思，以项目学习促进思维发展，通过查找、整合、使用有效信息以获得基本劳动知识及劳动技能，培养学生的学习能力。例如学生在"一方花生"的主题活动下，以认识花生播种工具为科学探究的主要任务，引发学生对花生播种方式、花生播种工具——耧的使用方法、耧的工作原理的探究，通过查找资料、向基地专业人士请教等方式，在获得劳动知识、技能的同时，学习能力也得到了发展和提高。

2. 科学探究。科学探究是"一方田"劳动教育课程的基础，课程将课堂从教室搬到了田间地头，从播种、除草、施肥、浇水、收获等整个过程都需要学生在基地劳动中亲身实践。为保证整个项目的学习和研究，科学探究是项目进展的关键。例如在"一方玉米"的主题活动下，在"种玉米株距多远玉米产量最好"的项目学习中采取科学的探究方式，通过前期调查分析，从丈量土地、选择条件相对相同的两块田地做对照实验，通过记录实验过程、分析实验结果，得到两块不同株距的玉米产量结果，并经过查阅资料、向专业人士请教，了解科学的种植玉米的株距。

3. 研探结合。研探结合是本课程知识学习及技能掌握的重要方法。根据学生特点组建相应的研究性学习小组，劳动教育课程以学习小组为单位进行。在劳动教育课程的实施过程中，尊重学生的个性特长，通过学习小组开展研究性学习活动，满足学生的发展需要。主要采取以下几个步骤实施：资料收集—绘制生长图谱—分享交流—发现问题—提出问题—合作探究解决问题—进行记录—形成研究报告。学生通过资料查阅、研究性学习等方式找出问题的解决方法并记录下来，为学生的劳动实践积累经验，保证学生在劳动基地的活动顺利进行。

4. 守正创新。守正创新是本课程在实施过程中学生成长的闪光点。梦想的实现需要脚踏实地的干劲、求真务实的韧劲。因此劳动教育的发展需要守正创新，亲近传统，学会传承，在守正的基础上锐意创新。例如开办"一方田农展馆"，激发学生将自己的想法变为现实，鼓励学生在现有劳动工具使用的基础上，进行创新、创造。学习小组可将农耕中出现的问题记录下来，通过搜集资料，设计出属于自己的农耕工具，可以用文字记录下来、画下来，也可以亲自制作出来，以此培养学生的创新意识，发展学生的劳动思维。

七、活动案例

以"一方小麦"劳动教育主题为例，实现了通过对小麦及小麦种植工具的资料搜集和学习，了解小麦的生长过程和工具的制作过程及使用方法；通过基地种植小麦，记录小麦的生长过程，体验劳动的快乐，并能够自主发现问题、提出问题、分析问题、解决问题，提高劳动技能；通过对科技创新种植工具的学习，了解科技创新发展，并能够互帮互助，依据农耕中出现的问题，设计、制作属于自己的农耕工具；通过对自己收获的小麦进行加工，利用摆地摊的形式出售，体会劳动创造美好生活的活动目标，此次教育主题主要经历了一方田小课堂、一方田小麦基地、一方田小地摊、一方田农展馆四个活动步骤。

活动步骤一

一方田小课堂

通过一方田小课堂的学习，基本了解小麦种植知识及农耕工具的使用方法，为学生的劳动实践奠定了基础。在这个活动环节中，学生通过调查，搜集了解了小麦生长过程中的信息并记录下来，教师引导学生发现在小麦生长的每个步骤中都可能出现的问题，并组织学生进行探究，找出相应的解决办法，做好"农学院秘籍"的记录，实现劳动前问题的预设及解决办法的收集。

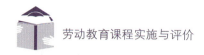

活动步骤二

一方田小麦基地

通过在一方田小麦基地的劳动实践，亲历了小麦的生长过程，通过翻土、种植、除草、施肥、浇水收获等过程，劳动技能得到了锻炼。在此过程中，学生将学习过的农耕知识应用于实际，及时发现问题，利用"农学院秘籍"找到解决问题的办法，并将新发现的问题进行及时的记录，再次探究。在此过程中教师对于学生在农耕中出现的问题及时引导，启发思维，并注意劳动过程中的安全教育，学生的劳动技能得到了锻炼。

活动步骤三

一方田小地摊

通过对收获的小麦进行再次加工，做成精美的工艺品、美食等进行出售，体会劳动的乐趣。在此过程中，学生需要对收获的小麦进行再加工、创作，并通过巧妙的设计，依托地摊经济进行商品售卖。在此过程中教师需进行多方面

的协调，联系插花师、面粉厂等，确保学生的想法得以实现。学生体验到劳动创造美好生活的快乐，感悟到劳动的意义。

活动步骤四

一方田农展馆

一方田农展馆是学生智慧及创造的集结地，通过前面三个活动的开展，以及对当今创新科技农耕工具、机器的学习，提升了学生的劳动思维。学生

通过小麦知识的学习，在小组内将小麦种植中出现的问题进行记录，通过搜集资料，设计出属于自己的农耕工具，既可以用文字记录下来、画下来，也可以制作出来，存放于一方田农展馆进行展出。在此过程中教师提供指导，并将学生的作品进行收集整理，在农展馆展出和介绍，激发了学生的学习兴趣以及对农业科技的兴趣。

八、课程评价

"一方田"劳动教育课程的核心价值在于以学生的全面发展为本，培养学生的创新精神和实践能力，评价要体现全面性和多元性。

1.终结性评价和过程性评价相结合。在课程实施过程中对学生劳动成果、劳动技能进行评价，在阶段性任务完成后对学生在劳动过程中呈现出来的态度与习惯、团结协作的能力、创新能力等进行评价。具体从以下几个方面进行评价：①活动参与。学生对课程的热情程度和投入学习的程度，按四个方面进行评定，即认真参加情绪饱满、积极努力完成任务、善于学习资料收集、热爱学习乐于参加。②学习方法。基础知识和基本技能掌握的程度，从两个方面进行评定，即通过多种途径获取知识；完成劳动任务、运用已有的知识解决问题，掌握基本劳动技能。③实践参与。学生出现的变化及劳动思维的发展，从四方面进行评定，即好奇心有探索欲、独立思考自主学习、积极实践发挥特长、善于动手乐于动脑。④收获与体验。学生在劳动活动中的经验积累及反思，从四个方面进行评定，即乐于探究、有责任心、学会反思、不怕困难。⑤我的收获。个性化评价，有自己的见解。

2.评价主体多元化。采用学生自我评价、生生评价、家长评价、教师评价相结合的方式。学生自我评价以反思成长为主，既促进劳动知识、技能的学习，又培养自我的认识，促进认知能力的提高；生生评价是学生活动小组成员之间相互评价，达到相互学习、提高合作能力的目的；家长评价包括让家长及时留意、观察、记录孩子在劳动实践中的成长，使学生的学习活动得

到家长的认可的同时也使家长认识到劳动教育的重要性；教师评价则是在深入了解每一个学生劳动状况的基础上，给予学生及时的引导和帮助，促进学生健康成长。

3. 展示式评价、分享式评价相结合。班级、学校通过节日主题活动为学生提供展示劳动成果的平台，让学生体验劳动带来的快乐；利用主题队会活动，分享劳动感受和劳动经验；创建一方田农展馆，作为劳动创新的展示与分享平台，激发学生探究和创新意识。

九、课程保障

科学的保障是课程能够具体实施和发展的坚强后盾。

1. 课时保障。通过多种方式保障课程顺利实施，我们采取课内、课外相结合的形式，与各学科融合，将课内知识内化到学科课堂，对于学科内容，采用综合实践课进行实际探究。课时主要依托综合实践活动进行开展，也会根据具体的学习活动内容利用涉及的学科课时进行开展；课外利用周末及节假日时间进行基地实践活动，至少每两周一次基地实践，并根据播种时节，灵活、合理地安排课时，保障课程逐步实施。

2. 教师保障。我校采取课程由班主任和综合实践课老师共同承担的方法，并与劳动基地中心合作，聘请校外指导专家，由专业人员在活动基地对学生进行农耕工具的介绍及使用示范和指导，建立专职和兼职相结合的指导教师队伍，并明确每位教师的职责和任务。

3. 资源保障。依托学校课程中心成立课程开发小组，进行课程开发和设计。结合家长资源和基地专业人员资源，为课程实施提供保障。

（郑州市金水区南阳路第三小学　王　欢　李淑莹）

四园联动

一、课程背景

随着《关于全面加强新时代大中小学劳动教育的意见》（以下简称《意见》）的发布，劳动教育被纳入人才培养全过程。如何遵循"把握育人导向，尊重教育规律，创新体制机制，注重教育实效，实现知行合一"这一要求，完整理解新时代劳动教育的内涵与意义，把握劳动教育的特征与使命，落实劳动教育的推进与实施成为我们重新思考的内容。

郑州市高新区艾瑞德国际学校近十年的劳动教育实践，促进了我们"四有儿童"培养目标的达成，同时也帮助我们理清了儿童所需要具备的劳动素养，包括正确的劳动观念、积极的劳动态度、丰沛的劳动情感、充足的劳动知识、适当的劳动技能、活跃的劳动思维、强健的劳动体魄等。

二、课程理念

"四园联动"课程的系统构建、有效策略、实施模式和多元评价，都实现了学生在课程中得以发展与成长的方法。关于劳动的教育和为了劳动的教育，❶我们认为：

1.劳动教育课程就是生活。通过每周劳动生活安排表，有目的、有计划地组织学生参加劳动，让儿童在亲历劳动的过程中低下头、弯下腰、流下汗，体现"通过劳动的教育"。

2.劳动教育课程就是生长。借助学科融合和劳动实践活动，强调树立正确的劳动观，引导儿童体验并懂得劳动的多维价值，尊重劳动人民，珍惜劳动成果，爱劳动、会劳动，体现"关于劳动的教育"。

3.劳动教育课程就是生存。通过社园劳动教育课程，学生走进工厂、单位、社区，具备了一定的职业劳动经验，有从事某种劳动的打算与志向，体现"为了劳动的教育"。

三、课程涉及的学科

本课程涉及语文、数学、科学、艺术、体育、综合实践活动等学科。

四、课程总目标

我们将劳动教育目标具体归纳为三个方面：以劳动培育理想、以劳动发展本领、以劳动历练担当。

1.以劳动培育理想。儿童在劳动中学会尊重劳动者，形成吃苦耐劳、勤俭节约、乐于奉献的意志品质，同时在劳动中体会收获的喜悦和付出的快乐。劳动帮助儿童逐渐认清生活的本质，同时又对未来充满期待，树立正确的人生观、价值观和世界观，拥有积极的理想信念。

2.以劳动发展本领。从小学阶段开始，就要关注儿童劳动实践能力的培养，帮助儿童获得一定的劳动技能与方法。未来社会需要有知识、懂技术、会创新、能合作的复合型高素质劳动人才。

---

❶ 曲霞.新时代劳动教育的三重内涵 [J].人民教育，2020（7）.

3.以劳动历练担当。在劳动过程中儿童需要学会与环境相处、与他人相处、与自己相处，明白任何成果都来之不易，更深刻地体会劳动人民的辛苦和社会进步的不易，从而增强社会责任感和历史使命感，在历练中学会担当，在成长中学会尽责。

五、课程内容规划

我校根据"四园联动"劳动教育课程的四个内容，以必修加活动的课时组合，将学生每周在校园、田园、家园、社园的劳动时间做出课时划分。其中必修课低、中段每周2课时，高段每周3课时，包括劳动常识学习课、劳动技能锻炼课、劳动精神养成课。劳动实践活动包括：

1.校园责任劳动，如校园义工岗执勤、校园劳动日体验。

2.田园生产劳动，如班级"一亩田"耕种、田园丰收节采摘。

3.家庭生活劳动，如"厨房小达人"和"家务小能手"展示。

4.社会公益劳动，如社区志愿服务和"让城市在爱中醒来"主题活动等。其中学生每周校外劳动实践不少于10学时，家务劳动不少于5学时。

六、课程实施要素

九年实践下来，艾瑞德"四园联动"劳动教育课程逐渐形成自己的特色，主要体现在场域联动、学科融合与学段延展方面。

1.场域联动。校园、田园、家园、社园四个劳动教育场域的组合与联动。校园是儿童每天生活学习的高频场所，是我们实施劳动教育的核心阵地，田园是劳动教育的主要实践基地。我校自建校起便拥有300亩田园校区，儿童可在其中过春夏秋冬、观日月星辰、感鸟语花香、摘瓜果桃李。家园是劳动教育重要的发生地，是儿童生长的港湾，同时也是挖掘家长作为教育伙伴的作用，有利于劳动教育的深入推进和落实。社园指儿童目前生活与未来

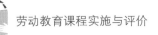

生活都要面对的社会场景，帮助儿童获得职业体验，并在社会志愿服务和公益劳动中学会处理与不同社会群体的关系，参与社区治理。

2. 学科融合。"四园联动"劳动教育课程强调多学科融合的综合育人走向。在课程探索与实施中，我们也注重劳动教育的综合性、开放性、实践性特点，有机地将劳动教育的内容与其他学科互相渗透、融合，同时打破学科边界。

3. 学段延展。我们不仅在小学阶段开展劳动教育课程的建构和实施，学前阶段同样也有开展的方式和推进的路径，"二十四节气田园课程实践丛书"包含了从幼儿园小班到小学六年级的课程内容共 14 册。同样，面对小升初的衔接，结合初中学生的发展特点和具备的核心素养，"四园联动"劳动教育课程具有延展的可能性。

七、活动案例

"四园联动"劳动教育课程体系到底如何架构、课程目标是什么、课程内容如何编排、具体推进路径和实施方法是什么。以下便是我们探索与实施的做法：

第一阶段

校园劳动教育课程——以自主管理涵养品德

在艾瑞德国际学校，劳动教育体现在儿童每一天的校园生活中。学生来到教室的第一件事不是立刻读书，而是拿起劳动工具到班级卫生区打扫卫生，用劳动打开一天的美好光景。劳动成为学生的习惯，他们低下头、弯下腰、流下汗水，收获成长。

目前，校园劳动已经建立起一套成熟的管理与评价机制。为了激发学生自觉参加劳动的积极性，学校劳动工作的落实、管理、评价等都由学生完成。

第二阶段

田园劳动教育课程——以亲身体验提升能力

300亩田园校区作为学校的第二课堂，是学生重要的劳动教育实践基地。通过田园劳动教育课程，学生得以亲近自然、亲自动手、亲子互动、亲历生长。

每个班级从一年级开始分到"一亩田"，从一年级到六年级，学生通过田园劳动学习种、养、收、食、储。农场就是课堂，种地也是作业。学生常说，"班级'一亩田'是我们的另一间教室"，"一亩田"将书本知识带到田间地头，让学生所学知识生活化、立体化。

第三阶段

家园劳动教育课程——以持之以恒培育习惯

家园劳动教育课程是以儿童的家庭日常生活为切入点，以家庭劳动培养儿童的自立能力、自理能力和创造能力。学校从2017年起，建立家庭与学校长效联动机制，以"干净、有序、读书"的校风为导向，以校风带动家风。学校根据学生年龄特点规定不

同的家政项目，让学生每周末完成全校统一的家政作业。在一、二年级侧重教师引导，三、四年级侧重家长示范，五、六年级侧重习惯的自主养成。

第四阶段

社园劳动教育课程——以联动参与发展素养

儿童终有一天会走进社会，所以小学阶段的社园劳动能够帮助儿童提前接受职业启蒙，感受公益服务，为自己未来的生涯规划奠定基础。为了更好地发挥社会在劳动教育中的支持作用，我校有意识、有目的地进行资源链接，与企业、社区和社会团体保持互动，通过社会多维实践场所，增加儿童的劳动体验方式。

八、课程评价

我们将"四园联动"劳动教育的评价融入学校"学分制"学生综合素质评价体系中。将劳动课出勤、劳动实践活动参与、劳动作品或产品的展示纳入"基础学分"；将劳动技能竞赛、有相对成体系的劳动成果集结纳入"绩点学分"；将劳动成果获奖和劳动重大突破纳入"奖励学分"。同时，学校基于班级"一亩田"的产量、销售额等指标，会定期为班集体颁发劳动奖牌，包括"劳动光荣班""劳动崇高班""劳动美丽班"和"劳动伟大班"。

通过这样的评价，一方面保证劳动教育在全校的普及，使全体师生重视劳动课；另一方面激励学生进一步愿意劳动、热爱劳动、科学劳动、善于劳动。

九、课程保障

课程体系的完善凸显的是教育管理的一体化。我们在推进劳动教育时也形成了"四园联动"劳动教育校本体系机制轴，包括：教师发展机制、班级管理机制、学生活动机制和家校联动机制。各机制在建构上各有侧重、相互补充；实施时注重场域贯通、素养迁移；管理上有所兼顾、协同推进。

1.教师发展机制。通过"研究劳动教育内涵、打磨劳育教学方法、确立分层培养机制、创设联合发展平台、寻找关键自我突破、完善教师奖惩模式"形成教师发展机制。学校设立劳动教育办公室，下设专门项目组，牵头劳动教师的自我成长和专业发展。

2. 班级管理机制。设置班级劳动委员岗位，每学期举行竞选仪式，搭建学生参与班级劳动管理的平台；每学期设立"劳动小能手"评比，获得"劳动小能手"可作为校长助理、"瑞德少年"的评选参考指标；学校划分公共清洁区，由班级承包，轮流打扫；德育中心协助班级劳动委员制定班级卫生检查标准，检查主体为学生。这样的班级管理机制为劳动教育的有序、持续开展提供保障。

3. 学生活动机制。我校以"四园"为主要实践场域，每个场域都有对应的劳动教育活动，如校园责任劳动中的校园义工岗；田园生产劳动中的班级"一亩田"耕种、开镰日；家园生活劳动中的"家务小能手""厨房小达人"评比活动；社园公益劳动中的走访福利院、参观工厂等活动。这些活动在每学期因时、因地有序开展，真正体现"学生成长在活动中"。

4. 家校联动机制。在我校，从班级"一亩田"的家庭轮值表，到家长劳育讲堂、智慧父母学堂，都让家长深度参与劳动教育中来。同时，家长委员会、家长志愿者和家长公约的形成更是为劳动教育的家校联动提供了制度化保障。

（郑州高新区艾瑞德国际学校　杨海威　韩董馨）

乐 园

一、课程背景

河南省实验小学在实践基地已有劳动课程的基础上，精心设计校内"劳动教育课程"，进一步促进了河南省实验小学在遵循"为党育人，为国育才"的教育目标和培养德智体美劳全面发展的劳动教育课程目标。其中，"田园·乐园"就是基于学生较少接触农作物和缺乏参与农业劳动的机会而设计的。2019年秋，学校将校园一角扩建为"经纬农场"，开发植物种植分类观察、实验田认养等活动，将农场的快乐劳动与科学实验、劳动教育相结合，在树立劳动观念的同时培养阳光开朗、热爱劳动的好少年，提高学生环保、生态、节约、自立等意识。

学校高度重视"田园·乐园"劳动教育课程的开发，鼓励全校老师参与劳动融合课程的建设，为课程的顺利开展提供了有利条件。"田园·乐园"劳动教育课程让学生经历农作物耕种的劳动体验，体会粮食是如何从播种、施肥、灌溉、成熟、收割及加工制作的过程。"在田园中自由呼吸，开心劳作"是本课程设置的初衷。

二、课程理念

课程即是生活态度。在劳动教育过程中，孩子们打开了创意设计的大门，发挥个性特长，实现从劳动成果到加工制作的精彩呈现。普普通通的麦秆在孩子们手中玩出不同的创意，让他们面对生活时能保持不断发现、创造美的乐观态度。我们认为：

1. 课程即是真实经历。田间地头的劳动过程自然会遇到和产生一个又一个的问题。这些真实经历为孩子们打开探索生命的大门，调动他们追本溯源的本能，让他们在科学探究中感受课程的魅力与发现的欣喜，让他们对大自然保持无限的好奇与探索兴趣。

2. 课程即是生命感悟。我们在劳动教育过程中，让孩子们一次次感受到生命的力量。从种子种下的那一刻，孩子们感受到了生命的神奇与魔力，精心呵护着一株株幼苗，与这些幼苗同呼吸、共成长，不断感受着它们带来的一份惊喜与一份震撼！

三、课程涉及的学科

本课程涉及的学科有语文、数学、科学、美术、信息技术、劳动教育、综合实践活动、研学等学科。

四、课程总目标

1. 通过校内、校外农耕劳动及食材的加工制作，让学生体验植物从播种、收获到加工制作的全过程；学习使用劳动工具；体验劳动过程，掌握劳动技巧，体验劳动丰收的喜悦。

2. 通过探究性学习，让学生带着问题去学习，探究影响植物生长的因素，学会植物鉴定的方法；通过对豆子的加工制作，感受传统磨豆腐工艺及方法。

3. 通过角色体验，感受农民、厨师工作的不易，学会感恩并尊重他人劳动成果。通过各种设计制作，感受劳动成果的多样性，体会劳动创造美，提高学生的劳动意识和审美水平。

五、课程内容规划

我校将"经纬农场"分给一到六各年级各班级进行管理，从 2019 年秋至今，一至六年级学生在种植劳动体验中不断丰富"田园·乐园"劳动教育课程。同时，我校结合校外劳动基地，开设了不同活动主题：

表 1-2 "田园·乐园"劳动教育课程活动表

年级	活动内容	活动目标	涉及学科	课时安排	活动形式
一至六年级	田园·乐园	通过田园种植体验，进行主题式探究、职业体验和创意劳作；增强学生的体力、智力和创造力；全面提高学生劳动素养	劳动教育 科学 数学 语文 信息技术	16 课时	校内农场
三年级	内务整理 磨豆腐 串珠 布织布	通过生活自理、手工制作、传统手工艺体验等过程，提升学生的设计能力和劳动审美能力	劳动教育 美术 科学 数学	16 课时	校外基地
四年级	内务整理 麦秆画 木版年画 叶脉书签	通过创意设计、制作体验、非遗项目实践，感受劳动之美、大自然之美。通过叠被子、整理柜子等活动，提升自理能力。	劳动教育 美术 科学 数学	16 课时	校内外结合基地
五年级	内务整理 花馍创意 纸浆画 扎染	通过创意劳作体验，培养学生的劳动观念、动手能力及创新意识，提高学生的综合素养	劳动教育 美术 科学 语文	16 课时	校内外结合基地
六年级	内务整理 农耕 麦秆画 手模制作	通过农耕劳动体验、创意劳作等活动，感受劳动成果来之不易，养成尊重他人劳动的习惯及劳动创新的意识	劳动教育 科学 美术 综合实践活动	16 课时	校内外结合基地

六、课程实施要素

"田园·乐园"课程意在突出对学生劳动实践能力以及乐观心态的培养，科学探究、劳动创作、体验感悟、拓展资源是本课程实施的四要素。本课程将劳动教育与多学科相融合，开展跨学科探究式学习，其成果具有实用价值、审美价值和创新价值，可以成为学生联系学习和生活的纽带，是国家教育劳动课程的有效实施路径。

1.科学探究。科学探究是本课程实施过程中的必然产物和必备要素，也是劳动实践的价值所在。在农作物播种的过程中，学生在教师的引领下通过解剖种子、对比观察等方法探究种子蕴藏的奥秘。在植物生长的过程中，学生在老师的引领下通过观察，发现植物生长受光照、水、气温等自然因素以及小鸟啄食等其他因素的影响。在丰收采摘中，学生在老师引领下，通过触摸、闻、借助工具观察等方法探究相似植物的区分技巧……在劳动实践的真实情境中，带着问题去研究，在研究中收获知识和解决问题的方法。

2.劳动创作。"田园·乐园"课程的开展不仅仅局限于"经纬农场"这片场地，孩子们还可以把在农场中采摘的蔬菜、瓜果及收割的粮食等拿到餐厅、教室、美术室甚至实验室等继续创作。三、四年级学生将采摘的茄子、红薯叶等蔬菜拿到餐厅，经过厨师长简单的授帽仪式，在餐厅师傅的帮助下烹饪了烧茄子、炒红薯梗、红薯叶等简单菜肴。六年级学生将麦秆带到美术室，经过浸泡、染色、压制、熨烫等工艺，利用麦秆作画，创作出一幅幅精美的艺术品。孩子们利用自己对美的理解、对科学的求真态度，在劳动中创作出一道道简单易学的美食、一盘盘大饱眼福的拼盘、一幅幅风格迥异的麦秆画、一件件保存完好的植物标本。

3.体验感悟。劳动体验是劳动教育课程的必备环节，"田园·乐园"劳动教育课程从播种、灌溉、松土、施肥到丰收采摘及后续加工制作的过程都需要学生全程参与。在劳动体验中感悟生命的力量、劳动成果的来之不易。就拿经历过多次移栽却顽强活下来的向日葵来说，第一次是为了美观，我们把部分向日葵从小农场的南边移到北边；第二次是因为改建玻璃温房，我们把全部向日葵从小农场移栽到大农场。这两次移栽让教师和学生感受到了生命的力量与奇迹！这种感悟只有亲身经历、亲眼见证才历久弥新，印象深刻！

4.拓展资源。为了确保劳动课程的顺利开展，我们在场地平台、专家支持等方面进行了资源拓展。作为老城区学校，自然惜地如金。校领导班子另辟蹊径，将学校能利用起来的角角落落都计算在内，看台上、走廊边、校门连廊顶都设计安装了植物种植箱，为孩子们开辟了接触大自然、种植劳作的乐园——"经纬农场"。学校还在红旗渠大峡谷为学生建立了校外劳动实践基地。基地硬件设备齐全，教育功能完备，每批学生到基地开展为期5天的劳动实践活动，通过内务整理、手工扎染、版画制作、农耕体验等十多门特色课程的学习，学生开阔了视野，增长了知识。

七、活动案例

"田园·乐园"劳动教育课程分为"播种希望""生长变化""丰收节""成果创作"四个单元，该课程的实施让学生经历风吹日晒的劳动过程，感受粮食是如何从播种、施肥、灌溉、收割到加工制作出来的。在劳动体验中培养学生的劳动意识、劳动技能、科学精神、审美意识和创新精神，培养学生正确的劳动价值观和良好的劳动品质，提升学生综合素质，促进学生全面发展、健康成长。具体内容为：

第一单元

播种希望

本单元主要是翻土、播种。在学生心中种下希望的种子，并在劳动实践中进行研究，探究生命的奥秘，学会鉴别植物的方法。

该环节低学段学生负责药用植物的移植；中学段学生负责栽种茄子、辣椒、蒜苗、番茄等蔬菜；高学段学生负责播种小麦，种植向日葵、西瓜、甜瓜等作物。教师指导学生体验不同植物的不同播种方法，学习使用翻土工具，掌握播种技巧；同时引导学生带着问题去学习，探究植物发芽的秘密，学会植物鉴别的方法。本单元包含"这些是种子吗？""种子里有什么？""种子发芽需要什么？""种子

如何发芽？""种子繁殖与营养繁殖"等课程。本环节将知识与技能、知识与生活实践相结合，实现了劳动教育与多学科教育的融合，培养了学生动手实践能力与分析解决问题的能力、劳动意识和科学精神。

第二单元

生长变化

本单元主要通过观察植物生长各阶段的变化以及植物生长与天气、土壤等环境的关系，课程包括"黄瓜生长记""蒜苗与麦苗""向日葵无时无刻向太阳吗？""人工智能之植物识别""落叶都去哪儿了？""天象与农业"等内容。

该环节低学段学生了解植物的药用价值，掌握基本的安全劳动技能；中学段学生了解植物生长与环境的关系；高学段学生结合天象知识，思考农业与天象的关系。教师指导学生搜集资料、实地探访、动手实践，感受二十四节气与农耕之间的关系；感受科技发展为农业、工业生产带来的巨大变化。本环节将劳动与生产技术相结合，将生产实践融合在劳动教育课程体系中，培养学生的劳动技能、科学精神和劳动创造力。

第三单元

丰收节

本单元主要是让学生在劳动体验中感受丰收的喜悦和劳动者的艰辛。

该环节低学段学生采摘薄荷、留兰香等药用植物；中学段学生采摘茄子、辣椒、西红柿、黄瓜等蔬菜；高年级学生采收西瓜、甜瓜、向日葵、小麦等。教师指导学生充当农民、厨师的角色，

进行职业体验和劳动产品的加工制作。如制作薄荷冰糖水、留兰香鸡蛋饼、烧茄子等，体验劳动丰收的喜悦、品尝劳动创造的美味；换位思考感恩农民伯伯的辛苦劳作，感恩老师们的辛勤耕耘。本环节将感恩教育与生产劳动相结合，将劳动教育与职业体验相结合，培养了学生的劳动美德。

第四单元

成果创作

本单元主要是对劳动成果的再加工与创意展示，包括"麦子全身都是宝——麦秆画""蒸馒头与面食文化""叶脉书签的制作""植物标本的制作""磨豆腐""红薯梗项链"等。

该环节学生制作、交流，并展示成果，教师指导学生动手实践，交流分享成果。本环节将创意设计与劳动实践相结合、研究性学习成果汇报与劳动教育相结合，培养学生的劳动意识与劳动创新精神。

八、课程评价

正确的劳动教育评价机制有利于推动劳动教育的落地落实，有利于促进学生形成正确的劳动教育价值观。学校将劳动评价贯穿于劳动教育始终，将评价结果作为学生综合素质评价的重要参考数据，切实发挥评价的导向和激励作用。

1. 评价主体多元化。构建以学生自评为主，由学生自我评价、小组评价、辅导员评价、家长评价和社区评价组成的开放式的多元评价体系，使评价更客观、更广泛，评价结果更具说服力。

2. 评价内容更丰富。从劳动认知、劳动情感、劳动习惯、劳动能力四个维度，分年级构建劳动素养评价体系，全面反映学生的劳动综合素养和能力。现阶段，劳动认知主要体现在对农耕工具的认识以及对农作物的辨识上。劳动能力主要体现在工具的正确使用，搭架、翻土等基本劳动技能的掌握上。劳动习惯主要体现在劳动前工具、材料的准备上，劳动中有规划、有秩序完成任务的意识上，劳动后收拾场地的习惯上。劳动情感主要体现在学生参与劳动的热情和积极性。

3. 评价方式多样性。针对不同的劳动实践内容，采取不同的评价方式。通过语言激励评价（能及时反馈与评价）、展览评价（部分劳动创作成果留在校展示墙供大家参观评价）、体验评价（对于无法保留的成果，通过品尝、使用等体验反馈进行评价）、分享交流评价（如探究历程分享，食材营养播报）等多种方式，激发学生参与劳动的热情。通过评价引导学生形成正确的劳动观念，提升学生的劳动技能，推动劳动教育的有效实施。

九、课程保障

劳动教育与其他国家课程相比具有许多新的特点和实施过程的复杂性。因此在实施过程中学校要切实加强对这一课程的研究和管理，从组织、条件和制度等方面着手，从开发、实施到评价加强劳动教育全过程管理，确保课程落实和教育功能得到充分体现。

1. 课时保障。为了保障"田园·乐园"劳动教育课程顺利实施，我校一至六年级每周开设 1 节劳动教育课程，每学年安排 2 次大型劳动周活动。从课时上保障劳动教育课长期有序开展。

2. 师资保障。学校大力支持劳动课程建设，配备专职教师 12 名，负责统筹安排劳动课程；兼职教师遍布各个学科，全员担任，主要负责开发多学科劳动融合课程。为了提高学校专、兼职教师劳动课程素养，学校还邀请河南省农科院、河南省基础教育教学研究室等单位专家对劳动课程教师进行专项培训。

3. 资源保障。2010年，学校在红旗渠大峡谷建成了河南省中小学太行大峡谷综合实践教育基地，作为学生的校外劳动实践基地。2019年，学校因地制宜利用操场一角建设了"经纬农场"，作为学生的校内劳动实践基地。此外，学校还依托医院、高校和科研院所等开展劳动教育，切实提升孩子的劳动实践能力和解决问题的能力。

（河南省实验小学　王星娜　崔海涛）

梦之旅

一、课程背景

郑州市金水区未来小学构建了"梦之旅"劳动教育课程，进一步促进了郑州市金水区未来小学为培养"有爱有梦，有智有趣"的新时代人才的育人目标的达成和丰满了学校课程的开发与实施。

为将"梦之旅"劳动教育课程落到实处，我校充分利用多种教育资源，为学生在校园开展劳动实践提供了优越条件。"梦之旅"劳动教育课程在一至四年级实施，课程设置贴近生活，给学生提供走出教室、走进广阔天地、开展自由活动的机会。通过"梦之旅"劳动教育课程教与学的实践，增强学生的劳动意识，使其掌握劳动技能的同时，学习到相关的生活常识和综合性知识；树立积极热情的劳动态度，形成崇尚劳动、热爱劳动、劳动光荣的价值观；培养学生创造能力、创新精神和服务社会意识。

二、课程理念

"梦之旅"劳动教育课程理念主要有如下几点：

1.课程即是内在的体验。在劳动教育课程中，给每一个孩子创造个性体

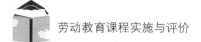

验的机会。每个孩子都是小园丁，在自己的花园里挥洒汗水、自得其乐、自有所获。让每一个孩子在劳动中找到真实的自我、个性的自我、张扬的自我，通过课程体验获得各种滋味。

2. 课程即是真实的旅程。在劳动教育课程中，丰富的活动是孩子们成长过程中的重要载体。丰富的活动为孩子们提供了动手操作的机会，让孩子们在真实的劳动中，发现植物生长的规律和特点；在日常劳动中锻炼能力，在实践体验中关注自然，在动手制作中表达创新。用劳动来丰富生命的旅程，且行且宽。

3. 课程即是当下的超越。在劳动教育课程中，孩子们面临着一个个新的挑战。在学科融合、跨越边界的学习时空里，磨炼意志，树立正确的劳动观念和积极而上的态度；在真实的情境中，实现对生命、自我的超越，丰富已有知识和情感，追求生命的成长。

三、课程涉及的学科

本课程涉及数学、语文、科学、综合实践、美术等学科，同时也涉及社会学、心理学、环境学等领域。

四、课程总目标

1. 以丰富多彩的主题活动为载体，让学生参与其中，体验、收获、成长，逐渐增强劳动意识，培养自理和自立能力，培养热爱自然、热爱劳动、热爱生活的态度。

2. 让学生在实践中体验动手操作的乐趣，学会分析问题、解决问题，体会劳动创造美好生活的价值。通过劳动体验，培养其劳动技能、合作能力、创新能力，全面提高劳动素养。

3. 通过劳动教育，使学生树立正确的劳动观，崇尚劳动、尊重劳动者和劳动成果，形成良好的劳动习惯。让学生在平等、和谐的劳动教育环境中获得广阔发展的空间，同时体验劳动的乐趣和帮助心理成长。

五、课程内容规划

"梦之旅"劳动教育课程内容丰富、活动形式多样，给学生提供了足够的空间和自由度，让学生在充满趣味性、融合性的劳动体验、实践和创造中，将劳动教育与生活技能、生活习惯、生长规律相融合，使之在积极健康的环境中，体验劳动的幸福感和收获的喜悦。

表1-3 "梦之旅"劳动教育课程活动表

年级	学期	活动内容	活动目标	涉及学科	课时安排	活动形式
一年级	上学期	整理小能手	学会收拾自己的学习用品、整理书包、记作业，在家能够自己整理房间等；锻炼自我管理能力，养成良好的劳动习惯	语文 数学 综合实践活动	16课时	学校与家庭相结合
	下学期	辛勤小园丁	认识校园里的植物，了解其特点；观察植物在不同季节的生长状态，用行动来呵护校园植物，培养积极的劳动态度和热爱学校的情感	科学 语文 综合实践活动	16课时	校内活动
二年级	上学期	劳动小达人	养成日常劳动的习惯，会做简单家务，会打扫教室卫生；参与公益活动，争当小小志愿者；培养热爱劳动、尊重劳动的情感，树立劳动最光荣的观念	语文 综合实践活动 道德与法治	16课时	学校、家庭和社会活动三者结合
	下学期	小小饲养员	了解动物习性，给动物准备食物和清理卫生，学会给动物消毒，用科学的方法饲养小动物，了解季节对动物的影响；培养爱护动物的情感和勤于劳动的习惯	科学 美术 综合实践活动	16课时	学校与家庭相结合

年级	学期	活动内容	活动目标	涉及学科	课时安排	活动形式
三年级	上学期	走近熊耳河	走访、调查熊耳河流域的历史文化，了解保护河流的重要性；考察河畔的植物及公共环境，清除垃圾、倡导环保；提高环保意识，培养热爱劳动的品质，激发社会责任感	语文 科学 综合实践活动 道德与法治	16课时	校内学习与校外实地调查研究相结合
	下学期	田园小课堂	了解二十四节气对农业生产的作用；认识种子，了解植物在四季中的生长规律及特点；学习使用工具、种植及养护植物的方法；组织"小小拍卖会"活动；在活动中磨炼意志，养成良好的劳动习惯，学会分享	科学 数学 语文 美术 道德与法治	16课时	校内小菜园、校外熊耳河资源结合
四年级	上学期	厨艺大比拼	利用各种食材尝试在家长的帮助下做菜、蒸馒头等；学习生活技能，培养尊重劳动者、爱惜粮食、珍惜劳动成果；培养学生热爱生活，创造生活	美术 综合实践活动	16课时	家庭与学校相结合
	下学期	智创小达人	较熟练运用工具，运用生活中常见的材料进行"变废为宝"制作；根据动植物资源及常见材料进行创意设计制作，提高动手能力，增强审美情趣；培养创新精神，初步建立技术价值观	科学 数学 美术 综合实践活动	16课时	家庭、学校与社会资源相结合

六、课程实施要素

"梦之旅"劳动教育课程将劳动教育与学生的学校生活、家庭生活和社会生活有机结合，立足于学生的发展，从学生的生活实际出发，贴近学生生活，激发其劳动热情。

1.与生活实际相结合。"梦之旅"劳动教育课程将校内日常劳动和家务劳动有机结合，让学生从身边的"小劳动"做起，逐步掌握劳动知识与技能，让劳动融入学生的日常生活，成为学生的生活常态。如"整理小能手"

活动，结合一年级学生入学后要学会自己收拾学习用品、整理书包、记作业等实际需求，让学生学会有条理、有顺序地整理方法，并在学校和家里反复练习。另外，在家里学习整理房间，叠衣服、收拾书桌、扫地等，做到自己的事情自己做，养成良好的劳动习惯。"厨艺大比拼"活动，充满趣味性，学生积极性很高，在家长的帮助下准备食材、学习烹饪和制作美食，并通过视频和照片展示自己的厨艺，分享珍贵的劳动成果。"辛勤小园丁"活动中，每位学生都变成了小园丁，在校园中寻找植物、认识植物，观察植物在不同季节的生长状态，积极主动地浇水、除草、修剪，精心呵护校园植物。劳动之美，无处不在，创造条件，让学生在实践中充分体验劳动的乐趣。

2. 注重各学科融合。"梦之旅"劳动教育课程根据每个活动主题的特点思考劳动与各学科的内在联系，以新颖有趣、贴近实际的活动方式和内容唤醒学生的参与热情，挖掘学生的潜能。例如：在"田园小课堂"活动中，内容涉及科学、语文、数学、美术等学科，运用科学实验的方法探究种子发芽需要的条件涉及到科学；观察日记涉及写作，需要学生的语文基础知识做支撑；养护植物过程中，学生需要用数据记录植株的长势，涉及数学应用；拍照、绘画的方式来记录植物的生长状态，涉及信息技术、美术学科的应用。"小小饲养员"主题活动中，结合综合实践活动的设计对动物进行观察、实验、探究，了解其生长规律和习性，掌握科学饲养动物的方法等。这些将劳动课程与各学科相融合，能提高学生的综合素养，更加有效地发挥劳动教育的育人价值。

3. 与公益活动相结合。为了给学生提供更广阔的学习空间和实践环境，学以致用，在"劳动小达人"主题活动中，我们鼓励学生积极参与社会活动，争当小小志愿者，以自己的劳动去满足社会组织或他人的需要。为此我们组织学生到济源市王庄小学，与当地学生进行"小小志愿者手拉手"活动。在活动中，孩子们与贫困地区的小伙伴一起上课，互帮互助，共同完成了有趣的"平衡鸟"科学小制作和美丽的绘画作品。他们一起劳动，开垦种植园，共同播下希望的种子。活动丰富了学生的劳动体验，培养了他们的合作、吃苦耐劳精神。2019年9月，郑州市承办了第一届全国少数民族运动会，我们的小小志愿者，走上街头，协助维持城市卫生、出行秩序等。在参与公益活动过程中，不仅提高了学生的劳动实践能力，也让他们懂得劳动是光荣的，将来要成为履职尽责、敢于担当的人。

4. 多种形式的分享。"梦之旅"劳动教育课程不仅注重学生参与劳动的过程，也注重劳动成果的积累与展示分享。例如，"田园小课堂"活动中，学生通过辛勤种植，收获了黄瓜、荆芥、小白菜等蔬菜；学校组织学生在校园开展"小小拍卖会"活动，"小小拍卖师"忙中有序，介绍蔬菜品种、整理分装蔬菜、收钱记账，分工明确，让学生真正体验"劳动者"收获的喜悦。"走近熊耳河"主题活动中，学生用PPT展示他们对熊耳河历史文化、河畔植物及环境的调查内容、水质及污染的调查结果，用视频展示了将自制的"环保宣传牌"放置在熊耳河畔进行宣传和倡议环保的过程。通过展示，学生回顾了自己的劳动体验，感受劳动的快乐。在"智创小达人"主题活动中，挑选出优秀的作品，如航天模型、折纸花艺、水车、收纳盒等，在校园进行集中展览，供全校学生观摩，最后将作品长期放置在实验室，供全校学生参观学习。

七、活动案例

在"田园小课堂"劳动教育中，学生通过劳动实践，经历了"认识种子、学习使用工具、探秘种子发芽、种植物一起成长、比拍卖会"等活动步骤，实现了让学生在劳动中掌握技能、获取知识、养成良好的劳动习惯、体验劳动幸福感的活动目标。

活动一

认识种子

学生在课前准备各种各样的植物种子，提前查阅资料，观察种子的特点，然后运用工具解剖种子，了解其基本结构；教师指导学生进行观察、操作并及时给予指导。通过活动，让学生了解种子的外形特点及种子的基本结构。

学习使用工具

学生尝试使用铁锹、锄头、铲子、洒水壶等常见的劳动工具，教师示范、指导学生学习工具的正确使用方法，同时进行必要的安全教育。通过活动，使学生掌握常见劳动工具的使用方法，通过练习达到熟练使用。

探秘种子发芽

结合科学学科所学的知识，进行实验，探究种子发芽的必要条件，尝试水培和土培植物。水培植物在家里完成，土培植物在校园的小菜园和植物角里完成。教师指导学生在土培植物时，如何播种、松土、除草、浇水等，鼓励学生精心呵护植物，积极观察、及时记录，帮助学生熟练掌握种植植物的基本方法。

和植物一起成长

学生持续观察水培和土培植物的生长状况，坚持科学养护，通过拍照、观察日记、绘图等形式对植物的生长变化进行记录，并定期进行经验交流和成果展示；教师指导学生养护植物的方法，鼓励学生坚持观察记录，组织学生交流展示。通过活动，使学生掌握养护植物的科学方法，和植物一起成长。

活动五

小小拍卖会

学生经过对植物的精心养护，等到鲜花盛开或果实成熟时，每位学生整理自己的劳动成果，包括过程性资料和实物，进行展示并与同学们分享。教师组织学生开展"小小拍卖会"活动，邀请家长参与，观摩孩子们的劳动成果。孩子们兴致勃勃地展示自己通过努力和汗水收获的果实，积极地交流各自在劳动过程中的体会和收获。通过"小小拍卖会"，让学生充分体验成功的喜悦并分享快乐。

八、课程评价

"梦之旅"劳动教育课程评价指标和评价方法应多元化，通过课程评价促进学生全面发展。

1. 评价指标多元化。根据"梦之旅"劳动教育课程内容丰富、实践性较强的特点，结合劳动课程家校共育的特点，我们把劳动教育评价指标分为"劳动态度""获取知识""实践体验""劳动创新""劳动成果"五个方面，把这些指标落实到课堂上，结合学生的劳动表现进行评价。

2. 评价方法多元化。基于"梦之旅"劳动教育课程活动内容的丰富性、活动形式的多样化、评价指标的多元化，决定了评价方法的多样性与灵活性。

3. 过程性评价。过程性评价是在活动过程中，教师及时对学生进行评价，评价贯穿学生参与劳动教育课程的全过程。评价方式有：口头评价、加盖印章评价、评选"劳动小达人""创新小达人"和"优秀劳动成果奖"。

4. 综合性评价。一学期的劳动教育学习结束时，根据学生的学习参与情况以及学生在活动中的表现，结合过程性评价，采取自评和师评的方式进行整体评价，评选出优秀学生并颁发"劳动之星"奖章。具体评价表格如下：

表1-4　学生参与劳动课程评价表

同学们，请你以实事求是的态度对自己参与劳动课程的学习进行客观的评价，老师也会对你的学习情况进行公平、公正的评价。请认真填写此评价表！

学生姓名		班级	

活动内容：

评价指标＼评价等级	优秀	良好	加油	自评
劳动态度	能积极主动参与劳动，热爱劳动；善于合作，尊重劳动者及劳动成果	能积极参与劳动，热爱劳动；有合作意识但欠缺方法，能尊重劳动者及劳动成果	能参与劳动；不善于合作，能尊重劳动者及劳动成果	
获取知识	能够正确、牢固掌握劳动中涉及的相关知识，并能够灵活应用	基本能够掌握劳动中涉及的相关知识，并能够灵活应用	基本能掌握的劳动中涉及的相关知识，灵活应用需要加强	
实践体验	能积极参与劳动体验，正确使用工具，熟练掌握劳动技能，灵活运用综合知识和能力解决实际问题	能积极参与劳动体验，基本掌握工具的使用方法和劳动技能，能运用综合知识和能力解决实际问题	能参与劳动体验，掌握工具的使用方法和劳动技能需要进一步熟练，灵活运用综合知识和能力解决实际问题的能力需提高	
劳动创新	能够在劳动实践中将知识与能力相结合，制作出高质量的创新作品	能够在劳动实践中将知识与能力相结合，完成创新制作	在劳动实践中不能较好地将知识与能力相结合，进行创新制作能力需要提高	
劳动成果	劳动课程过程性学习资料保存、整理齐全，能够积极展示劳动成果	保存有大部分劳动课程过程性学习资料，能够积极参与劳动成果展示	劳动课程过程性学习资料不够丰富，及时保存、整理和展示能力需要提升	
总评	（4~5个评价指标优秀评为优秀，3个评价指标优秀评为良好，0~2个评价指标优秀评为加油）			
师评				

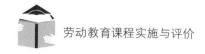

九、课程保障

劳动教育课程需要师资保障、资源保障、评价保障等多方面的保障才能充分体现劳动的教育功能。

1. 师资保障。"梦之旅"劳动教育课程的实施由各班班主任老师、科学老师及综合实践活动教师主要负责教学工作，课程所涉及的其他学科教师参与辅助教学，课时安排每个年级分为上学期和下学期，安排不同的活动内容，每个学期至少 16 课时。

2. 资源保障。为了更好地实施"梦之旅"劳动教育课程，我校根据校园环境建设劳动教育实践园地，充分利用校园的小菜园为学生提供更多参与劳动实践的机会；学校配备有充足的劳动工具、制作材料和设施，为学生提供动手操作的优越条件；有效利用社区、熊耳河周边以及公园等社会资源开展活动。另外，我们与济源市王庄小学结为"手拉手学校"，为课程的顺利实施提供了有力保障。

3. 安全保障。课程实施过程中要重视安全保障工作。学生使用劳动工具和制作工具时，教师要提醒学生注意安全，配备应急药品箱，以便处理突发状况；校外活动时，实行分组活动，严格按照外出活动要求进行管理；远距离活动，需要教师领队、家长陪同，以保证安全顺利地开展活动。

（郑州市金水区未来小学　高　昕　史钰芳）

生态小菜园

一、课程背景

劳动教育是素质教育的重要组成部分，它通过劳动观念的培养、劳动技能的掌握、劳动习惯的养成，促使学生形成良好的劳动品质。小学阶段作为劳动教育的重要阶段，是学生劳动观念、劳动行为、劳动技能形成的关键时期。通过开展一系列劳动教育，增强学生劳动技能，培养学生勤俭节约、吃苦耐劳、自力更生的品质，进而塑造全面发展的精神品格。可见，有效开展劳动教育，是一项意义重大、任重道远的工作。

郑州市金水区文化路第二小学十分重视劳动教育，不仅在各个学科相互渗透，还开设多个学生社团，整合有效教学资源，培养学生劳动实践能力。其中"生态小菜园"课程属于田园劳作类课程，基于蔬菜种植的生产劳动模块。本课程将劳动教育与学科教育相结合，通过"春种""夏长""秋收""冬藏"四部分，让学生经历蔬菜的播种、成长、施肥、丰收全过程，探究蔬菜生长奥秘，开展研究性学习，探寻绿色生态的意义，树立学生正确的劳动观，体会劳动的价值和意义，珍惜劳动成果，促进学生全面发展、健康成长，具有重要意义。

二、课程理念

每一粒种子都会长出惊喜，而每个孩子就是一粒种子。在劳动教育课程的润泽下，这粒种子定会发芽、生长、开花、结果。我们认为：

1. 课程就是潜移默化的成长。在劳动教育中，教育过程是循序渐进、潜移默化的，就像幼苗成长需要雨露不断滋润一样。他们成长所需的养分千差万别，只有在丰富的课程中，孩子们才可能找到那块最适合自己生长的土壤，汲取自己生长所需的丰富营养。丰富多彩的课程设计，能为不同的孩子提供各自生长所需的不同营养。

2. 课程就是知与行的统一。在劳动教育中，孩子只有在发现、体验和感悟中才能实现顿悟和重构，这是一个"做中学、学中做"的过程，是真正的学习，是充满快乐的学习。发现、体验和感悟与顿悟和重构是这个过程的必然结果，生活就是孩子"行"的重要载体。

3. 课程就是心与言的交融。在劳动教育中，学生或感受，或体验，或思考，或交流，或探索；过程既有奋斗的辛苦、成功的喜悦，也有倔强的呐喊、失落的泪水，但每次经历都是内在生长的过程，不管是显著生长，还是缓慢发展，只要积极地参与课程活动中，一定会助力生命的内在生长。

4. 课程就是个性释放的载体。在劳动教育中，丰富的主题给了孩子们自由选择的空间，给了他们自我发展的平台，满足孩子们的发展需求，帮助孩子朝着自我预期的发展方向前行。

三、课程涉及的学科

本课程，涉及科学、数学、美术、语文、道德与法治、综合实践活动课程等学科。

四、课程总目标

1. 拓展学习空间。让学生在学习和实践中培养热爱劳动、珍惜劳动成果的良好品德。

2. 改变学习方式。倡导学生积极参与、勤于探索、动脑动手，在体验式学习中获取知识，锻炼实践能力。

3. 启迪科学意识。劳动过程中的变化会激发学生的好奇心和求知欲，在观察、实践和交流中学会思考，初步探究。

4. 促进综合发展。学生运用多学科知识开展研究性学习，提升综合能力运用，全面发展。

五、课程内容规划

"生态小菜园"劳动教育课程遵循"劳动润心，快乐成长"的课程理念，以"初步了解""动手实践""科学探究""快乐收获"等内容实施。课程内容设置如下表：

表 1-5　"生态小菜园"劳动教育课程活动表

年级	活动内容	活动目标	涉及学科	课时安排	活动形式
三年级	上海青	认识不同种类的青菜，了解青菜的营养价值及其生长特点；引导学生热爱生活，培养劳动意识，掌握种植方法及管理要点等；通过实践种植、观察，学习使用劳动工具，培养学生劳动能力、观察能力以及热爱植物的思想感情	科学	18课时	校内外结合
	生菜		美术		
	油麦菜		数学		
			语文		
四年级	豆角	通过种植让学生对长豆角及其他类似植物产生兴趣，和植物成为好朋友，养成自我种植的习惯；通过种植以及生长过程的观察，使学生学会观察、记录实验，掌握基本劳动技能，并从中感受劳动的快乐	科学	18课时	校内外结合
			美术		
			数学		
			语文		
			信息技术		

续表

年级	活动内容	活动目标	涉及学科	课时安排	活动形式
五年级	大蒜	通过种植大蒜以及对大蒜生长过程的观察，激发学生的好奇心和求知欲，初步养成探究活动的正确态度，培养学生科学地提出问题、分析问题、解决问题的能力；体验劳动丰收的喜悦，分享自己过程性感悟及最终成果，评比种植能手	科学 美术 数学 语文 信息技术 综合实践活动	18课时	校内外结合

六、课程实施要素

"生态小菜园"劳动教育课程注重综合性和实践性，通过课堂教学、种植实践和综合拓展三个相互联系的模块来实施，倡导积极参与、勤于探索、动脑动手、善于合作的新型学习方法，突出学生科学探究、劳动实践、学科融合的实施要素。

1. 注重科学探究。"生态小菜园"劳动教育课程让学生进入了一个新的学习天地。通过课堂学习，学生了解了蔬菜种植与管理的基本知识，感受栽培时令与二十四节气的关系；根据本地生活环境，在老师的引导下，选择自己喜欢的蔬菜，设计菜园种植规划，同时探索家庭阳台的种菜方法；熟悉种植过程，了解蔬菜特点，初步了解蔬菜种植与环境的相关知识以及生态循环的基本原理，培养学生的生态意识，通过"生态小菜园"劳动教育课程学会创造环境美，为校园生态种植体验文化打下基础。

2. 注重劳动实践。种植实践是"生态小菜园"劳动教育课程的重要环节。课程从播撒种子、田间管理到收获果实，整个过程都需要学生认识并使用劳动工具；参观种植基地，在自己的"责任田"进行实践和探究，亲身参与翻土、播种、施肥、浇水、拔草、收获的所有环节；设计"我的发现"问题卡、种植记录表，学生每周填写表格并结合绘画、摄影、日记等多种形式来记录种植历程；将蔬菜种植延伸到家庭，鼓励学生尝试在家庭阳台上用花盆种植蔬菜。学生在实践中获得劳动技能，并感受到劳动的辛苦与收获的快乐，形成正确的价值观。

3. 注重学科融合。"生态小菜园"劳动教育课程实施中，与学校其他学科相结合，实现课程间的整合。如与语文学科相结合，将种植日志的写作与作文相联系；与数学学科结合，播种数量、定植间距等知识的计算；与美术、计算机教学相结合，开展摄影、种植博客、幻灯片展示等活动；与科学教学相结合，观察种子和生长过程与综合实践活动相结合，引发学生产生问题并进行科学的探究形成研究报告。

七、活动案例

"生态小菜园"是以蔬菜种植为主的劳动课程，为学生提供劳动实践的平台。以"大蒜种植"为主题，通过对种植过程的亲身体验，激发学生对劳动产生兴趣，掌握劳动基本技能，在劳动体验中培养学生的劳动意识、科学精神和创新意识，引导学生从劳动中体验生活的乐趣，培养学生创造幸福生活的能力。

第一阶段

参观菜园，种植准备

该环节带领学生参观菜园，激发学生的种植兴趣；访问有经验的家长、菜农，了解大蒜营养价值、适种条件等信息，为种植提供参考；认识传统种菜工具，了解其作用并尝试使用。

第二阶段

劳动实践，探究真知

该环节带领学生开垦菜地，参与大蒜种植，学习使用劳动工具；小菜园种植面积大，为确保出苗后长势均匀，指导学生挑选普通个头大蒜；请菜农现场作指导，掌握播种技巧，学会"田间"管理；做好观察记录，探究大蒜生长的秘密。

第三阶段

收获果实，分享体验

该环节指导学生对蒜苔的抽取进行多种尝试，掌握最佳方法，保证蒜苔品质。学生扮演农民角色进行职业体验，将蔬菜义卖和捐赠，体验劳动丰收的喜悦；分享自己过程性感悟及最终成果，评比种植能手，培养学生的劳动意识与劳动创新精神。

八、课程评价

评价促进课程质量发展，评价促进学生成长。我校在评价中，彰显劳动教育的独特价值，注重学生参与、体验与获得。评价策略如下：

1.注重过程性评价。劳动教育课程应注重学生在过程中的体验和表现，只要学生经历了活动过程，对自然、社会和自我形成一定的认识，获得实际体验和经验，就应该肯定其活动价值，给予积极的评价。

2.注重多元化评价。评价不应只由教师来决定，要通过讨论、交流等多种形式，将学生自我评价、同学互评和指导教师或社会、家庭有关人士的评价结合起来，鼓励并尊重学生富有个性的自我表现方式。

3. 注重反思性评价。充分发挥评价的教育、改善、促进功能，通过活动过程、交流和成果汇报，让学生学会问题讨论、方法交流、成果分享，达到自我反思、自我改进的目的。

表 1-6 "生态小菜园"评价表格

评价项目	评价内容	自我评价			小组评价			教师评价		
		优秀	良好	加油	优秀	良好	加油	优秀	良好	加油
劳动课程学习态度	对种植活动有热情，能主动思考、探究科学的奥秘，积极参与种植活动									
劳动观念	具有正确的劳动价值观，尊重劳动、热爱劳动的品德和吃苦耐劳的精神，尊重普通劳动者，珍惜劳动成果									
劳动知识与技能	了解蔬菜相关知识，掌握初步种植技能									
	学会使用常用劳动工具，能进行简单的生产劳动									
劳动成果展示	能运用自己喜欢的方法记录种植过程，展示种植成果，态度大方自信									
	分享种植经验并具有初步的指导意义									

在本次活动中，我获得优秀____个，良好____个，加油____个。

综合评为____等级。

注：结合自身情况，在符合标准处打"√"。

九、课程保障

有效的课程机制保障是课程顺利开展的基石，我校从以下几个方面高度重视：

1. 课时保障。根据《关于全面加强新时代大中小学劳动教育的意见》的要求，我校设立劳动教育课程每周不少于 1 课时，并对学生每天课外劳动时间做出规定。

2. 资源保障。学校为课程实施开辟了约 550 平方米菜园作为学生实践基地，组建课程小组，设有专门的菜园管理员，并聘有专业菜农进行实践指导，为课程顺利开展提供了有利条件。

3. 经费保障。学校设立专项资金，用于购买种子、幼苗、杀菌剂、劳动工具等，全力支持课程教师外出学习和申报各类项目，不断丰富劳动教育课程资源，优化课程效果。

（郑州市金水区文化路第二小学　郜　芳　张菊红）

快乐四季

一、课程背景

"快乐四季"是郑州市金水区黄河路第一小学自 2018 年开始构建的劳动教育课程，着力推进学生劳动品质的养成和劳动技能的提高，形成尊重劳动、热爱自然的美好品德。学校充分利用校园资源，依托校内面积约 400 平方米的空中花园、种植 30 多种植物，为孩子们打开一扇生态教育的大门，形成集语文、数学、综合实践、美术、科学等多个学科为一体的实践课程体系。

"快乐四季"劳动教育课程主要根据园中各种植物在四季生长的不同阶段，围绕剪枝控果、扦插与嫁接、疏花保果、合理施肥、套袋护果、采摘、果树维护等多个与季节相对应的主题，开展多种有趣的园艺活动。让学生们在课程中获得更多的接触自然的机会，并在专业园艺师傅的指导下，开展亲身体验的劳动实践。在活动中，学生不仅用学到的知识与技能，积极投入到建设美丽实践园的实际行动中，还养成崇尚劳动、尊重劳动的习惯，充分体会到劳动带给他们的惊喜和快乐。

二、课程理念

当前，对于打小在城市里长大的孩子来说，存在一种缺失，那就是对大

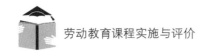

自然的陌生。我们认为：

1.课程是与自然万物亲密接触的生态课程。让孩子们与每一朵花、每一棵草、每一个果实、每一只昆虫做朋友，了解它们的形态特征、生长规律、生活习性，探究大自然是如何孕育生命，生命又是如何蓬勃生长的全过程。由此发现自然之美、生命之美，感受生命的奇迹，激发热爱大自然、亲近大自然、关注大自然的美好情感，并由此产生与大自然和谐相处的美好愿望。

2.课程是初步尝试农耕、春播等各种劳动的实践课程。这是那些在城市长大的孩子所缺失的一种活动体验。学生们通过对园中各种植物进行基本的种植、养护等活动，初步了解园艺知识，掌握园艺劳动技能；学到书本上和生活中学不到的东西，进而崇尚劳动、尊重劳动，对劳动有一个正确的态度；通过持续劳动，体会劳动带给他们的惊喜和快乐，感受劳动之美。

3.课程是多元发展、思维开放的探究课程。在课程中，学生面对丰富多样的植物，看到植物在生长过程中的各种变化，会产生许多想研究的问题，在对问题的提出、分析、讨论、规划、实施和交流的过程中，活动方式更加丰富多元。在开放型的思维空间中，学生探究意识被充分调动，对探究方法的应用及探究能力的提高起到了一定的促进作用。

三、课程涉及的学科

本课程涉及综合实践活动、科学、数学、美术、劳动技术教育、道德与法治等学科。

四、课程总目标

1.通过网络、书籍等资料的搜集，学生了解了实践园中植物的种类、特征、生长过程、生存环境等，学习果树种植与维护的知识，培养学生对植物的热爱。

2.通过观察、记录、采访、调查等实践活动，培养学生自主探究的能力，带着任务去实践，带着感悟来交流，提高综合运用知识和研究解决问题的能力。

3.通过体验"疏花保果""清除杂草""套袋护果"等实践活动，初步培养学生动手实践能力和严谨细致的科学态度、激发学生热爱劳动、热爱科学的情感，学会与他人交流、合作、分享成果。

五、课程内容规划

根据学生的认识水平和劳动技能，本课程在全体四年级学生中开展，每届四年级学生都会在一学年时间中，亲身经历实践园的四季课程，体验春、夏、秋、冬四季的探究过程。

表1-7　"快乐四季"劳动教育课程活动表

年级	活动内容	活动目标	涉及学科	课时安排	活动形式
四年级	春之韵 疏花保果	了解果树在春季疏花保果的方法和作用，体验为果树疏花保果的过程，期待实践后的成就感，感悟科学性	科学 美术 综合实践活动	4课时	校内
	植物施肥	认识肥料的种类，了解施肥的作用，亲自为植物施肥，流汗出力，享受劳动的愉快	科学 数学 综合实践活动	4课时	校内
	夏之语 清除杂草	认识不同种类的杂草，了解清除杂草的几种方法，体验清除杂草的过程，掌握劳动方法，培养热爱劳动	科学 数学 综合实践活动	4课时	校内
	套袋护果	学习套袋护果的方法、作用和注意事项，体验为果树套袋护果的感受的劳动成就感	科学 综合实践活动	4课时	校内

年级	活动内容	活动目标	涉及学科	课时安排	活动形式
四年级	秋之获 秋季采摘	认识秋季果实成熟的特征，体验秋季采摘，感受丰收的喜悦	科学 数学 美术 综合实践活动	4课时	校内
	秋之获 扦插与嫁接	了解扦插与嫁接的作用，并掌握其方法，感悟植物生长的神奇	科学 综合实践活动	4课时	校内
	冬之藏 修剪枝叶	了解剪枝的方法和作用，体验剪枝的过程，享受劳动带来的乐趣	科学 综合实践活动	4课时	校内
	冬之藏 果树维护	了解冬季果树维护的重要性和方法，体验牵枝等活动，热爱生命，期待来年春天果树的蓬勃生成	科学 综合实践活动	4课时	校内
	拓展活动 社区服务活动	将学到的劳动知识和技能，应用到自家小区绿色园地的维护和改造中，增强与生活的联系，做一名践行者，为社会做一份贡献	科学 道德与法治 综合实践活动	6课时	校外

六、课程实施要素

本课程叫"快乐四季"。在课程中，旨在让学生经历四季中不同植物的生长变化，以及在不同节气为促进各种植物的生长而进行的各种园艺劳动实践。所以实践与体验、问题驱动、成果多样化是实施本课程的三要素。

1.以发展兴趣为主导，引发学生问题驱动。学生在园中的各种实践活动，不是来自课本，而是亲身经历与实践。在看到植物生长过程中的各种变化时，得到最直观的视觉感受，自然激发起研究兴趣，产生各种各样的问题；以兴趣为主导，以问题作为活动驱动，是本课程实施的一个重要因素。在问题驱动下，学生的探究欲望得以激发，他们想了解为什么要进行疏花保果？如何保护被小鸟或虫子破坏的果实？怎样才能提高果树的成果率？……各种问题成了学生进一步开展研究和劳动实践的主要动力。学生们带着探究的主题去学习，带着问题去研究，在研究中收获知识，收获解决问题的方法。

2. 以实践探究为主线，丰富学生劳动体验。在实践园里，学生跟着专业园艺老师学习花草果树的种植、养护和修剪等知识，亲身体验为果树疏花保果、清理杂草、修剪枝条、套袋护果、采摘果实，不断将理论与实践相结合；探究植物从种子到开花、结果，再到收获采摘的全过程后，劳动意识也在一节节课程中得到增强，劳动技能在一次次的实践活动中得到提升，真正将劳动技术教育的种子播种到学生心里，使学生感受到劳动的成就感，收获的快乐。

3. 以学科整合为主领，突出活动成果的多样化。本课程的一大亮点就是多学科整合。我们的实践园四季课程，是集综合实践、语文、数学、科学、美术、道德与法治等多学科为一体的活动课程，各学科选取可以依托实践园完成，如语文学科的《实践园里诵四季》《二十四节气劳动赞》；科学学科的《实践园里话气象》《果木的学问》；美术学科的《四季画篇》《植物围栏彩绘》；数学学科《数一数》《分类》；音乐学科《劳动最光荣》……结合园艺活动，所有学科都进行了有效整合。在多学科的整合中，学生的活动成果丰富多样，有诗歌、绘画、研究报告、实验报告、小制作、小发明……在成果展示会上，孩子们品着自己采摘的劳动果实，交流着各种形式的劳动资料，将劳动的快乐，劳动的喜悦，劳动的获得，劳动的成果都得以充分地张扬。

七、活动案例

"疏花保果"是"快乐四季"中的一个子课题，重在让学生了解果树进行疏花保果的重要性，学习果树疏花保果的方法，体验操作方法，掌握疏花保果这一劳动技能的同时，感受探究与实践的科学性，增强学生进一步热爱劳动、期待美好成果的感情。

具体活动步骤：

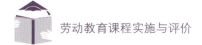
活动步骤一

初探实践园，提出探究问题

学生在这个环节，以校园寻春为活动主线，来到实践园，发现春天的各种景象；通过观察交流，发现植物的变化，初步感受实践园春季之美；最后将问题聚焦在植物的花朵上，初步提出关于花和果有关联的问题，为下面了解疏花保果做准备。教师在此环节主要引导学生发现和提出问题。

活动步骤二

揭秘疏花保果，开展劳动实践

在此环节，学生活动以提问和实操为主要形式。首先他们从园艺师傅那里学习疏花保果的方法，其次亲身进行实践，为园中桃树进行疏花保果。师生共同在专业园艺老师指导下，学习与思考：为什么要进行疏花保果？怎样进行疏花保果？疏花保果的作用是什么？引导学生对疏花保果提出更多拓展性问题，在提出问题和寻求答案中，学生的探究意识进一步增强。学生在此活动中学到相应的劳动技能，增长园艺知识，并能应用于实践中。

活动步骤三

整合多学科，进行活动拓展

学生在此活动中开展交流讨论，研究疏花后的花瓣如何再利用的问题，体现学科的整合性。学校邀请科学和美术老师共同带领学生进行活动，提升学生创造力；运用美术、科学学科的相关知识，从多学科角度拓展学生活动，实现多学科整合。如科学老师带领学生对桃花进行结构观察、制作标本等；美术老师指导学生用桃花作画，制作各种装饰品等。

八、课程评价

我校依托"快乐四季"劳动教育课程，建立健全了劳动教育评价机制，将劳动评价贯穿于劳动教育始终，将评价结果作为学生综合素质评价的重要参考。通过评价，引导学生形成正确的劳动观念，提升学生的劳动技能，推动劳动教育的有效实施。其中过程性评价占60%，终结性评价占40%。

1. 评价主体多元化。我校构建以学生自评、小组同学互评、老师评价、家长评价的开放的多元评价体系，使评价更客观、更有效，评价结果更具说服力。

2. 评价内容丰富。学生经历的实践类项目都进行过程性评价，其中自评内容主要从搜集整理资料、实践能力、团结合作、分享收获、成果展示五个方面进行评价，设置优秀、良好、合格三个等级。通过丰富的评价内容，全面反映学生的劳动综合素养和劳动体悟。

3. 评价方式多样。我校针对不同的劳动实践内容，采取不同的评价方法，激发学生参与劳动的热情。"疏花保果""植物施肥""套袋护果""修剪枝叶"等内容偏重于实践操作，这类课程主要采用过程性评价；课程"实践园中的植物""社区植物"则偏重于探究，这类课程采用过程性和终结性相结合的评价方式。

九、课程保障

学校为了顺利有效地开展"快乐四季"课程，制定了必要的课程保障机制。

1. 师资保障。在此课程开发实施过程中，由各学科多位教师和校领导共同组成课程开发小组，并由两位专职综合实践活动教师专门负责本课程的教学工作。

2. 课时保障。根据园中植物四季生长规律，分别在课堂和课下开展相应劳动实践活动，每个季节分别设置 8 ~ 10 课时，每学年共计 40 ~ 42 学时。

3. 外聘专家保障。学校专门聘请了专业的园艺师傅，除了负责实践园中各种植物的日常培植、养护、园艺规划之外，也给学生提供专业指导。

（郑州市金水区黄河路第一小学　孙春景　张　颖）

家务劳动

未来将属于两种人：思想的人和劳动的人。实际上这两种人是一种人，因为思想也是劳动。

——雨果

风吹麦浪

一、课程背景

郑州市第七十七中学依据"生活即教育，教育即成长"的课程理念，构建了一系列的劳动教育课程体系，其中"风吹麦浪"是基于小麦种植的劳动教育课程。本课程将劳动教育与学科教育、STEAM 教育相结合，开展跨学科研究性学习，寓教于乐。学生在劳动中发现劳动的魅力，学生在主题式探究中学会解决问题的方法，实现学习与实践共成长。

"风吹麦浪"课程把"拾起小麦种植中的农耕记忆"与劳动教育相结合，通过"麦芽种希望""麦芒促发展""麦籽庆丰收""麦香品文化""麦浪话发展"五个单元，让学生经历小麦的播种、生长、施肥、灌溉及丰收整个过程，在小麦的生长中开展研究性学习，融合多学科知识研究小麦生长的奥秘。本课程引导学生树立正确的劳动观，崇尚劳动、尊重劳动，增强对劳动人民的感情；提高学生发现问题、解决问题的能力；培养小组合作意识、劳动意识与审美能力，提升学生综合素质，促进学生五育融合，主面发展。

二、课程理念

1.课程就是生活。在劳动教育过程中，为学生打开一扇挥洒汗水、深入了解生活的大门，调动他们探索未知世界的好奇心，搭建从已知走向未知的通道，让他们在劳动中感受生活的美好，在劳动中创造更美好的生活。

2.课程就是研究。在劳动教育过程中，为学生打开探索生命发展历程的大门，调动他们找寻答案的专注目光，搭建从起点到终点的追本溯源平台，让他们在研究中感受劳动的历史变迁，在劳动的历史变迁中感受科技创新的魅力。

3.课程就是设计。在劳动教育过程中，为学生打开创意设计的大门，调动他们追寻熠熠生辉的人生奋斗因子，搭建从成品到精品的精彩呈现舞台，让他们在创意设计中感受劳动创造的价值，在劳动创造中感受人生的创造价值。

三、课程涉及的学科

本课程涉及语文、生物、地理、物理、化学、美术、STEAM 教育、综合实践活动等学科。

四、课程总目标

1.通过校内、校外种植基地小麦播种实践，让学生学习使用劳动工具，体验小麦播种、收获的全过程，体验农民的生产生活，体验劳动丰收的喜悦；让学生掌握劳动技巧，进而具备满足生存发展需要的基本劳动能力，形成良好的劳动习惯。

2.通过主题式探究项目的实施，让学生带着问题去学习，探究影响小麦发芽的因素，学会植物类别鉴定的方法；通过对秸秆的加工处理，探究秸秆文化；通过角色体验，感受农民在维权中遭遇的难题，交流维护农民个人权益的方法，普及《中华人民共和国劳动法》知识。

3.通过搜集资料、实地探访，感受二十四节气与农耕之间的关系；感受科技发展对农业、工业生产带来的巨大变化；感受文化的多元性和劳动成果的多样性，提高学生的劳动意识和动手实践能力；引导学生树立劳动最光荣、劳动最崇高、劳动最伟大、劳动最美丽的观念；体会劳动创造美好生活，体认劳动不分贵贱，热爱劳动，尊重普通劳动者，培养勤俭、奋斗、创新、奉献的劳动精神。

五、课程内容规划

我校结合综合实践活动、学科研究性学习，构建了以下课程规划：

表 2-1　劳动教育课程活动表

年级	活动内容	活动目标	涉及学科	课时安排	活动形式
七年级	手机壳的设计与制作	通过设计与制作，体验自制手机壳的过程，学会自主设计手机壳样式，提升设计美感和劳动审美，感受劳动创造美	语文	16课时	校内
			劳动教育		
			设计制作		校外
			综合实践活动		
八年级	风吹麦浪	通过劳动体验、主题式探究、职业体验和创意设计，培养学生的劳动意识、劳动技能和科学精神，同时在美学理念的引领下，培养学生的劳动审美意识、创新意识以及正确的劳动价值观和良好的劳动品质	生物	32课时	校内外结合
			物理		
			美术		
			化学		基地结合
			劳动教育		
			综合实践活动		
九年级	水果保存的秘密	通过主题探究了解水果保存的方法，培养学生的劳动技能、创新意识和科学精神，激发学生关注生活、热爱生活，创造生活的情感与能力	语文	16课时	校内
			化学		
			综合实践活动		校外

六、课程实施要素

劳动教育课程旨在突出对学生劳动实践能力的培养和学生多元体验感悟，实现全面育人。因此，劳动体验、主题式探究、职业体验、创意设计是本课程实施的四要素。本课程将劳动教育与学科教育、STEAM 教育相结合，开展跨学科主题探究，寓教于乐，使整个教学活动变得生动有趣、丰富多彩。

1. 注重劳动体验。劳动体验是劳动教育课程的必备学习方式。"手机壳的设计与制作"需要学生认识手机壳并设计出自己想要的手机壳，在此基础上动手实践，制作出想要的不同款式、不同材质的手机壳，学生无时无刻不在进行劳动实践和劳动创造。"风吹麦浪"从播撒种子、田间管理到收割麦子，整个过程都需要学生认识劳动工具，在实践过程中获得劳动体验。播撒的技能、浇灌的技能、收割的技能以及各种面食的制作等，学生都将在实践中获得。

2. 注重主题式探究。主题式探究是课程实施不可缺少的要素。在小麦播种的过程中，学生探究影响小麦种子发芽的因素，探究光对小麦生长的影响、温度对小麦生长的影响、无机盐对小麦生长的影响等。"水果保存的秘密"需要学生对不同的水果、不同环境条件下如何保存进行实验探究，学生带着探究主题去学习，带着问题去研究，在研究中收获知识，收获解决问题的方法。

3. 注重职业体验。劳动是创造，是发明，是职业中工匠精神的实践。我们注重培养学生的职业体验与感悟。在设计与制作手机壳的过程中，学生体验到手机壳设计者设计的出发点、思路与灵感；在售卖手机壳的过程中，学生体会到销售者的职业体验。在播种、收获小麦的过程中，学生体验到农民播种的辛苦和收获的不易。在探究水果保存的秘密时，学生体验到水果销售者面临的现实问题。这些职业体验有利于培养学生正确的劳动观念，培育他们积极的劳动精神，养成诚实守信、吃苦耐劳的品质，养成良好的消费习惯。

4. 注重创意设计。创意设计是新时代劳动教育必不可少的环节，旨在引导学生发现劳动中蕴藏的美学。在"手机壳的设计与制作"中，学生不仅可以掌握设计与制作手机壳的方法与步骤，还能从美学、消费者的需求等角度学会设计不同类别、不同理念、不同风格的手机壳，创意设计是该课程的一大亮点。"风吹麦浪"课程中，麦秸秆创意画、小麦生长写意画、麦秸秆染色画等作品的创作也是学生创意设计的体现。"水果保存的秘密"中水果拼盘的创意设计也是打开创意设计奇思妙想的一种方式。可以说，创意设计是新时代劳动教育成果的可视化和艺术化体现。

七、活动案例

"风吹麦浪"劳动教育课程分为"麦芽种希望""麦芒促发展""麦籽庆丰收""麦香品文化""麦浪话发展"五个单元，该课程的实施让学生经历小麦播种、生长、施肥、灌溉及丰收整个过程，在小麦的成长中开展主题式探究，多学科融合研究小麦生长的奥秘，在劳动体验中培养学生的劳动意识、劳动技能、科学精神、劳动审美意识和创新意识，培养学生正确的劳动价值观和良好的劳动品质，提升学生综合素质，促进学生全面发展、健康成长。

第一单元

麦芽种希望

　　该环节学生参与小麦种植全过程，教师指导学生体验小麦播种过程，学习使用播种工具，掌握播种技巧；同时引导学生带着问题去学习，探究小麦发芽的秘密，学会植物鉴别的方法。本环节将知识与技能、知识与生活实践相结合，实现了劳动教育与多学科教育的融合，培养了学生的动手实践能力与分析解决问题的能力以及劳动意识和科学精神。

第二单元

麦芒促发展

本单元主要研究二十四节气中的小麦生长问题，探索与小麦相关的农业生产和工业生产。该环节让学生了解小麦的历史变迁和时节变化，教师指导学生搜集资料、实地探访、动手实践，感受二十四节气与农耕之间的关系；感受科技发展给农业、工业生产带来的巨大变化。本环节将劳动与生产技术相结合，将生产实践与劳动教育课程相融合，培养学生的劳动技能、科学精神及劳动创造力。

第三单元

麦籽庆丰收

本单元主要是在劳动体验中感受丰收的喜悦与劳动者的艰辛。该环节学生收割小麦、对秸秆进行深度加工处理、搜集农民维权问题，教师指导学生进行农民角色职业体验和劳动商品交易，体验劳动丰收的喜悦；换位思考深度交流维护农民权益的方法，普及《劳动法》知识在农业生产中的应用。本环节将创意设计与生产劳动相结合、将劳动教育与普法教育相结合，培养学生的劳动审美意识和劳动法律意识。

第四单元

麦香品文化

本单元主要是在面食的制作与分享中感受文化的多元性和劳动成果的

多样性。该环节学生制作并分享面食（如馒头、花卷、手工面条、饺子、包子、面包、蛋挞、披萨的制作等），交流面食文化和创意，教师指导学生动手实践，交流分享成果。本环节将创意设计与劳动实践相结合，培养学生的劳动意识和劳动创造力。

麦浪话发展

本单元主要是对本学年劳动教育课程成果的梳理与展示。该环节学生分享自己的阶段性成果（研究性学习成果汇报，如水晶滴胶手机壳的设计与制作、温度对小麦发芽的影响、西瓜的保存方法等）和终结性成果（劳动课程的成果展示或创意作品的展示，如手机壳、麦秸秆创意画、小麦生长写意画、水果拼盘创意设计作品展示等），教师指导学生交流分享。本环节将研究性学习成果汇报与劳动教育相结合，培养学生的劳动意识与劳动创新精神。

八、课程评价

由于学生的知识储备、家庭背景、情感态度不同，他们在劳动教育课程学习中表现出的能力也有一定的差异。因此，在评价过程中，教师应对学生个体多一些关注，尤其是学生在劳动过程中表现出来的态度、习惯、耐心和承受力等，要注重从合作能力、探究能力、劳动意识、劳动体验、劳动实践、劳动精神等方面进行评价，以使评价结果客观公正，从而帮助学生树立正确的劳动价值观。在评价过程中应遵循以下原则：①注重学生参与原则；②关注学生劳动体验原则；③关注综合评价原则；④注重激励学生劳动实践原则。以下是形成性评价与终结性评价内容：

1. 形成性评价。劳动教育课程的形成性评价应基于学生的劳动实践、切身体验与感悟思考。在课程实施过程中，每个学生都应建立劳动教育课程成长记录袋。学生可根据自己的喜好设计成长记录袋的封面，并将自己认为有意义的劳动内容记录在内，包括劳动教育课程活动方案、活动实践操作记录、心得体会、同伴评价、老师评价、劳动教育活动成果等与劳动教育课程有关的文字、图片、音像资料，记录成长的每一刻。成长记录袋将作为课程学习过程性评价的主要依据。

2.终结性评价。劳动教育课程的终结性评价内容包括研究报告、小论文、调查报告、研究笔记、劳动成果等。我校每学期举办一次劳动教育课程终结性评价活动，从学校、授课教师、小组三个角度对学生的终结性成果进行评价，评价等级分为"优秀""良好""一般"。

九、课程保障

劳动教育与其他国家课程相比具有许多新的特点和实施过程的复杂性、综合性，因此在实施过程中学校要切实加强对这一课程的研究和管理，从组织、条件和制度等方面着手，从开发、实施到评价加强劳动教育全过程管理，确保课程落实和教育功能得到充分体现。

1.课时保障。我校七、八、九年级每周开设1节劳动教育课程，每学年安排3次大型劳动周活动。

2.经费保障。学校设立专项资金，用于劳动教育课程的开发与实施、教师培训、设备配置等。教师在课程开发与实施过程中可以书面申请经费，得到学校课程领导小组的审核批准后，专款专用。

3.资源保障。我校有数位劳动教育学科教师，他们责任心强，勇于探究，具有创新精神，是课程实施的主力军。与此同时，我校校内有丰富的课程资源，校外有劳动教育实践基地，校内、校外课程资源为课程实施提供了资源保障。劳动教育课程作为多学科融合课程，由教务处和劳动教育学科教师统筹协调，学校各部门配合，共同保障课程的顺利实施。

（郑州市第七十七中学　曹淑玲　刘焕鸽）

春风吹来野菜香

一、课程背景

郑州市金水区经三路小学发现家长经常利用周末带领孩子到郊外或农家游玩，吃农家菜、摘野菜等休闲活动。学校基于家长和学生兴趣，在三年级开发了"春风吹来野菜香"劳动教育课程，进一步助力学校"向着快乐出发"办学理念的实现。

"春风吹来野菜香"劳动教育课程的开展使学生走出教室，走进自然，开阔视野，提高发现问题、解决问题的能力，树立正确的劳动观念，促进学生全面发展。劳动活动中学生体验多种学习方式，在生活中学习，在劳动中提升，加强培养学生的劳动意识和劳动实践能力，增进学生热爱大自然、热爱生活的情感。

二、课程理念

1.课程是成长的方向。在整个劳动教育课程中，大自然给予孩子们个性发展与生命成长的滋养，在活动中关注学生的自我发展，点燃学生劳动的热情，学生逐步明白劳动的意义和价值，从而爱劳动，会劳动。

2.课程是快乐的旅程。劳动教育课程为孩子们打开了认识世界的另一扇大门，每一次校外活动无不让孩子们经历快乐美妙的劳动之旅，获得丰富的情感价值体验，让每一个孩子都沉浸其中，实现快乐学习、快乐劳动。

3.课程是创造的源泉。在劳动课程中，我们体验劳动的艰辛，在劳动中合作互助，在实践中创造，感受课程的魅力，实现劳动创造美好生活。

三、课程涉及的学科

本课程涉及科学、劳动技术、综合实践活动、语文、美术、信息技术等学科。

四、课程总目标

1.通过访问、查资料或实地考察，学会分辨野菜，了解野菜的种类及营养价值，初步培养学生搜集、筛选、整理、信息的能力以及观察生活和自主创造的能力，通过各种实践活动提高学生的综合素质。

2.通过引导学生主动探究，亲身体验，使学生具有基本的生活自理能力、交往协作能力、观察分析能力、动手实践能力以及对知识的综合运用能力和创新能力。

3.通过开展挖野菜、做野菜的实践活动，树立学生正确的劳动观，培养他们积极参与劳动的兴趣和创造美好生活的情感。

五、课程内容规划

"春风吹来野菜香"劳动教育课程共分四个阶段，即认识准备阶段、实施阶段、总结阶段和展示阶段。

表 2-2 "春风吹来野菜香"劳动教育课程活动表

年级	活动内容	活动目标	涉及学科	课时安排	活动形式
三年级	春风吹来野菜香	从学生自身生活中确定研究主题,开展研究学习,培养学生发现问题的能力;	科学	校内4课时	班级活动
		运用实地观察、访谈、亲身体验等方法获取材料,形成理性思维、批判质疑和勇于探究的精神;	劳动技术		
		在观察、记录、思考和劳动中主动获取知识,发展综合运用知识的能力,绘制思维导图让思考更有序、更深入;	综合实践活动		
		在劳动实践中增进学生的合作意识,感受劳动的艰辛和品尝劳动果实的欢乐;	语文	家庭5课时	家庭活动与校外活动相结合
		结合成果分享让学生体会双手创造美好生活的价值,激发学生热爱生活、热爱大自然之情,增强学生的劳动意识和劳动实践能力,感悟生活的美好、劳动的乐趣	美术		
			信息技术		

六、实施要素

"春风吹来野菜香"劳动教育课程注重生活体验,依托学生生活中的家庭亲子活动,在课程的引领下,让劳动教育在游玩中悄然发生。

1. 走出教室,建立"劳动教育"新课堂。小学阶段作为劳动教育的重要阶段,是学生劳动观念、劳动行为、劳动技能等形成的关键时期,为了让学生真正体验劳动,"春风吹来野菜香"劳动教育课程把学生带到郊外,以大自然为教室,让他们在田野里进行劳动实践。通过在田野寻找野菜、采摘野菜,学生们开阔了视野,能主动参与、学习、探索,体验了多种学习方式。学生从课本到野外真实体验,在实践中学习,在实践中探索,打造出由传统课堂走向创新课堂、封闭课堂走向开放课堂、探究课堂走向体验课堂的新格局。

2. 注重实践，落实劳动素养新要求。实践是人类认识世界的来源，人类通过"实践—认识—再实践—再认识"的过程汲取知识和技能、改造世界，学生通过参与劳动实践活动能更好地获取知识。在"春风吹来野菜香"实践活动中，学生通过小组合作查找资料、制订活动计划，在教师和家长的带领下亲身参与野菜采摘、制作野菜的实践活动，学生不仅获取知识、掌握学习方法、增强学习的能力，而且培养了学生的科学素养、实践劳动能力和创新意识。

3. 根植校外，创新劳动教育新形式。"春风吹来野菜香"劳动教育课程将劳动过程和各种活动相结合，学生在玩中做，做中学。课程中开展"保护环境我能行""我为家人做美食"等一系列劳动教育活动，通过劳动活动的开展，让学生们既会动手，又能动脑，培养了学生的劳动意识。学生从劳动中获得知识，将知识应用于劳动，在劳动中感受生活，在生活中创造幸福。

4. 学科融合，促进学生实践新发展。"春风吹来野菜香"劳动教育课程中不仅注重学生劳动素养和劳动能力的提升，还注重学生综合素质的提升。科学课上在科学教师的指导下学生通过思维导图将野菜进行分类；美术课上学生画出了观察到的野菜的样子；信息技术课上学生进行图片加工和 PPT 制作；语文课上学生写出活动日记、活动感受……看似简单的课程就包含了科学、美术、信息技术、语文等学科知识，这样的学科融合，让学生真正做到学以致用，在做中学，在学中做，促进他们的全面发展。

七、活动案例

"春风吹来野菜香"具体分为以下四个步骤：

活动步骤一

认识野菜

本环节是课程实施的第一阶段，学生通过参与分享郊外见闻，教师引导学生关注野菜，采用网上查找或走进菜市场的方式认识野菜，激起他们对野菜研究的兴趣，从而激发学生的学习动力，初步培养学生搜集、筛选、整理信息的能力和观察生活的能力。

活动步骤二

采摘野菜

本环节是实践环节，学生走进野外开始对第一环节的调查研究结果进行验证。

学生们和家长一起来到郊外，拿着自己前期研究的资料认真地在田野里寻找野菜，面对辨识不准的植物时他们找我们的"专家团队"（中医学院的专家、有经验的家长、手机App识物程序等）进行解惑。通过和同伴的讨论解决采摘中遇到了各种问题，比如采摘的野菜不完整、劳动工具不合适等问题。在遇到问题解决问题的过程中，学生学会了带着科学的眼光观察植物、寻找野菜，体现了"知行合一"的教育理念。

活动步骤三

烹饪、品尝野菜

本环节首先开展野菜营养价值和烹饪方法的研究，为学生走进厨房做准备。教师通过视频和学生及其家长共同探讨野菜的烹饪方法，比如蒸、煮、炒等。随后学生和家长一起走进厨房，在家长的指导下对采摘的野菜进行烹饪。最后学生和家人一起品尝美味，体验劳动果实。整个环节，学生通过烹饪野菜和家人分享自己的劳动成果，从而体验劳动的艰辛和快乐，逐步形成劳动意识，树立正确的劳动观念。

活动步骤四

成果分享

本环节属于展示分享环节，分为过程性展示和成果性展示。过程性展示为学生活动过程展示，如活动视频、照片等；成果性展示为劳动和研究成果展示，如调查报告、思维导图、野菜分享等。在整个过程中教师指导学生总结归纳、资料筛选和多媒体制作，从而提升学生总结归纳能力、语言表达能力和创新能力，感受分享的快乐，促进学生对创造美好生活的追求。

八、课程评价

本课程旨在促进学生综合素质的提高，旨在培养学生热爱劳动的美好品质，故评价的重点不在学生掌握了多少相关知识，而在学生的学习活动过程和情感态度、价值取向、综合素质等方面的变化和发展。本着激励性、发展性评价原则，采用主体多元、方法多样的评价方式，以过程性评价和终结性评价相结合的方法促进每一个学生个性化发展。

本课程在实施过程中，开展了丰富多彩的评比活动，如"辨识野菜大比拼""谁是采摘野菜小能手""小小厨师显身手"等活动，让学生分享劳动成果，展示自身能力，从而评选出"劳动小能手"，让学生在活动中感受劳动的价值，增强劳动意识和责任意识。

同时，我们为每个学生设计了"春风吹来野菜香"课程荣誉本，家长根据学生在家参与活动的程度、班主任根据学生校园参与活动的实际情况进行

评价并在本上盖章，学生集够一定数量的奖章后可以兑换"课程荣誉卡"，集满相应数量的荣誉卡后，可以继续兑换课程荣誉徽章。本次活动对每一个参与的学生都给予恰当的评价，多承认、多鼓励，以保护和激发学生参与活动的热情。

九、课程保障

在课程实施过程中，学校多措并举为课程提供保障，确保课程顺利进行。

1.课时保障。校内 8 课时，由班主任老师讲授；校外需要 4 周时间，由班主任组织，任课教师及家长配合，共同完成。

2.专业保障。为确保学生更好地辨识野菜，我们邀请河南中医三附院的专家参与活动并进行专业指导；邀请经常采摘野菜的学生家长参与野外活动，帮助学生辨析采摘的野菜是否正确；利用科学技术，通过手机 App 拍照了解野外活动中未知植物的相关知识。

（郑州市金水区经三路小学　李　茹　李晓燕）

别开生"面"

一、课程背景

教育是一种唤醒，是一种影响。郑州市金水区优胜路小学建校 70 年来，办学宗旨就是要唤醒孩子的潜能，把人的禀赋发展到极致，把人性的优秀品质在自己身上体现出来。学校秉持的"优教育"正奏响每一个生命优秀的序曲，其中"别开生'面'"劳动教育课程以"面"为媒介，从种植到环保不断扩宽外延，并寻求多元素的交叉，体现不同领域的技能融合，从而促进深度思考、深度体验以最终达到深度学习的效果。其内容涉及农业、工业、艺术、文学、科学五大领域，为劳动教育的全面育人提供了新的突破口。

"别开生'面'"是以学生为中心的多学科融合劳动课程。通过"亲手种一种""动手做一做""感受写一写""废物收一收"等主题活动的开展，既可以尊重学生的兴趣，又对发展学生的动手能力，培养学生的劳动意识、节约意识、环保意识以及创新能力都有一定的促进作用。

为确保劳动课程的顺利实施，学校成立了由语文、数学、科学、道德与法治、美术、信息技术等多位学科骨干组成的劳动课程研发团队，与校外河南农业大学、三全食品厂、白象面粉厂等多个实践基地密切合作，引导学生深入

劳动实践、点燃劳动热情、积累劳动经验、激发创新意识。

二、课程理念

每一个孩子都是优秀的，都是一朵等待绽放的花朵。劳动教育课程，就是要给孩子提供适合的土壤、阳光、养料和环境，让孩子在劳动中自然地、不断地生长，体会劳动的乐趣，分享劳动的快乐，成长得更加优秀。我们认为：

1.课程是生命的滋养。劳动教育课程的价值追求就是尊重生命的生长，在劳动教育课程中，师生以其本真状态投入生命生长。

2.课程是丰富的经历。经历让孩子们变得优秀。劳动教育课程旨在为孩子们提供各种各样的机会和平台，在劳动交流中、在体验操作中、在角色演练中获得发展。

3.课程是个性的丰满。每一个孩子都是独一无二的，每一个孩子都是优秀的。优秀的课程是为了更好地帮助学生认识自己，发现自己的优势。同时，劳动教育课程也会为学生提供展示的舞台，让每一个孩子在劳动中展示自信、张扬个性。

三、课程涉及的学科

本课程涉及语文、数学、科学、美术、道德与法治、劳动教育等学科，辐射农业、科技、环保、艺术、文学等多个领域。

四、课程总目标

立足于我校"仁善、睿智、健康、优雅"的育人目标，我们将劳动教育课程的目标定为：

1.掌握学习、生活必备的劳动技能，弘扬勤俭、奋斗、创新、奉献的劳动精神，树立"劳动最光荣"的思想意识。

2. 在劳动中善于发现真实问题、不断实践解决问题，在实践中创新，学会合作分享。

3. 积极参与劳动，逐渐形成良好的劳动习惯，养成"劳动从我开始"的劳动自觉性和社会责任感。

五、课程内容规划

我们以学生为中心，遵循学生身心发展的规律，从兴趣出发设置了一至六年级 12 个学期的劳动教育课程。其中，"劳动节""丰收节""志愿者日"是我校基于不同年龄学生情况开展的全校性劳动活动实践（展示）日。

表 2-3　优胜路小学劳动教育课程活动表

年级	活动内容	活动目标	涉及学科	课时安排	活动形式
一年级上学期	我是生活小主人 我有一双小巧手 包书皮儿 丰收节	掌握基本的劳动技能，具备生活自理能力和良好的生活习惯和劳动习惯	美术 数学 综合实践活动	8 课时	家校结合
一年级下学期	垃圾分类 我是小小培育员 志愿者日 劳动节	掌握垃圾分类和养育易活植物的劳动技能，分享劳动的快乐	科学 美术 数学 综合实践活动	8 课时	家校结合
二年级上学期	家庭小帮手 树叶贴画 七巧板 丰收节	有家庭服务意识，能利用搜集来的物品装点生活	数学 美术 语文 综合实践活动	8 课时	家校结合
二年级下学期	劳动节 五彩泡泡堂 厨房大探秘 劳动节 志愿者日	对自己感兴趣的事物有动手实验的欲望，并能够将知识运用到生活中，树立自立自强的意识	科学 语文 综合实践活动 道德与法治	8 课时	家校结合
三年级上学期	奇妙的绳结 陶艺 生活中的小窍门 丰收节	能够观察生活中的劳动技能，掌握基本的劳动方法解决生活中的问题	数学 语文 综合实践活动 科学	12 课时	家校结合

续表

年级	活动内容	活动目标	涉及学科	课时安排	活动形式
三年级下学期	劳动节 缝扣子 我们的节日之植树节 志愿者日	从实际生活中遇到的困难入手，结合问题，在植树活动中明白环保的意义	语文 音乐 综合实践活动 道德与法治	12课时	家校结合 走向社会
四年级上学期	创意木艺坊 制作袜子娃娃 我是小小志愿者 别开生"面" 丰收节	通过主题式活动打破学生学校生活和社会生活的界限，树立社会责任感	语文 美术 科学 数学 综合实践活动	12课时	家校结合 实践基地
四年级下学期	劳动节 制作交通工具 玩风筝 我们的节日之元宵节 志愿者日	继承传统手工艺，在学习中创新，兼容并包，增强产品的质量意识，不断追求，开拓进取	科学 美术 数学 语文 综合实践活动 道德与法治	12课时	家校结合 走向社会
五年级上学期	十字绣 头饰DIY 立起来娃娃 多彩布艺世界 丰收节 今天我当家	从以往的技能中创造美，体会劳动创造美的过程、分享、感受	美术 科学 综合实践活动	16课时	家校结合 走向社会
五年级下学期	我们的节日之清明 劳动节 木板年画 扎染 志愿者日	掌握传统劳动技能，在传统劳作中传承中华文明，体会平凡劳动中的伟大	语文 美术 综合实践活动 道德与法治	16课时	家校结合 实践基地
八年级上学期	吊线木偶 剪纸艺术 大岗位小体验 我是交通管理员 丰收节	具备社会规则意识和责任感，具有初步的职业体验	美术 语文 数学 体育 综合实践活动 道德与法治	16课时	家校结合 走向社会
六年级下学期	劳动节 我们的节日之端午节 探究营养与烹饪 我们的节日之冬至 志愿者日	利用所学知识技能有意识地服务他人，回馈社会，有社会责任感	美术 语文 音乐 综合实践活动 道德与法治	16课时	家校结合 实践基地

六、课程实施要素

我校的劳动课程是基于学生的直接经验、密切联系学生自身生活和社会生活、体现对劳动知识和技能综合运用的课程形态，是一种以学生的成长经验、社会资源为核心的实践性课程。我校的劳动实践课程具有以下几个要素。

1. 立足学生的亲身实践。"如果任何改革不能引起学习者积极地亲自参加活动，那么，这种教育充其量只能取得微小的成功。"真实的劳动感受是学生通过亲身体验获得的，要让劳动在学生中真实地发生。在"今天我当家"课程活动中，孩子们带着感恩之心，将自己的体会以实际行动反哺父母关爱，让亲情和孝道在行动中深化。在增强学生劳动意识的基础上，适时渗透其他思想，会收到事半功倍的效果。

2. 回归学生的生活世界。丰富多样的课程内容才能使学生打开眼界、动手实践，思想得到多方面的熏陶，能力得到多角度的培养。发挥多方的力量，促进全方位的共生系统，形成"学校搭台、教师表率、学生主体、社会参与"的劳动实践操作方法，最终为学生创建具有合作意识、创新精神、公民素养、国际视野的成长环境。"别开生'面'"课程是以学生的需求为圆点，不断丰富外延的生活实践。如图：

3.结合学生的活动特性。以学生为中心，就要贴近学生的生活世界，关注学生的情感体验，从学生的需求出发，设计出个性化的课程内容。学校适宜开发以活动为主的劳动实践课程，一边引导学生加强劳动习惯的培养，一边融入兴趣和技能，以"自主、探究、合作"的模式深入开展活动，使劳动真正促进学生身心的发展。其中一年级下学期就涉及居家种植的"我是小小培育员"，倡导学生们在家种植或水培一种蔬菜，并认真观察、照顾。在种植的过程中了解各种蔬菜对我们的益处，并认真写下观察日记，两周后在班级分享会上晒自己的小成果，孩子们看到希望，感受到成长的乐趣。

七、活动案例

以"别开生'面'"劳动教育为例，实现了通过亲手种植小麦，掌握必备劳动技能，体会成长的乐趣，懂得珍惜粮食，形成正确的劳动价值观、良好的劳动习惯和品质。在合作、研究面食文化，继承优良传统，增强对劳动人民的感情，弘扬劳动精神等方面具有一定的价值。从积极探究创新"面"元素的多种用途，启迪学生的科学素养，激发学生的环保意识，彰显了时代特色。

活动步骤一

面的由来

通过"面是怎么来的""美味的面""种植小麦""小麦的历史""观察小麦""记录小麦生长"五个主题的学习，使学生对生活中常见的面粉的由来有了初步的认识，具备了基本的生活常识和农业知识；在搜集关于面食

实物、图片、录像等活动中，感受面食的多样；在讲述小麦的由来和小麦的历史中，能够利用思维导图等勾画小麦的传播过程；通过观看种植视频，掌握种植的基本技能，并能够亲手种植小麦；在播种小麦的过程中，观察小麦生长情况，用多种形式及时记录（拍照、文字、图片），养成坚持记录的习惯。

活动步骤二

面的艺术

通过"面塑欣赏""和面""面塑模仿创作""面塑展评"四个主题的活动，使学生感受中华传统文化的博大精深，激发其创作欲望，在集体中发挥合作力量，共同分享劳动乐趣。通过搜集关于面塑的视频、图片、实物时，分小组介绍面塑的起源、发展、作品等相关知识；通过观察水和面的比例，亲手体验，掌握和面技巧，做到"面光、手光、盆光"；观看面塑制作过程，掌握揉、切、捏、雕等简单的面塑技巧，模仿、制作出有自己特色的作品，并进行展评；在欣赏中相互提高，共同进步。

活动步骤三

面食文化

通过"面文化的由来""不同的面食文化""面的故事"三个主题活动，感受不同地区的面食有着不同的文化，从小树立尊重多元文化的思想。在搜集面食文化资料，交流归纳各具特色的地方面食文化，形成研究报告的同时会讲 1 ~ 2 个与面食有关的故事，体会面食故事中的意义，分享交流感受。

活动步骤四

面食制作

通过"学习发面""制作馒头包子、面汤、面条、饼干、面包等中西面食"以及"到食品厂游学"等主题活动，使学生掌握生活的技巧，体会劳动带来的成果和分享劳动带来的快乐。在用发、搓、切等方法制作多种面食时，体会劳动的辛苦，懂得食物的来之不易；在制作的基础上进行创新，激发创新精神；通过参观活动基地，了解现代化面食的生产工业。

活动步骤五

收获硕果

通过"收割麦子""麦秸变宝""制作麦秸画""面的72变""我的收获"五个主题活动，开阔眼界、拓宽思维，使学生能从多种角度看事物，感受环保再生的重要性，了解用科技改变生活的理念。利用亲手收割麦子，体会收获的辛苦和快乐；对比古今收割麦子的方法，体会科技对人类的改变。在麦垛下了解焚烧麦秸的害处，参观麦秸再利用基地，制作麦秸画，懂得废物利用，具备环保的意识；通过采访家庭主妇等，了解面的多种用途；回顾课程活动，梳理收获，形成学习报告。

八、课程评价

在评价管理中，我们始终坚持评价的激励作用。学校着眼于学生的可持续发展，对学生的评价标准遵循了过程性评价和终结性评价相结合的评价体系，过程性评价占总评价的70%，终结性评价占总评价的30%。

1.我们立足于学生的实际劳动情况，编写了《学生劳动实践评价手册》。每学期结合"家长反馈""社区实践评价""自我评价""师生评价"等多种途径，开展"自理星""卫生星""智慧星""助人星""志愿星""技艺星""分享星"等评选。

《学生劳动实践评价手册》充分利用学生在劳动实践过程中向善、向美、向真的劳动品德，通过树立劳动榜样，促进学生良好劳动品德的形成，同时也创设了"劳动创造美"的评价氛围，使学生在"提高技能、发掘潜能、分享交流、赏识激励、全面提高"的鞭策下，积极劳动，健康成长。

2.我们立足于学生德、智、体、美、劳全面发展，完善了《优胜路小学劳动实践评价实施方案》，制定了"劳动实践目标管理"，确定了"劳动素养"中的6个一级指标和18个二级指标的具体内容，把"劳动育人，全面发展"的内涵渗透其中，对学生整体劳动素养的提高和个性的健康和谐发展进行了科学的量化。同时结合每周的"流动红旗"、每学期的"文明班级"和"三好学生"评选活动，让各班、学生间既分享收获的喜悦，又分享成功的经验。

九、课程保障

课程保障是课程能够顺利实施的基础，更是全方位发掘老师的潜力和特长、社会资源与融合办学的重要体现。

1.课程保障。学校成立以校长为组长、业务领导为组员的课程领导小组，组建课程骨干教师为成员的课程发展委员会。

2.课时保障。保证校内每周至少一课时，并灵活掌握与校外实地考察、实践研究的时间，使课程得以充分地实施。

3.资源保障。河南是农业大省，河南省农科院、河南农业大学为我们的实践研究提供了丰富的学习资源。

4.场馆保障。学校提供课程必备的教室、物资等，课程开发、实施经费做到专款专用，科学、合理、明确、公开。

（郑州市金水区优胜路小学 张 敏 贾志强）

小鬼当家

一、课程背景

在文化积淀浓厚的商都古城郑州，一座生长在绿色里的校园，正静静地绽放着自己的春天，这就是郑州市金水区文化绿城小学。

我校结合传统节日的美食文化，开展了"美食遇传统"这一劳动教育课程。本课程将劳动教育与学科教育相结合，开展跨学科的探究性、实践性学习，合作探究，动手实践，学生在探究中发现节日魅力，体会传统文化，实践体验中习得劳动技能，享受劳动快乐，培养劳动实践能力，增强对传统文化的认知。享受劳动的乐趣，增强民族自信。

"小鬼当家"课程，通过"我是小帮手""我是小主人""我是小工匠"三大板块六项课程内容的开发与实施，将劳动教育与学科教育相结合，开展跨学科、跨年级的探究体验式学习，在劳动中收获成长，在成长中感受快乐，在快乐中弘扬传统。形成了正确的劳动意识和劳动品质，懂得劳动最光荣，感悟劳动创造生活，劳动让人有担当的生活意义。我校构建了"小鬼当家"劳动教育课程，进一步促进了学校"为每一个孩子幸福绽放积蓄力量"的办学观念的达成。

二、课程理念

每一个孩子都是一棵待放的萌芽，在劳动教育课程的滋养下幸福成长，传递"增强民族自信，弘扬传统文化"的接力棒。我们认为：

1.课程就是弘扬传统。劳动教育是学生成长的必要途径，具有树德、增智、强体、育美的综合育人价值，更是弘扬中华优秀传统文化的最好契机。因此，引导学生理解和形成正确的劳动观，牢固树立劳动最光荣、劳动最崇高、劳动最伟大、劳动最美丽的观念；培养勤俭、奋斗、创新、奉献的劳动精神，责无旁贷。

2.课程就是体验内化。在劳动教育过程中，让学生收获快乐和成长，让孩子体验劳动是艰辛的，也是幸福的。在每次活动中能让孩子对活动充满信心，对劳动充满喜爱，对传统充满期待。将劳动意识、劳动行为、劳动成果内化于心，成为日常，那将是一种难得的美好体验。

3.课程就是美好创造。新时代，我们希望给孩子浸润式的体验，让幸福生活成为劳动教育的主旋律，只有当孩子的"五育"都得到均衡发展，孩子才能成为真正的"全人"。让课堂和家庭成为孩子生活的起点，家校共育，帮助孩子们用积极的生活态度，向往美好，健康成长，让参与劳动成为"知行合一"的践行和传承。

三、课程涉及的学科

本课程涉及语文、数学、科学、英语、体育、音乐、综合实践活动、道德与法治、信息技术等学科。

四、课程总目标

1.劳动育责。通过劳动教育，引导学生理解和形成正确的劳动观，牢固树立劳动最光荣的观念，培养勤俭、奋斗、创新、奉献的劳动精神，体会劳动带来的责任担当。

2.劳动增智。通过劳动锻炼，引导学生养成自己能做的事自己做，不依赖别人帮助的劳动意识的形成，培养学生的独立意识、创造意识，促进智育成长。

3.劳动益心。通过劳动教育与感恩教育的相互结合，将劳动课程融入生活、纳入课堂，让孩子们尊重每一份劳动，感恩每一份付出。

4.劳动促美。培养新时代的青少年，在劳动过程中感受劳动之美，形成良好的劳动习惯，体会劳动创造美好生活。

5.劳动育爱。在开展劳动课程的过程中，促进学生在动手实践、出力流汗中播撒崇尚劳动的种子，在接受锻炼、磨炼意志中涵养不懈奋斗的劳动精神。

五、课程内容规划

学校分年级在不同学科，系统化而各有侧重地开展劳动教育，构建了"小鬼当家"体系。

表2-4 "小鬼当家——生活教育劳动课程"活动表

年级	活动内容	活动目标	涉及学科	课时安排	活动形式
一年级	我是小帮手	帮助家人分担家务，如厨房小帮工、垃圾分类小助手等。让学生学会尊重劳动和尊重他人，形成服务精神和助人品格	语文	18课时	校外活动
			数学		
			中队会		校内分享
			道德与法治等		
二年级		鼓励引导学生自觉参与、自己动手、随时随地、坚持不懈地进行劳动，教育孩子做事情的过程就是劳动教育	语文	18课时	校内
			数学		
			中队会		校外
			道德与法治等学科		
三年级	我是小主人	学习基本劳动技能，用自己喜欢的方式大胆操作，感知劳动乐趣，树立劳动光荣观念	语文	18课时	校内实践
			数学		
			英语		
			综合实践活动		
			体育		
四年级		将劳动列入家规，培养学生自己的事情自己做，体验劳动过程，培养劳动习惯，感受传统文化的魅力	语文	18课时	校内
			数学		
			英语		
			综合实践活动		校外
			体育		

续表

年级	活动内容	活动目标	涉及学科	课时安排	活动形式
五年级	我是小工匠	熟悉一项基本劳动技能，例如：择菜、洗菜、洗水果和简单食品加工技能。尝试使用手工工具，熟悉一项手工技能，体悟传统文化魅力	语文 数学 英语 综合实践活动 美术	18课时	校内 校外
六年级		掌握一项劳动技能，如：学习缝制沙包、香包、编织、自制手工书皮、简单的种植养护、动手制作美食等，体谅父母、孝敬父母，热爱劳动，养成良好的劳动习惯和劳动品质	语文 数学 英语 综合实践活动 体育 信息技术	18课时	校内分享 校外实践

六、课程实施要素

"小鬼当家"，意在突出对孩子进行劳动实践能力和劳动精神的培养。合作探究、实践体悟、创造美好生活、养成优良品德，是本课程实施的基本要素。

1. 合作探究。合作探究是劳动教育中必不可少的活动方式。三年级的"吸管变形记"劳动教育课程，从搜集资料到交流汇报，从探究知识到动手实践，学生充分发挥小组的合作精神，发挥榜样示范作用，一起动手选材、设计、制作，学生在团队中成长、团队中完善，体现了合作意识、团队精神。五年级的"葫芦烙画"劳动教育课程让学生由被动变为主动，把个人自学、小组交流、全班讨论、教师指点等有机地结合起来，进而促使小组之间合作、竞争，激发了学习热情，挖掘了个体学习潜能，使学生在互补促进中共同提高，对学生劳动品质的培养更是起到了不可估量的作用。

2. 实践体悟。"随风潜入夜，润物细无声。"教育应是春风化雨，滋润孩子的心田。六年级的"美食遇传统"劳动教育课程，在制作粽子的过程中，学生积极参与到课堂，跟老师一起进行实践和探索，让粽子的制作有趣、有意义。经过亲自动手实践，极大地增强了孩子的自信心和参与热情，让学生收获了劳动技能，享受了劳动过程。"缝制香包"课程更是动手实践课程的代表，学生在一针一线中学习技能、品味生活，平易近人、妙不可言的劳动课堂，可以为孩子的童年着色，让孩子参与进来，乐在其中，在实践中不知不觉习得了基本的劳动技能，感受劳动的乐趣，锻炼劳动的意志。

3.创造美好生活。陶行知说"生活即教育"。我们从生活实际出发，让孩子从生活小事做起。三年级的"爱心早餐"劳动教育课程，组织学生给家人制作爱心早餐、绘制厨房词卡、查询营养膳食、设计创意美食等活动，提高对劳动习惯的认识。四年级的"最美劳动者"劳动教育课程，学校开展致敬最美劳动者、观察最美劳动者、歌唱最美劳动者等活动，培养学生的劳动意识及良好的行为习惯。精心的劳动规范，良好的行为习惯，促使学生通过诚实劳动，创造美好生活，拥有幸福人生。

4.养成优良品德。课程贯彻"智慧劳动"的理念，把劳动教育与德育、智育、体育、美育相结合，传承弘扬中华优秀传统文化，培养学生优良思想品德。一年级的"劳动最光荣——我爱我家"主题劳动教育课程，各学科教师结合学科特点，通过背诵劳动古诗、打扫卫生、种植大蒜、歌唱"粉刷匠"、制作家庭装饰画等活动，培养学生爱劳动的意识。二年级的"整理房间——秀秀我的小天地"主题劳动教育课程，指导学生叠衣服、整理书桌、擦地比赛、歌唱"小蜜蜂"、制作立体花、布置房间等劳动，激发学生劳动兴趣。学生在特色课程的学习中，培养了良好的道德品质，把弘扬传统文化、增强民族自信，内化到思想意识中。

七、活动案例

"美食遇传统"课程设计了"忆端午，识文化""包粽子，习技能""品美食，诵诗词"三个环节。

活动步骤一

忆端午，识文化

本环节旨在让学生通过小组合作、搜集资料，对端午知识进行全面深入的了解，培养学生搜集整理信息的能力、小组分工合作的能力，树立初步的劳动意识，感知传统文化的魅力，为包粽子奠定基础。

老师指导学生利用已有的方法搜集整理，深入探究，有了前期的经验，学生能够快速找到信息，利用多种途径对粽子的起源、演变、寓意进行搜集，并以喜欢的形式整理。通过对粽子知识进行精彩的汇报，并引领学生总结提炼经验，加以推广，学生学以致用，小结成果，规划未来。

活动步骤二

包粽子，习技能

这个环节旨在让学生继续小组合作，动手包粽子，习得劳动技能，享受劳动过程，感悟劳动精神，提升劳动品质，继续感知传统的魅力。

教师指导学生分享包粽子的方法和技巧，示范包粽子的规范操作，学生分享汇报自己学到的方法，并进行示范引领，学生初步掌握包粽子方法，对动手实践充满期待。学生在活动分享中学会了包粽子的技能，体会了劳动的艰辛和快乐。教师引领学生关注过程，用心体悟；学生通过交流收获，学会了收拾桌子和工具，习得了劳动技能，感受劳动的乐趣，劳动创造美好生活的感悟。

活动步骤三

品美食，诵诗词

这个环节旨在让学生品尝劳动果实，欣赏节日诗词，培育劳动精神，增强民族自信，弘扬传统意识。

学生将汇报搜集到的有关端午节的诗词进行展示，感受传统节日的意蕴。品尝劳动果实环节，教师对用餐礼仪、卫生习惯进行指导，学生在音乐和诗词中，愉快得体地品尝美食，收获了劳动的喜悦，体悟了劳动的内涵，领略了传统的魅力，感知了弘扬传统文化的责任。

八、课程评价

课程评价体现了对课程理念的贯彻与执行，这就要求学校为学生创设民主的、人文的课程学习环境，使之成为发展自我的内在需求，最终实现"为每一个孩子幸福绽放积蓄力量"的课程理念。

1.注重过程性评价与终结性评价相结合。关注学生获得结果的过程，关注学生在活动过程中的实际体验、变化和表现。评价的内容包括学生在过程中的劳动观念、劳动能力、劳动精神、劳动习惯和品质。

2.评价采用多种方式。评价采用多种方式进行，以自我评价为主，辅以教师、同伴、家长等其他评价，指导学生进行反思改进。指导学生如实记录劳动教育活动情况，收集整理相关制品、作品等，选择代表性的写实记录，纳入综合素质档案，作为学生学年评优评先的重要参考。

表 2-5　文化绿城小学"吸管变形记"课程学生评价表

班级：_____　姓名：_____　日期：_____

课程主题	
评价量规	具体内容
参与情况（10%）	是否准时出勤？是否积极地参与活动？是否保持学习活动的兴趣？

思维过程（60%）	是否有独特创意？是否能完整美观地完成作品并能够用语言清晰地表达自己的创作观点和意图？
合作交流（20%）	是否愿意与同伴进行交流合作？是否意识到自己在集体中的作用？是否能够完成组内分配的任务？是否能够主动地表达自己的想法和观点？
情感态度（10%）	是否对吸管创意有好奇心和兴趣？是否有独立思考的习惯和认真专注的习惯？

九、课程保障

学校高度重视劳动教育的开展，对课程的开发和实施提供了人力、物力和组织、专家的支持，保证课程的有序开展。

1.课程保障。我校成立了专门的课程中心，明确成员各自的职责，致力于课程资源的开发，定期进行交流反馈。学校不定期邀请专家进校或者教师外出学习，对教师进行最前沿的培训、专业性的指导，提高劳动育人意识和专业化水平。

2.课时保障。学校配备了专职、兼职教师、专业技术人员，低段两周一节、中高段每周一节劳动课，保证了课程的有效落实。

3.资源保障。学校利用自身的社会影响，对研学、参观、社区服务积极洽谈，形成教育合力，多渠道拓展劳动实践场所，充分开发课程资源。

4.其他保障。学校通过家长会、家长课堂、网络媒体等途径，引导家长树立正确的劳动观念，明白劳动责任，为课程提供助力。

（郑州市金水区文化绿城小学 李冬兰 李春菊）

蒸馒头

一、课程背景

郑州龙门实验学校构建了"心勤手巧，寓教于劳"的系列主题劳动教育课程，进一步促进了"龙"的教育办学理念，培养了"灵、信、慧、达"的育人目标的达成。本课程以生活劳动教育为主，社会服务性劳动为辅，强化实践体验，让学生亲历劳动过程，着力提升学生综合素质，促进学生全面发展、健康成长，进而引导学生树立正确的劳动观，崇尚劳动、尊重劳动。

其中，"'齐家'有心"是针对中段学生开展的劳动教育课程。"齐家"一词出自《礼记·大学》，本意是使家族成员齐心协力，和睦相处。"齐"有治理、整理的意思。一方面，"'齐家'有心"这一课程符合该阶段学生的年龄特点，指导学生开展力所能及的家务劳动，通过劳动的教学与实践，培养身心活跃灵动、思维畅达贯通的"小龙人"；另一方面，学生能够在课程实践中实现家庭"本心"的觉醒，即家庭责任感的发掘，并在教师的引导下能将这种责任感迁移到校园集体生活、社会服务性劳动之中。

这一课程实现了学校教育、家庭教育、社会教育的有机结合，培养了学生的劳动热情，让学生进一步认识到劳动光荣；提高学生的生活自理能力和创造性劳动能力；学生动手实践的同时也接受了正确劳动价值观和良好劳动品质的熏陶，实现了树德、增智、强体、育美的综合育人价值。

二、课程理念

教育其实就是老师与学生一起探索"我们是谁""我们从哪里来，要到哪里去""我们要怎样做"这三个问题的过程。我们认为：

1.课程就是回归生活。劳动是我们赖以生存和发展的基础，我们在生活中积累劳动的经验，在智慧的启迪下，收获对于未来生活中可能发生或再次发生的劳动的认知，从而让学生感知劳动乐趣，知道人人都要劳动。

2.课程就是知行合一。学生只学习书本知识，缺少实践，只有脑力劳动，而无体力劳动，将很难继续前行，反之亦然。小学低年级要注重围绕劳动意识的启蒙，让学生学习日常生活自理技能；中高年级要注重围绕卫生、劳动习惯养成，让学生做好个人清洁卫生，主动分担家务，适当参加校内外公益劳动，学会与他人合作劳动，体会到劳动光荣。

3.课程就是陶铸人格。在课程引领下，多鼓励学生进行劳动活动，重视劳动教育，树立正确的劳动观，让学生懂得劳动的伟大意义；培养学生热爱劳动和劳动人民的情感，养成劳动的习惯；现阶段学习是学生的主要任务，教育学生从小勤奋学习，将来能够担负起自己的责任。

三、课程涉及的学科

本课程涉及语文、科学、数学、美术、音乐、信息技术、道德与法治、综合实践活动等学科。

四、课程总目标

1.通过多种劳动项目的实践与思考，掌握一些日常家务劳动或公益劳动的技能，收获亲身参与劳动教育的积极体验。

2.通过组内合作与组间合作相结合等方式，养成有计划、善积累、能自

立的良好劳动习惯，珍惜劳动成果，基本做到自己的事情自己做，家庭的事情主动做，集体的事情积极做。

3.通过一系列家校合作开展的劳动教育活动，树立正确的劳动价值取向，培养集体责任感，促进学生形成正确的世界观、人生观和价值观。

五、课程内容规划

我校开展的"蒸馒头"劳动教育课程是"'齐家'有心"系列主题课程的一个小主题活动，下面是我校劳动课程的规划：

表 2-6　龙门学校劳动教育课程活动表

年级	活动主题	活动内容	活动目标	涉及学科	课时安排	活动形式
一年级	净室有方	整理书包、书桌	初步体会分类的含义和方法，渗透分类思想；在经历按一定标准对物品分类整理的过程中，感受分类在生活中的作用；培养有条理的思考问题的能力，养成良好的劳动习惯	语文 科学	28课时	校内外结合
二年级		整理房间		综合实践活动	28课时	
三年级上期	"齐家"有心	水果拼盘	了解各类水果的营养价值，懂得合理、科学食用各类水果，依据不同的果蔬、形状、颜色，培养学生的动手操作、想象、创新及审美能力，激发学生热爱生活以及劳动创造美好生活的感悟	美术 科学 数学 综合实践活动	18课时	校内外结合
三年级下期		趣味泡泡珠	了解泡泡珠的特性，灵活运用手中的工具和材料，制作简单的泡泡珠饰品，体会劳动的乐趣	美术 科学 综合实践活动	18课时	
四年级上期		蒸馒头	了解馒头的来历及营养价值，了解发酵的原理，掌握家常蒸馒头的基本知识和技能，培养学生生活自理能力，增强对家庭等集体的责任感，感悟劳动创造生活	语文 科学 美术 综合实践活动	18课时	校内外结合
四年级下期		璎珞流苏	了解璎珞流苏的发展历史及作用，学会制作流苏作品，提高审美旨趣，养成乐于实践、敢于创新的劳动能力	美术 综合实践活动 校本	18课时	

年级	活动主题	活动内容	活动目标	涉及学科	课时安排	活动形式
五年级上期	"益"起同行	学做一道菜	学会制作一道家常菜；提高动手实践能力，培养爱劳动的意识和习惯；体会父母的辛劳，学会体贴父母；尊重劳动者，分享劳动成果	科学 美术 综合实践活动	18课时	校内外结合
五年级下期		龙门闺秀	了解刺绣的相关知识，了解刺绣的一般手工过程，掌握刺绣的基本针法；体验劳动活动的乐趣	美术 数学 语文	18课时	
六年级上期		垃圾分类	认识垃圾不科学处理对环境造成的危害，了解常见垃圾的特点，学会科学、合理的分类，增强环保意识，养成保护环境的习惯，做社会有责任的小公民	科学 综合实践活动 道德与法制	18课时	校内外结合
六年级下期		风筝	掌握做风筝的方法与技能，感受工匠精神，经历劳动创作，培养劳动品质，锻炼意志	科学 美术 综合实践活动	18课时	

六、课程实施要素

"心勤手巧，寓教于劳"源于学生生活的需要，在主题式内容架构下，学生通过合作实践、体验劳动，多渠道配合展现劳动风采，在老师和家长的引导下规范劳动行为习惯，家校之间做到配合、协调统一。

1. 基于小主题研究。课程源于生活。学生在真实的生活情境中观察、发现问题，在老师的引领下确定研究主题，继而进行实践体验，探寻解决方法。在劳动教育课程中，学生获得的知识离不开生活体验，它是获取知识的途径和方式，例如蒸馒头，学生通过观察、回忆、猜测、实践等活动，找到符合实际情况的解决策略，学生在过程中体验劳动乐趣，接受锻炼、磨炼意志，培养良好的劳动品质，再向生活世界回归。

2. 突出真实体验。劳动不只是停留在观念层面，更多的是学生在生活中真实的体验。学生置身于真实的劳动情境中，亲身体验作为一名劳动者的感受，通过"看""嗅""触摸""想象""游戏""做"等主动构建与劳动世界相关的事物，体会在知、情、意、行中交织的情感。比如"学做一道菜"，学生了解了感兴趣的食物菜谱后，准备各种蔬菜和调味品，调动多种感官，运用自己的"语言"和行为方式制作完成，收获满满的成就感，激发学生对于劳动的持续热爱和探索精神。

3.拓宽展示平台。学生的劳动体验不仅内容主题丰富多样，交流、沟通、展示的方式也精彩纷呈。在不同的劳动主题下，学生不仅有小组合作、班级竞赛等分享方式，还可以通过微信、钉钉等方式展示劳动过程与成果；公益志愿性劳动，如垃圾分类，可以通过教室内外版面、校园走廊等分享劳动感受和经验；学科延伸性劳动，如水果拼盘、趣味泡泡珠、璎珞流苏等，其劳动成果在校园淘宝节上收获价值。多种多样的展示方式，学生进一步体会了劳动的意义与幸福感。这些经历对学生的学习生活带去感悟，为其探寻自身价值、开创未来，积蓄内生动力。

4.注重家校合作。家庭劳动教育对学生劳动品质的养成与行为规范具有春风化雨、润物无声的作用，对学生进行劳动教育更需要家长与学校的密切配合。通过家委会等多种渠道，家校共同制定劳动清单，有条理地实施劳动教育，运用劳动任务记录卡来有效监督；老师也定期到学生家里家访，实际了解学生的劳动情况，实施反馈作为"劳动之星"的评选条件，提高学生践行劳动的热情与动力。我们指导家长要学会引导，创造适合孩子劳动的空间，大胆放手，有耐心，让孩子在实践中学会劳动，享受劳动，感受劳动的快乐。

七、活动案例

我们常说"民以食为天"，郑州地处中原，日常以面食为主，馒头是我们一日三餐中不可或缺的食物之一，蒸馒头是各家各户经常进行的家务劳动之一。学生通过询问、观察等，了解并体验蒸馒头的基本方法与步骤；通过实践操作，切实感受、体验与收获；通过小组交流，分享经验与技巧，培养学生的逻辑思维能力；开展更深入的实践探究活动，培养学生的劳动责任感与创新性。具体活动步骤如下：

活动步骤一

追根溯源，激发兴趣

通过《诸葛亮渡泸水》的故事，了解馒头的来历。通过展示馒头的演变历程，学生学习蒸馒头的兴趣浓厚。基于此，教师和学生带着共同的愿望，确立活动主题。学生通过采访、观察，了解蒸馒头所需的材料、制作的步骤、各环节所需时间等，整理并进行记录。

活动步骤二

动手操作，科学体验

在家人的指导帮助下，学生体验蒸馒头的全过程。家长从旁协助，可以进行口头指导、动作示范、拍摄学生活动过程性图片等。在实践过程中，学生发挥想象，制作出造型美观的馒头，学生在实践体验中得到锻炼，体会劳动的意义，也培养了创新性思维能力。

活动步骤三

分享交流，收获成就

学生选取实践过程中自己感受最深的一点和同学进行分享，辅助制作过程或制作成品的照片，从自己或他人身上积累经验，并积极进行反思交流、取长补短，增强劳动的成就感和责任感。同时，蒸馒头的过程也是亲子交流的过程，在父母和孩子共同完成一项劳动的同时，彼此也都也享受到温馨而美好的亲子时光。

八、课程评价

评价制度是对学生达成教育目标的程度判断，更是激励学生前进的指向标。本课程评价以过程性评价和终结性评价相结合，过程性评价注重学生劳动技能的学习态度、掌握能力、劳动成果、合作交流能力。终结性评价注重学生呈现的可视化作品。这两类评价合起来能公平、公正、客观地对学生在课程中的表现进行说明。

表 2-7 "蒸馒头"劳动教育课程评价表

姓名			班级		
项目	标准描述		等级	自我评价	家长评价
参与劳动态度	参与活动认真、主动，有自己的想法		A		
	参与活动比较认真，能较好完成分配的任务		B		
	参与活动不够认真，要主动		C		
交流与合作	能积极与家长交流合作，吸纳正确意见		A		
	能与家长交流合作，注意听取意见		B		
	有一定的合作精神，基本能和家长一起完成任务		C		
获得体验	任务完成出色，成果优秀		A		
	认真思考，勇于反思，有较好成果		B		
	成果一般，没有突出的表现		C		
总评（等级）					

备注:A 代表优秀，B 代表良好，C 代表继续努力;合计 5~6 个 A，总评为 A;3~4 个 B，总评为 B;2 个及以下 C，总评为 C。

九、课程保障

我校立足实际、深入研究、不断完善，针对不同学段学生的特点和劳动教育内容，在实施过程中制定了以下措施：

1. 课时安排。一至六年级每周至少安排 1 节课程，每学期不少于 14 课时。

2. 师资保障。我校的劳动教育课程由综合实践活动课程专职教师承担，由班主任辅助开展。

3. 注重家校合作。小学低中年级以家庭和校园劳动为主，高年级可适当走向社会，参与公益劳动，需依托家长委员会、家长志愿者支持，达到家校密切配合。

（郑州龙门实验学校　孙　楠　张永超）

劳动小能手

一、课程背景

郑州市金水区农科路小学国基校区创建于 1994 年，是一所校风淳朴、治学严谨、开拓进取、蓬勃发展的学校。学校践行"灵动教育"办学理念，设置了"享劳动之乐，筑人生之基"劳动教育课程，培养明德、乐思、健体、尚美、善劳的灵动少年。

"劳动小能手"是我校劳动教育课程中的一个版块。该课程进一步培养学生的小主人意识，让他们懂得父母的辛劳，知道自己作为家庭中的一员，参加家务劳动自己也有份，应帮助家长做一些力所能及的事，让孩子在参与中提高了劳动能力，养成劳动习惯，更重要的是体会家长当家的不易，更加理解、体谅家长，同时达到该课程树德、增智、强体、育美的综合育人价值。

通过本课程，学生能够理解和形成正确的劳动观，牢固树立劳动最光荣、劳动最崇高、劳动最伟大、劳动最美丽的观念；体会劳动创造美好生活，体认劳动不分贵贱，热爱劳动，尊重普通劳动者，培养勤俭、奋斗、创新、奉献的劳动精神；具备满足生存发展需要的基本劳动能力，形成良好的劳动习惯。

二、课程理念

我校的劳动教育课程理念为"劳动，唤醒生命的美好"。我们认为：

1.课程就是心灵的唤醒。学校强调教育首先应该是一种爱的呼唤，用爱去唤醒学生沉睡中的力量，激发学生的兴趣和深埋的无限潜能，促进他们积极主动地学习，实现自我管理。

2.课程就是生命的旅程。童年是人生的一段旅程，在这段旅程中，让劳动课程给学生留下难忘的回忆，让学生汲取有益于一生的劳动素养，获得生命的力量。

3.课程就是美好的人生。我们希望通过学校课程的实施，带给学生们更民主、更自由、更有灵性的教育，使他们深深地受益于劳动教育的滋养，创造美好的生活，获得美好的人生。

三、课程涉及的学科

本课程涉及科学、语文、数学、美术、道德与法治、信息技术、综合实践活动等学科。

四、课程总目标

结合我校实际情况，确定我校劳动教育课程总目标为：

1.通过学生参与劳动，培养对劳动的兴趣和主动做家务的意识，掌握一定的劳动技能。

2.通过整理房间、衣柜、学做饭菜、当家等劳动，培养学生积极的劳动体验，懂得孝敬父母、体贴父母，懂得劳动是中华民族的传统美德。

3.通过家务劳动、社区劳动，树立正确的劳动观，培养科学精神，提高创造性劳动能力，为实现"劳动，唤醒生命的美好"这一梦想而努力，争当会劳动、善劳动、乐劳动的新时代好少年。

4.通过自己的事情自己做、父母的事情帮着做、大家的事情一起做的多样方式，在亲历劳动过程中激发学生对劳动人民的感情，报效国家，奉献社会，幸福一生。

五、课程内容规划

"享劳动之乐　筑人生之基"劳动教育课程秉承"劳动，唤醒生命的美好"这一理念，把握育人原则、遵循教育规律、体现时代特征，强化综合实施、坚持因地制宜、明确我校劳动教育课程整体思路：爱家庭—爱学校—爱社区—爱社会—爱人生，广泛开展劳动教育实践活动。

表 2-8　"劳动小能手"劳动教育课程活动表

年级	活动内容	活动目标	涉及学科	课时安排	活动形式
一年级	上 整理小达人	通过学习整理袜子、红领巾等小物件，引导学生参加力所能及的家务劳动，养成爱整洁的好习惯	语文 综合实践活动 道德与法治	12课时	校内校外结合
	下 整理小达人	通过学习整理小书包，了解书包各部分用途，培养有序整理文具的好习惯，爱护小书包	语文 综合实践活动 数学	12课时	校内校外结合
二年级	上 厨房小帮手	通过帮家人盛饭、摆碗筷、收拾桌子、学习洗碗筷的方法，用自己的行动答谢父母，关心父母，初步树立家庭小主人意识，感受为家庭尽责的喜悦	语文 综合实践活动 美术 道德与法治	14课时	校内校外结合
	下 清洁小能手	通过扫地、拖地、清理垃圾，掌握劳动基本知识和技能，会正确使用劳动工具，学会简单的垃圾分类，培养责任担当意识，体会劳动是幸福的、快乐的	语文 综合实践活动 美术 道德与法治	14课时	校内外结合

续表

年级	活动内容		活动目标	涉及学科	课时安排	活动形式
三年级	上	水果拼盘	学会依据不同的果蔬、形状、颜色等运用切、卷、模具造型等方法，进行有趣的组合，培养学生丰富的想象力和创造力，进一步提高动手操作能力，为自己的劳动作品感到自豪	语文 数学 美术 音乐 综合实践活动	14课时	校内外结合
	下	收纳整理	初步了解收纳工具，学会使用适合的收纳工具来整理物品，培养学生养成良好的收纳习惯和创新意识，养成爱整洁的好习惯	语文 综合实践活动 数学 美术 科学 信息技术	14课时	校内外结合
四年级	上	变废为宝	认识废物垃圾对环境污染的危害，增强环境保护责任感，养成良好的环境道德和环境行为习惯，享受劳动过程带来的成就感	语文 科学 综合实践活动 数学 美术 信息技术	14课时	校内外结合
	下	学会购物	利用所学知识解决购物难题，了解合理购物的意义，养成勤俭节约的好习惯，增强爱生活的情感	数学 综合实践活动 语文 科学 信息技术	14课时	校内外结合，基地辅助。
五年级	上	走进茶文化	通过学习有关茶艺，了解茶的历史文化，感受中国茶文化的博大精深；培养学生搜集资料、调查研究、阅读写作的能力及合作交流的能力；当客人来访时，学会泡茶招待客人，感受劳动的乐趣	语文 综合实践活动 数学 音乐 美术 英语 信息技术	14课时	校内外结合，基地辅助。
	下	学做蒸馒头	了解食物来之不易，体会父母的艰辛，养成勤俭节约的好习惯，培养学生孝敬父母的美德，引导学生树立正确的劳动价值观，实现自我价值，创造美好生活	语文 综合实践活动 数学 音乐 美术 英语 信息技术	14课时	校外

续表

年级	活动内容	活动目标	涉及学科	课时安排	活动形式
六年级	上 学做一道菜	了解有关名菜的历史文化，掌握做一道菜的方法和技能，感受美食文化的渊博，体悟职业精神，刻苦钻研，学会自理生活，创造生活	语文 综合实践活动 音乐 美术 英语 信息技术	14课时	校外
	下 当家小能手	通过亲历劳动，促进劳动意识觉醒，锻炼学生的社会实践能力和劳动实践能力；培养学生的社会责任感和担当意识；培养学生的服务意识，懂得幸福生活要靠劳动获得，勤劳的一生就是幸福的一生	语文 综合实践活动 数学 音乐 美术 科学 英语 道德与法治	14课时	校内外

六、课程实施要素

我校"享劳动之乐 筑人生之基"劳动教育课程，营造家庭、学校、社会共同参与，循序渐进、互相支撑的氛围；为学生补上劳动教育这一课，实现德、智、体、美、劳"五育"融合；注重教育实效，实现知行合一，促进学生形成正确的世界观、人生观和价值观。课程实施要素如下：

1. 注重技能养成。坚持以学生为中心，发放小学生家务劳动调查问卷。在教师的引导下筛选学生感兴趣的劳动项目，诸如清洁、归纳与整理、变废为宝、购物、沏茶待客、洗衣、做饭、当家等主题活动；重视学生的亲身经历；设计活动安排，鼓励学生自觉参与、自己动手、随时随地、坚持不懈地进行劳动；掌握洗衣、做饭、整理房间等必要的家务劳动技能；让劳动在真实的情境中发生，以劳动促进学生的发展。

2. 突出主题研究。注重实践探究是实现学生劳动兴趣，激发深度思考的重要理念。如在"水果拼盘"主题活动中，根据学生提出的问题，师生、生生共同研究果蔬大比拼的方法和步骤，作品赏析的方法，设计造型的方法等。"走进茶文化"中，师生走进茶城参访，探究"茶的一生，为什么有三次生命"？并引出产地、名称、种类、气候、习性、采摘时间等问题，学生在工作人员演示沏茶的过程中，边听边品边记，培养学生的探究能力和解决问题能力，感悟茶文化的渊博。

3. 重视活动体验。课程实施中注重引发学生的活动体验，让学生有收获、有感悟、有提升。如"变废为宝"活动中，学生通过对物品的再创造过程，体验到科学就在我们身边，体验到变废为宝、节约资源，使我们的生活变得更美好。"学会购物"主题活动中，学生根据购物清单，货比三家，争取买到物美价廉的商品，体验到数学与生活息息相关，要理性消费，了解了科技改变了我们的生活。尤其学生在面对采访、被采访时，有的学生神态自若，对答如流，侃侃而谈；有的则害羞扭捏，语无伦次，老师和家长要根据学生所处情境进行指导，鼓励学生提高自信，提高人际交流的能力。

4. 促进亲子合作。我们不仅利用学校时间、空间开展劳动教育，还注重孩子在家长的支持下完成相关主题教育。如：一、二年级进行的"整理小达人""厨房小帮手""清洁小能手"等活动，父母手把手引导孩子一起做家务；五、六年级进行的"学做一道菜""学蒸馒头"等活动，需要学生和家长共同研究如何把菜炒得色、香、味俱全。父母和孩子共同经历了手把手、搭把手、基本放手的过程，孩子体会到父母的辛苦，享受到家庭生活的幸福，感悟到劳动创造美好生活的感情。

七、活动案例

我校在五、六年级进行了"学做一道菜"主题活动。通过活动使学生了解中国的烹饪文化，知道做家常菜的基本方法和技能，体会到家长的辛劳，感恩父母，提高了学生的生活自理能力、自我服务能力；培养了学生合理的饮食习惯、爱做家务的习惯；培养学生学习烹饪的兴趣。

活动步骤一

带着问题去探究

通过统计年级学做家常菜的调查问卷（家长和学生各一份），列出学生在"学做一道菜"活动中最想了解和研究的问题，课堂上学生互相交流，教师引导学生确立最具代表性的研究问题如下：中国的烹饪文化，适合小学生做的家常菜有哪些，蔬菜之间的相生相克，做家常菜的一般步骤和要领，做菜有哪些常见的注意事项，如何搭配蔬菜颜色、营养成分，如何做出色、香、味俱全的家常菜等。家长和学生共同研究，撰写简单的菜谱，写出一份适合自己家庭的家常菜制作手册。

活动步骤二

和父母一起去实践

和父母一起进菜市场，购买菜谱上的食材，回到家对蔬菜进行清洗、分类，然后研究配菜、刀工、炒菜步骤等一系列事情，和父母共同合作将菜做好，体验劳动乐趣，解决劳动问题，形成技能。激励学生人人参与家务劳动，爱上家务劳动。从学生展示作品看出镜率较高的有酸辣土豆丝、糖醋里脊、糖醋排骨、西红柿炒蛋、白菜豆腐、炒青菜。

活动步骤三

运用多种方式展示劳动成果

在教师和家长的指导下，学生将自己做好的各种菜品装盘通过钉钉群、微信群里发视频、美篇、抖音进行交流展示。独立完成作品的学生颁发"我是小厨师""我是小厨神"奖，合作完成作品的学生颁发"金牌厨师组""银牌厨师组"奖。学校定期举办小小美食节、"六一"文化周摆地摊活动，对评选出的班级颁发"校级名吃""班级名吃"奖。

八、课程评价

"享劳动之乐　筑人生之基"劳动教育课程在评价过程中应注重以学生自我评价为主，多种评价相结合，重在感受和体验、展示和表达，提倡过程性评价。

1. 评价主体多元化。学生、家长、教师、专业人士均可参与评价，洗袜子、洗红领巾等小件物品，整理书包、小书桌、房间等家务劳动应以学生自评为主，水果拼盘、变废为宝等劳动以教师评价为主，学做饭菜、当家小能手等家务劳动以家长评价为主，其他评价为辅。

2. 评价方式多样化。感受与体验相结合、展示与表达相结合、自评与互评相结合、过程性与成果性相结合。教师组织各小组推选出评委对每个小组的展示进行投票，分别授予"最佳合作奖""最佳表演奖""最佳创意奖"等奖项。在劳动教育中学生通过实践与研究、分工与合作、问题与解决、展示与交流环节，学生的主体地位得以充分发挥。

表 2-9　金水区劳动教育项目式学习学生评价表

学校：　　　　　　班级：　　　　　　姓名：

评价要素	评价内容	第一次			第二次		
		优	良	继续努力	优	良	继续努力
参与态度	对项目学习有兴趣，并能积极主动参与						

续表

评价要素	评价内容	第一次			第二次		
		优	良	继续努力	优	良	继续努力
搜集资料	能通过查书、电脑、询问家长等进行相关资料的搜集并能对资料进行提取，变成自己的学识						
实践过程	在实践过程中能够认真、有序，遇到问题能够锲而不舍，攻破难点能对不满意的地方进行反思与改进，并有创新						
成果与展示	能将参与过程进行及时地记录、反思和总结，能将成果制作成美篇，进行展示与分享						
综合评价	优（　）良（　）继续努力（　）	家长感言：					

九、课程保障

在"享劳动之乐　筑人生之基"课程实施中，学校多种举措确保课程的常态有效进行。

1.师资保障。根据劳动教育课程需要，配备专职教师，提高了劳动教育课程专业化水平。

2.基地保障。充分利用学校的"'食'全'食'美"社团工作室的场地和设备、学校餐厅和厨房的设施设备、学校"创客空间"等场所设施，为学生在校进行劳动教育活动提供充足的实践空间。

3.家校合作。利用学校公众号、家长开放日、钉钉群、微信群、校讯通、家委会、家长会等多种形式争取家长的支持与配合，和家长结同盟，一起践行劳动教育。

4.资源保障。学校周边美度超市、信福道超市、一家人超市、思达超市以及花园茶城金福茶叶店、高马二溪安化黑茶店等给学生提供了广阔的社会实践基地。

（郑州市金水区农科路小学国基校区　时雅红　刘青华）

第三单元

职业体验

在劳力上劳心，是一切发明之母。事事在劳力上劳
心，变可得事物之真理。

——陶行知

"桐"心

一、课程背景

郑州市金水区工人第一新村小学秉承"让每一个生命美丽绽放"的办学理念，践行"工善其事，知行合一"的校训，在积极的实践探索中，为学生提供了丰富的课程选择和美好的课程体验，让每一个生命都得到发展、自信、快乐，成就美好。

"'桐'心"劳动教育课程以学校一棵即将枯死的的泡桐树作为课程开发实施的载体，从自然之桐到功用之桐、文化之桐，逐步深入，鼓励学生动手实践、接受锻炼、磨炼意志，实现德智体美劳"五育并举"的教育目标。

学校与中原图书大厦、回声馆、紫荆山公园毗邻，人文底蕴丰富，优势资源充足，为学校提供了可利用的课程资源。在课程实践中，我们倡导学生从课堂走向生活，从学校走向社会，从知识技能走向能力素养，多方面去学习、实践、锻炼，逐步成长为具有大爱、大智、大美的工一少年。

二、课程理念

我们认为：

1.课程就是美好生活。"一切生活都是课程，一切课程也都是生活。"我们的活动课程围绕"生活、劳动"展开。从校园的一棵树开始,从身边的物、器开始,让学生有发现生活美的眼睛,引导学生善于发现,大胆实践,勇于探索。

2.课程就是实践体验。让学生直接参与劳动过程、设计过程、创造过程、体验过程、解决问题过程,增强分享感悟,体验感受升华劳动价值的情感,体会劳动艰辛,分享劳动喜悦,掌握劳动技能,展示创造的成果。

3.课程就是学习旅程。引导学生在生活中学习,在劳动中学习,在实践中学习,让学习的旅程变得美妙神奇,让孩子兴趣盎然地投入到学习中,主动探寻、解决问题,让孩子们在经历中享受美好,达到预定的目标。

三、课程涉及的学科

本课程涉及语文、数学、美术、科学、信息技术、综合实践活动等学科。

四、课程总目标

1.树立正确的劳动观念。通过课程实施,引导学生尊重劳动,牢固树立劳动最光荣、劳动最崇高、劳动最伟大、劳动最美丽的思想。

2.具有必备的劳动能力。掌握基本的劳动知识和技能,增强体力、智力和创造力。

3.培育积极的劳动精神。发挥学生主体作用,激发创新创造的激情,关注学生劳动过程中的体验和感悟,引导学生感受劳动的艰辛和收获的快乐,增强获得感、成就感和荣誉感。

4.养成良好的劳动习惯和品质。促进学生养成自觉自愿、认真负责、诚实守信、吃苦耐劳的品质。

五、课程内容规划

"'桐'心"劳动教育课程旨在让学生通过劳动、学习,学会自主发现问题、探究问题、解决问题的能力,提高学生的质疑思考能力、口语表达能力、合作交往能力、创新创造能力和综合实践能力,以劳促学,以劳益智。同时了解、传承焦桐精神,共抒师生爱护环境、爱护校园之情怀,落实"五育并举"。

课程以社团形式开展,主要是五、六年级学生,人数30人,每周周五下午两课时。课程通过探索自然之"桐"、实践之"桐"、木工之"桐"、创意之"桐"和文化之"桐",采取校内与校外结合的活动形式,建构了"'桐'心"劳动教育课程体系。

六、课程实施要素

本课程取名为"'桐'心",旨在通过课程注重学生知识与技能、过程与方法、情感态度与价值观以及行为与习惯等方面的统整,达到以劳树德、以劳增智、以劳促技、以劳强体、以劳益美、以劳创新的目标,找寻童心童趣。项目学习、劳动体验、学科融合、创新创造是本课程实施的四要素。

1. 贯穿项目式学习。项目式学习是学生通过一段时间内对真实的、复杂的问题进行探究,并从中获得知识和技能。"'桐'心"劳动教育课程起源于校园内一棵枯死的泡桐树,学生们提出问题:"这棵树为什么会没有生命?是伐去,还是留下一些更独特的回忆?""我们的校园我们可以做主吗?"在此任务驱使下,学生们开始研究"自然之桐":这是棵什么类型的树?为什么会没有生命?伐树需要哪些步骤?树伐后我们能做什么?在一个个连环相扣的任务中,发现问题,思辨探究。师生一起"做中学,学中做",共同围绕要解决的问题和要完成的任务,进行操作、设计、体验、探究、创造等内在的项目式学习。

2. 丰富劳动体验。劳动体验存在于劳动活动中,在杠之"桐"中注重丰富劳动体验，学习劳动技能，切割桐木—打磨桐木片—创意桐木。我们引进专业教师，木工老师让学生认识、操作木工工具，学会切割和打磨。美术老师教学生认识和使用艺术绘画、雕工制作工具，在桐木上进行艺术创作。全身心参与，手脑并用，在劳动实践活动中让学生充分享受劳动的快乐，习得劳动本领，达到以劳增智、以劳促技、以劳树德的目标，让学生在活动中体会劳动最光荣、劳动最崇高、劳动最美丽。

3. 加强学科融合。"'桐'心"劳动教育课程涉及数学、语文、美术、思想品德、科学、综合实践活动等学科基本知识的综合运用，又融合了社会、经济、法律、心理、环境等内容。在文化之"桐"方面，让学生们收集资料，讨论研究泡桐树的自然价值、药用价值以及经济价值；了解关于桐树的文学作品，诗歌，散文。同时我们继续研究焦桐文化及其代表的意义，开展研学活动，走进植物园、中医院、乐器行、兰考等地深度了解桐树，将游学体验和实践探究相结合。学生自主办理树木砍伐手续，制作桐木工艺品……每个阶段各学科都有机融入劳动教育中。

4. 深化创新创物。劳动的美好在于它富有创造性。"'桐'心"劳动教育课程中师生通过一棵枯死的桐树，打造出桐木画、钥匙扣、原木盆景、象棋、篆刻等艺术品，完美诠释了以劳益美、以劳创新的劳动目标。在不断的劳动创新中，学生的潜能在劳动活动中得到挖掘、在创造中成长，精神生活和艺术素养在劳动体验中得到全面发展。学生们在劳动中学会技能，创造作品，在创新设计的过程中，在动手实践、出力流汗的过程中，形成正确的劳动价值观和劳动品质，发展创新思维，培养创造性劳动能力。

七、活动案例

以"'桐'心"劳动教育主题为例，学生实际体验参与劳动实践过程，打磨加工桐木板，并根据自己的创意在木板上进行桐木画制作。增强劳动感受，体会劳动艰辛，和伙伴分享劳动喜悦；掌握劳动技能，养成良好的劳动习惯；提高动手能力和发现问题、解决问题的能力。通过劳动教育帮助学生

形成健全的人格和良好的道德品质。

活动步骤一

自然之"桐"

学生通过互联网，到图书管查找资料，了解桐树的品种、特征、分布情况，以及泡桐树的种植过程和历史。认知"桐"树，了解自然，开启孩子的感官世界。

活动步骤二

实践之"桐"

学生分组进行实践。一组讨论、制订伐树方案，伐树后清扫方案，桐木收集方案。另一组到金水区办事大厅办理采伐许可证和相关手续。通过社会实践，提高了学生综合解决问题的能力。

活动步骤三

木工之"桐"

学生将伐下来的桐木桩进行切割、打磨，教师指导学生利用木工工具将桐木桩切割成直径为15厘米的桐木板，并用砂轮、砂纸进行打磨。学生直接参与劳动过程，经过多次切割打磨，增强劳动感受，提高动手能力，磨炼劳动心志。

活动步骤四

创意之"桐"

学生在老师的指导下，根据桐木的纹理，加入自己的创意进行桐木画创作、桐木钥匙扣制作、原木花盆欣赏与制作、象棋篆刻制作等艺术创作。学生在劳动中学会技能，有自己的作品，有劳动的获得感，真正爱上劳动。

活动步骤五

文化之"桐"

学生通过查找资料，研究"焦桐"文化，感受"焦裕禄精神"，了解桐木乐器、桐树药用价值，对桐树有了更深层次的认识，传承中国优秀文化，立德育人。

活动步骤六

展示之"桐"

在学校科博会展览上，学生将自己制作的桐木画、桐木钥匙扣、原木盆栽等作品进行展示，并进行义卖活动，将款项捐助给贫困学生。在第四届全国中小学品质课程研讨会上，我们编撰的《"桐"心伴我成长》成果集，得到与会嘉宾的称赞。学生们在分享劳动成果时真正体会到劳动的意义和价值，感受到劳动带来的喜悦。

八、课程评价

课程评价主要以师评、学生自评和小组内互评为主，针对学生在活动中参与的态度、在活动中学习方法的掌握、在活动中的实践能力、在活动中获得的体验四方面进行评价。

1.过程性评价与作品评价相结合，占60%。活动性评价，在平时进行，

形式多样，如：校园泡桐树辩论赛、课外拓展实践活动、"回忆泡桐"征文活动、申请采伐泡桐树实践活动、"科博会"展示活动等。

作品评价，学生以小组合作的形式开展活动，制作原木盆景、篆刻原木象棋、制作桐木钥匙扣、呈现作品并进行展示交流。活动性评价和作品评价，能够更加全面地对学生的创作作品进行评价。

2.终结性评价，占40%。学生对本学期的学习进行梳理总结，谈自己的学习劳动过程、学习感受和困惑。

3.评价方式多元化。

（1）学生自评：学生自我对照参加本课程以来的变化，自己对自己评价。

（2）学生互评：学生在活动中的参与与团结配合，以及作品的展示。

（3）教师评价：教师根据学生在学习中的表现与态度（投入程度），给学生适当的评价。

表3-1 "'桐'心"课程调查活动记录表

课题名称	
活动时间	
活动地点	
指导教师	
活动目标	
活动内容	
活动结果	
活动感受	

九、课程保障

学校切实加强对这一课程的研究和管理，从组织、条件和制度等方面着手，从开发、实施到评价，加强劳动教育课程的全过程保障机制，确保课程落实和教育功能得到充分体现。

1. 课时、师资保障。"'桐'心"劳动教育课程开设已经有一年多的时间，有专职教师任教，同时还邀请一些木工和版画专业老师进行指导。

2. 场馆学习保障。我校充分利用各种社会公共资源，例如：图书馆、植物园、博物馆、科技馆，开展实践调查、体验活动。

3. 校外基地保障。下一步需要更加注重多样的社会资源配合课程实施，例如：可以参观泡桐树木材加工厂体验木料加工的过程，考察焦桐制作古琴的过程等，进一步丰富课程体验。让学生走出课堂，走出学校，在生活中学习锻炼。

（金水区工人第一新村小学　王　利　代晓晓）

火辣的旋律

一、课程背景

郑州市第一零三初级中学于 2015 年投资建成面积近 1000 平方米的楼顶阳光农场，为"阳光农场"劳动教育课程的实施提供了平台。学校组建了以生物老师为核心的一批有农业生产经历和农业科技知识的劳动教育教师团队，还聘请了一名经验丰富的农民师傅作为农作物和蔬菜种植的专业指导教师，为课程的开发和顺利实施打下了坚实基础。

"阳光农场"劳动教育课程通过"粮趣""蔬趣""果趣""墨趣"四个课程的开发和实施，将农耕文明、生物实验、粮食种植、蔬菜种植、食品加工与劳动实践教育相结合，将知识学习与实践体验相结合，积极落实德、智、美、体、劳"五育"并举的教育目标，是对教育起点的回归，让劳动教育落地生根。

从学情来看，我校学生 90% 以上来自都市村庄和外来务工子弟，大部分学生有农村生活的经历，对农业生产活动既熟悉又陌生；再加上初中学生具有一定的劳动能力，也积累了一定的生物知识，这都为"阳光农场"实践课程的实施提供了有利条件。

二、课程理念

1.劳动塑造灵魂。劳动教育是立德树人、学生成长的必要途径。"阳光农场"劳动教育课程为学生通过诚实劳动创造美好生活、形成积极的劳动精神打造了平台，用劳动磨炼意志，让汗水净化心灵，收获中感悟劳动真谛。帮助学生树立劳动最光荣、劳动最崇高、劳动最伟大、劳动最美丽的观念，将争做"担当民族复兴大任的时代新人"的信念内化于心，根植于灵魂深处。

2.劳动认识社会。劳动是人类发展、社会进步的根本力量。劳动教育打开了一扇了解社会、认识社会的窗口，让学生领会"幸福是奋斗出来的"内涵和意义，继承和弘扬中华民族优良传统，培养学生职业意识和社会责任意识、担当意识，全面提升学生适应社会的能力。

3.劳动彰显时代。劳动创造了美好生活，用于劳动的工具和技术被烙上了鲜明的时代烙印。"阳光农场"劳动课程中的"墨趣"包含了自动喷灌、太阳能和风能发电等现代科技，而"粮趣""蔬趣""果趣"的劳动实践也渗透了科学育种、薄膜种植等大量现代农业技术，使劳动教育紧跟时代步伐，让学生把握时代脉搏，树立时代意识。

4.劳动激发创造。劳动创造了世界，创造性劳动是人类社会进步的源泉。"阳光农场"劳动实践课程通过"粮趣""蔬趣""果趣""墨趣"激发学生的兴趣，利用兴趣引导学生用现代科技进行劳动，感知科技魅力，激发创新动力，培养主动探究意识、创新意识，最终实现创造能力的全面提升。

三、课程涉及的学科

本课程涉及历史、生物、数学、物理、道德与法治、综合实践活动、信息技术等学科知识。

四、课程总目标

1. 通过粮食及蔬菜种植、水果栽培与加工、劳动工具的创新和制作等实践活动，使学生了解农业生产的全部环节。掌握农作物、蔬菜、水果的栽培技术；掌握锄头、镰刀、自动喷灌、太阳能和风力发电等器械的工作原理与使用方法。

2. 通过凉茶、辣椒酱、葡萄酒等加工制作和自己动手制作风力发电机等实践活动，激发学生的学习兴趣，提升学生动手操作能力，培养分工协作意识、创新意识，将体验劳动转化为创新劳动。

3. 通过田间小知识讲座，将历史、生物、物理、数学、思想政治等书本知识与课程进行学科融合，在实践体验中培养学生知行合一的能力，培育综合型人才。

4. 在阳光农场的粮食、蔬菜、果树混合生产模式中，体验人与自然和谐统一的绿色生态农业，感悟"两山理论"精髓，提升环保意识；通过播种、施肥、护理、丰收，感悟劳动的充实，分享收获的幸福，树立劳动者最光荣、奋斗者最伟大的思想。

五、课程内容规划

我校"阳光农场"劳动实践课程从学生个体发展需求出发，通过自主选课、科学施教来落实教学目标。具体课程，按年级规划如下：

表 3-2　"阳光农场"劳动教育课程活动表

年级	活动内容		活动目标	涉及学科	课时安排	活动形式
七年级	粮趣	小麦传奇	通过小麦种植，探究小麦种植史和生长规律，提高劳动能力，培养劳动习惯，培育科技兴农和创新意识，树立正确的劳动观	生物	16课时	学生自主选课，校内阳光农场劳动实践
				历史		
				安全教育		
				道德与法治		
		玉米传奇	通过种植玉米，了解玉米种植史和生长规律，提升劳动技能，培养劳动审美、科技兴农意识，树立正确的劳动价值观，培育积极的劳动精神	生物	16课时	
				历史		
				安全教育		
	蔬趣	佳肴伴侣——大葱传奇	通过大葱种植，探究大葱种植史、生长规律和食用方法，提升劳动能力，培养劳动习惯	生物	16课时	
				历史		
				安全教育		
		叶用莴苣——生菜传奇	通过生菜种植，探究生菜种植史、生长规律和食用方法，提升劳动能力，培养劳动习惯，树立正确的劳动观	生物	16课时	
				历史		
				安全教育		
八年级	蔬趣	火辣的旋律——辣椒培植和辣酱制作	通过辣椒种植和辣酱制作，探究农业文明，研究辣椒生长规律和食用方法，提升劳动能力、观察能力、创新能力，培养劳动意识、安全意识，树立正确的世界观	生物	16课时	学生自主选课，校内阳光农场劳动实践
				化学		
				物理		
				历史		
				安全教育		
		美的旋律——番茄种植和番茄酱制作	通过番茄种植和番茄酱制作，探究农业文明，研究番茄生长规律和食用方法，提升劳动能力、观察能力、创新能力，培养劳动意识、安全意识，树立劳动者最伟大的观念	生物	16课时	
				化学		
				物理		
				历史		
				安全教育		

续表

年级	活动内容	活动目标	涉及学科	课时安排	活动形式
八年级	蔬趣 绿色的旋律——黄瓜种植和酱瓜制作	通过黄瓜种植和酱瓜制作，探究农业文明、黄瓜生长规律和食用方法，提升劳动能力、观察能力、创新能力，培养劳动意识、安全意识，树立劳动创造美好生活的观念	生物 化学 物理 历史 安全教育 综合实践活动	16课时	学生自主选课，校内阳光农场劳动实践
	果趣 多彩珍珠——葡萄种植和葡萄酒的酿制	通过葡萄采摘和葡萄酒酿制，探究农业文明、葡萄生长规律和酿酒奥秘，提升劳动能力、观察能力、创新能力，培养劳动意识、安全意识，践行社会主义核心价值观，培育创新精神和正确的劳动精神	生物 化学 物理 历史 安全教育 综合实践活动	16课时	
		大酱传奇——西瓜种植和西瓜酱的制作 通过西瓜种植和西瓜酱制作，探究农业文明、西瓜生长规律和大酱制作工艺，提升劳动能力、观察能力、创新能力，培养劳动意识、安全意识、科学精神，树立正确的劳动观、价值观和人生观	生物 化学 物理 历史 安全教育	16课时	
九年级	墨趣 风的传奇——风力发电机的制作和使用	通过制作风力发电机，探究电学、风力发电的奥秘，研究近现代工业文明；通过制作体验，提升知识运用能力，增强劳动操作能力、创新能力，培养环保意识、安全用电意识，树立科技强国观念	生物 化学 物理 历史 安全教育	16课时	学生自主选课，校内阳光农场劳动实践
		智慧传奇——自动喷灌系统的设计与操作	通过自动化喷灌系统制作，探究自动化和多媒体现代智能奥秘，提升信息技术知识运用能力；通过操作体验，提升劳动能力、观察能力、创新能力，树立科学观念，培养节约用水、安全生产意识	生物 化学 物理 历史 安全教育 信息技术 综合实践活动	16课时	

六、课程实施要素

"阳光农场"劳动教育课程以阳光农场为载体，通过开发"粮趣""蔬趣""果趣""墨趣"四个系列校本课程，在劳动实践中将课本教学与劳动教育相结合，落实"多元评价"、促"人格健全"的育人目标。实践体验、科学探究、项目规划、反思交流是课程实施的关键要素。

1. 实践体验，知行合一。综合劳动实践课是理论联系实际的重要途径。在"粮趣"课程中，指导教师将国家教材中的"农业文明起源""农业生产工具和生产技术的变革""农作物引进与传播""生物技术与现代农业""信息技术与自动喷灌技术"等学科知识、现代科技融入小麦、玉米种植的"田间课堂"中，通过现场实践教学，让学生体验传统农业生产工具的使用，学会农业种植技术，验证生物技术、信息技术在现代农业发展中起到的重要作用；在理论联系实际的劳动体验中，让学生学到的历史、生物、信息技术等学科知识得到验证、内化和升华，提升了"知行合一"能力，让学生进一步树立"实践出真知""知识就是力量"的观念，促进学生身心全面健康发展。

2. 科学探究，学以致用。我校在"蔬趣"实施中，以"兴趣"为引导，利用"株距观测探究辣椒科学种植法""薄膜育苗与传统育苗异同探究""魔变辣酱配方"等研究性专题，指导学生将研究性学习根植于劳动实践之中，通过体脑结合，让学生明白"体力劳动、脑力劳动只是社会分工不同，没有贵贱之分"的道理，培养学生科技兴农意识，提升科学探究能力、解决实际问题能力。在"绿色的旋律——黄瓜种植和酱瓜制作"的劳动实践中，教师强调科学种菜，指导学生利用科学观察法合理布局黄瓜株距、利用美学制作精品黄瓜菜肴，让学生将数学、美术知识运用到日常生产劳动中，培养了学生的观察思考习惯，进一步提升了学以致用的能力，使学生的劳动素养得到全面提升。

3. 项目规划，融合创新。新时代的劳动实践课要顺应信息化时代发展的趋势，为建设创新型国家发展对高素质劳动者的战略需求服务。我校"墨趣"劳动实践课程以阳光农场作为学科教学的实验基地、体验基地和创新基地，引导学生从兴趣和现实生活出发，在"墨趣"课程中的"风力发电""太阳能发电""自动喷灌"等项目组中选择和确定自己的劳动项目。在项目的驱动下，充分发挥学生的主动性、创造性，引导学生将信息技术与自动喷灌、电学与风力发电、太阳能发电进行整合，培养学生的知识与劳动项目整合意识，初步提升对项目实践进行全面规划的能力；在风力发电、太阳能发电和自动喷灌的制作实践中，同学们在专业教师的指导下不断改进和优化设计方案，初步掌握了风力发电、太阳能发电和自动喷灌的制作方法和工作原理；在多学科的融合实践中，使学生的研究能力得到内化提升，培养了创新意识，提高了创造力，为学生的终身发展奠定了基础。

4.反思交流，积累成长。劳动教育是连接德智体美"四育"和现实社会的桥梁，对学生健全人格的发展起着重要作用。我校坚持将"劳动价值意义"作为劳动教育的核心，在"粮趣"劳动实践课程中，通过玉米、小麦的种植和收获，引导学生明白"劳动创造了食物""劳动是一切幸福生活的源泉""劳动促进了社会进步"的道理；在"粮趣"劳动教育课程的总结交流会上，老师引导学生将"粮食安全""社会主义核心价值观"等理念渗透其中，培养学生的时代意识、责任意识，树立正确的劳动观、价值观；在"蔬趣"课程的实施中，老师组织学生分组交流辣椒、黄瓜种植的经验和劳动体验；在专业教师指导下，各小组利用本组种植的黄瓜、辣椒制作精致小菜，分享劳动成果，引导学生以身边的劳动能手为学习榜样，通过正视不足、同伴互助、纠错提升，让每位同学都掌握了辣椒或黄瓜的种植及加工方法；同时，让学生初步养成了反思自省、知错就改的习惯，在实践中积累生活经验，在劳动中获得成长。

七、活动案例

"火辣的旋律——辣椒培植和辣酱制作"课程分为"选种育苗，孕育希望""移苗栽培，种植希望""观察护理，呵护希望""采摘辣椒，收获希望""制作辣酱，升华希望""展示辣酱，实现希望"六个单元，该课程的实施让学生经历辣椒种子选取、育苗、平整土地、种植、护理、施肥、灌溉、收获、制作辣酱、分享展示整个过程，通过研究性学习，实现了跨学科融合和课本知识的巩固与运用，揭示了辣椒种植、辣酱制作、食品转化的奥秘；通过劳动实践，培养了学生积极的劳动精神和品质，培育了创新意识、安全意识，提升了动手操作能力，提升了综合素质，促进了学生的全面发展。

活动步骤一

选种育苗，孕育希望

本单元是选育辣椒苗，孕育收获希望。通过劳动实践，探究科学选种育苗的奥秘，学会鉴别辣椒种子和辣椒苗科学培育方法。

该环节学生主动搜集辣椒引种的历史和方法，在田间课堂进行分享，并在"阳光农场"专职教师的指导下参与辣椒选种、薄膜育苗的全过程，学会鉴别种子，掌握塑料薄膜育苗方法，通过观察和实践体验，探究种子发芽奥秘。本单元将生物、历史等学科知识与劳动实践相结合，实现了学科融合，使学生积累了生活常识，提升了动手操作能力、研究学习能力，初步树立了科学种田的观念，明白劳动孕育希望的含义，促进劳动习惯、劳动意识的初步形成。

活动步骤二

移苗栽培，种植希望

本单元是辣椒苗移栽种植，收获希望。在劳动实践中，探究复种技术、农业生产工具演变的历史，学会绿肥制作、辣椒苗移栽方法。

该环节学生自主搜集复种技术、农业生产工具发展演变历史和秸秆还田的方法，在田间课堂进行分享，并在教师的指导下参与绿肥制作、移苗栽培的全过程，学会田地平整、辣椒苗移栽、绿肥制作方法，提升了学生动手操作能力、研究学习能力；通过秸秆还田、制作绿肥，提升了学生环保意识，树立了可持续发展的绿色生态经济观；利用学科融合，促进农具、自动喷灌技术的使用能力提升，让学生了解农具演变历史，懂得生产工具决定生产力发展水平的道理，树立科技兴农观念，培养创新意识。

活动步骤三

观察护理，呵护希望

本单元是田间管理，是学生呵护辣椒成长、为收获希望而辛勤耕耘的过程。通过田间管理，探究辣椒生长的规律、除草灭虫的方法和科学选种育苗的奥秘，学会科学观测，积累科学知识。

该环节学生在教师指导下参与施肥、灌溉、除草灭虫、护理辣椒生长的农田管理全过程，在具体实践体验中，掌握田间管理的方法和技巧，培养劳动习惯；通过测量辣椒株距，实现学科融合，提升学生学以致用的能力，培养科学种田意识；在教师指导下观察并记录辣椒开花结果的生长过程，培养学生研究性学习习惯，提升科学研究能力；通过护理辣椒成长的过程，让学生明白幸福是需要经营的道理，树立正确的劳动观、价值观。

活动步骤四

采摘辣椒，收获希望

本单元内容为采摘劳动果实，让部分希望成真。通过采摘辣椒、制作辣椒小菜等劳动实践，品尝劳动成果，享受收获的幸福。

该环节重点是学生收获辣椒、制作辣椒小菜、分享自制菜肴。教师指导学生采摘成熟的辣椒，总结和分享辣椒采摘的经验，积累生活常识，提升动手能力，明白幸福是奋斗出来的道理；利用辣椒制作简单辣椒菜品，提升学生独立生活的能力，培养分工协作的意识；通过分享劳动成果，培养学生的分享意识，懂得劳动创造美好生活的道理，树立劳动最光荣的观念。

活动步骤五

制作辣酱，升华希望

本单元内容为选取辣椒、制作辣酱、升华希望。通过辣酱制作，探究食物发酵转化奥秘，学会辣酱制作方法。

该环节学生在"阳光农场"专职教师的指导下参与选摘辣椒、制作辣酱的全过程，学会辣酱制作方法，培养劳动创新意识。通过分组采摘、洗涤、晾晒、切碎等劳动，认识生产劳动中分工协作的重要性，培养学生分组合作意识；通过建

立和谐的劳动关系，让学生认识社会分工的重要性，培养平等意识，树立社会主义劳动观。

活动步骤六

展示辣酱，实现希望

本单元是劳动成果的最终收获、分享和展示，是希望成真的终极盛宴。通过展示和分享劳动成果，体验劳动的艰辛和收获的幸福。

该环节重点是学生分组展示辣酱制作成果、评定辣酱等级、分享劳动成果。通过辣酱展示，分享辣酱制作经验和方法，提升生活能力，培养创新意识；通过分享劳动果实，懂得劳动是幸福生活之源的道理，培养劳动习惯，践行社会主义核心价值观。

八、课程评价

"阳光农场"劳动教育课程在开发之初，就设计了过程性评价和终结性评价两种方式。

1. 聚焦成长，注重过程性评价。我校部分学生在学习成绩方面稍有欠缺，但动手操作能力很强。在"阳光农场"劳动教育课程教学实践过程中，我们注重"赏识教育"，对学生在劳动过程中的正面行为、收获、感受进行及时的鼓励评价，使这些学生在课程中获得了自信心和自豪感，加速了思想转变，为日后的学习生活明确了方向。

2. 丰富多彩的成果展示，淡化单一模式的终结性评价。"阳光农场"劳动教育课程的终结性评价包括"阳光农场"手抄报比赛、劳动掠影展览、丰收情景剧、劳动成果展示等一系列评价活动，学生可以选择其感兴趣的活动，参与其中，展现自己的劳动实践成果。许多有特长的学生在课程期间利用课程缝隙进行写生、摄影，也是终结性评价的方式之一，应坚持多元化评价原则。

3. 了解学生心声，完善评价体系。在"阳光农场"劳动实践课程的劳动教育实施中，通过对学生进行问卷调查，了解学生对课程的认识和想法，不断完善课程的评价体系，激发学生的劳动兴趣和创新意识，培养学生正确的劳动价值观，引导学生树立正确的劳动态度，形成良好的劳动习惯。

表3-3　"阳光农场"优秀学员评价表

项目		过程性评价（60%）			终结性评价（40%）	
		劳动实践操作（20分）	劳动考勤及态度（20分）	环保意识及环卫（20分）	成果展示（20分）	实践课程手册（20分）
权重	自评30%					
	小组评30%					
	师评40%					
得分	分项积分					
	总积分					
总评等级						

依据学生评价积分评出"阳光农场优秀学员"，在成果展示大会上公开进行表彰。

九、课程保障

"工欲善其事，必先利其器。"我校为了确保"阳光农场"劳动教育课程的顺利实施，制订了周密的课程开发和实施计划，组建了完善的课程开发和实施机构，各部门通力合作，基本做到"三有""两保障"（"三有"即有专职师资、有场地、有课时，"两保障"即安全有保障、资金有保障），确保了课程落地生根，开花结果。

1. 有一支专业的劳动实践教师队伍。我校"阳光农场"劳动教育课程组建了以胡永斌为首的业务和能力俱佳的专、兼职优秀劳动实践教师团队，为劳动教育的开展保驾护航。

2. 有合适的劳动实践教育场地。我校早在2015年就投资建成面积近1000平方米的楼顶"阳光农场"，为"阳光农场"劳动教育课程的实施提供了劳动教育资源和实践平台，实现了劳动教育场地有保障，活动有平台。

3. 有充足的课时安排。没有课时安排的劳动教育是空中楼阁，是虚无教育。我校将劳动教育排进年级课程表中，确保"阳光农场"劳动教育课程的顺利实施：七年级劳动实践课安排在周三下午课外活动及第三节课，八年级劳动实践课安排在周二下午课外活动及第三节课，九年级劳动实践课安排在周四下午第三节课。

4. 有安全管理保障。安全重于泰山。课程的教学大多是在户外开展的，我校组建以副校长为首的劳动教育课程安全领导小组，建立安全保障机制，在教学中坚持安全第一原则，制定严谨的课程配套安全应急预案和户外安全防控条例，明确安全保障责任，确保劳动教育不出现劳动安全隐患，呵护学生身心健康安全。

5. 有资金保障。我校每年在内涵提升的资金中划拨 30 万元作为"阳光农场专项资金"，为"阳光农场"劳动教育课程的顺利实施提供了资金保障，让"阳光农场"成为我校对外交流的靓丽名片。

（郑州市第一零三初级中学　张　军　史国强）

豫之酱

一、课程背景

郑州市文化路第三小学依据 LIGHT（点亮）课程，以"寻宝"为线索，构建了"遇（豫）见不一样的河南"为主题的系列课程，进一步促进了"让每个生命精彩绽放"的办学理念的达成，以及"健康文明，学有所长"的育人目标的落地。本课程把劳动教育纳入培养学生的全过程，与德育、智育、体育、美育相融合，从而实现了劳动育人的独特价值。

豫，河南简称。河南，在中国之中，是中华文明重要的发祥地之一。本课程体系分为"中美""古美""武美""河美""根美""食美"六个课程群。其中，河南也是农业大省，农产品种类丰富，以四年级学生年龄特征和已有的知识经验，挖掘了"美丽河南——豫之酱"劳动教育课程。

"豫之酱"劳动教育课程自开展以来，学校和教师团队坚持教育与生产劳动相结合，课程贯穿于低、中、高各个年龄段，贯穿于家庭、学校、社区各个方面，紧密结合社会经济发展变化和学生生活实际，树立正确的劳动观，促进学生形成正确的世界观、人生观和价值观。

二、课程理念

教育的本质是：一棵树摇动另一棵树，一朵云推动另一朵云，一个灵魂唤醒另一个灵魂。在如今劳动新形态下，我们认为：

1.课程就是生活。在劳动教育课程实施过程中，结合河南的自然、人文、特色等条件，利用社区和地域资源，引导孩子们以日常生活劳动、生产劳动实践和服务性劳动为主要内容开展劳动教育课程。从而使孩子们感受劳动乐趣，知道人人都要劳动的道理。

2.课程即是创造。在劳动教育课程实施过程中，让孩子们亲历劳动全过程，强调劳动实践与技术实践，时代在变化，科技发展和产业也在变革，让孩子们动手实践，亲身体验，培养学生的科学精神，提高学生的创造性劳动能力。

3.课程即是教育。在劳动教育课程实施过程中，引导学生多参与劳动活动，重视劳动教育，使孩子的成长更具有树德、增智、强体、美育的价值，培养学生正确的劳动价值观和良好的劳动品质。改变过去那种坐在教室里获得劳动知识的状况，推动孩子们崇尚劳动、热爱劳动、奉献社会的健康成长之路。

三、课程涉及的学科

本课程涉及语文、科学、数学、美术、物理、综合实践活动等学科。

四、课程总目标

1.通过各种劳动主题活动的探究，掌握参与社会实践与调查的方法，信息资料搜集、分析与处理问题的方法和研究探索、实验实证的方法，获得亲身参与劳动教育的积极体验。

2.通过小组活动，养成合作、分享、积极进取等良好的个人品质和做好活动记录、勤于反思的好习惯，培养与他人良好的沟通能力。

3.通过活动，在享受劳动成果的过程中，强化诚实合法劳动，提高创造性劳动能力。

4.通过劳动教育活动，增强对家乡的热爱和对社会、国家的责任感。

五、课程内容规划

我校从 2008 年开始常态化实施综合实践活动课程，其中涉及"泥咕咕响世界""豫之酱""河南小麦成长记"等劳动主题活动。2019 年，我校重新建构了劳动教育课程与综合实践活动课程相融合的劳动教育课程规划，特制定了如下内容：

表 3-4　劳动教育课程活动表

年级	活动内容	活动目标	涉及学科	课时安排	活动形式
低年级	泥咕咕响世界	引导学生通过探究活动，了解历史文化；让学生在自主的探索活动中感知、体验、积累经验，提高学生的综合实践能力；加深对民族传统文化的理解，做到热爱家乡文化，激发学生保护和传承家乡文化的美好愿望	语文 科学 美术 综合实践活动	校内 10 课时 校外 4 课时	校内外结合
中年级	豫之酱	增加对本地自然和社会的了解，增长生活经验，增强社会适应能力；培养学生自主发现问题、解决问题的能力；通过多种途径搜集资料和整理资料的能力；根据活动计划完成一件事；激励学生热爱生活并创造生活；继承传统饮食文化；建设家乡的美好愿望和情感	科学 美术 物理 化学 综合实践活动 知识产权	校内 10 课时 校外 6 课时	校内外结合
高年级	河南小麦成长记	通过走进大自然，亲身参加劳动，了解小麦的生长特性，知道小麦各个生长时期的管理要点；体验收获麦子的辛苦和快乐；在劳动中磨炼意志，提升劳动能力；尊重普通劳动者；珍惜劳动成果；培养吃苦耐劳的精神	语文 科学 地理 综合实践活动	校内 10 课时 校外 6 课时	校内外结合

六、课程实施要素

我校的"寻宝·遇（豫）见河南"课程是在自主开发课程体系框架下的探索，强调学生在真实的生活情境中观察、发现、经历、体验、实践、创造，通过劳动教育课程有效开展与实施，掌握获取知识的途径和方式，解决问题的措施与办法，培养勤俭、奋斗、创新、奉献的劳动精神，从而激发起孩子们热爱家乡、建设家乡的美好愿望和情感。

1. 基于问题，产生探索欲望。我们的劳动教育课程设置以主题式进行开展，在课程活动过程中肯定了学生的兴趣，基于学生产生的问题实施。如"泥咕咕响世界"课程中，学生想了解"泥咕咕的历史文化""泥咕咕的制作过程""泥咕咕的发声原理"及"泥咕咕的造型"；在"豫之酱"中，学生产生了"河南主要有哪些农产品""农产品都可以用来干什么""我们用常见的农产品经过二次加工可以做些什么""河南的酱都有哪些种类""制作酱需要什么材料""河南酱的创始人是谁？与酱之间有什么样的故事呢"；在"河南小麦成长记"中，学生们想了解"小麦是什么时候播种的""如何给小麦施肥""小麦的生长特性有哪些"等。带着这些问题，我们开启了劳动教育课程。

2. 合作实践，深入开展活动。学生在教师的引导下，根据研究的问题，以自由结合小组的形式开展活动。在活动中，有些小组成员根据需要，在家长的陪同下到鹤壁浚县泥咕咕博物馆实地参观，了解古老的传统民俗工艺品的历史，感受中国非物质文化遗产的魅力；有些小组走进超市和社区进行采访和调查，同时在超市销售员的帮助下探究制作酱的材料和酱的种类；有些小组则利用假期到郊区亲身实践，行走在田间地头，向农民伯伯请教小麦种植方法，懂得要珍惜劳动成果，明白劳动最伟大的道理！

3. 职业体验，感悟工匠精神。学生获得的知识离不开生活体验。学生在真实的生活中利用制作工具捏造泥咕咕，然后以黑色为底色，再以红、黄、蓝、绿等比较鲜艳的颜色绘出各种图案，最后用清漆罩上一层进行晾干。与此同时，体会民间艺人用双手和智慧赋予泥咕咕的生命和灵性。学生在体验如何制作酱时，从一开始设计制作酱的计划，接着准备制作酱的材料，学生亲自做出不同种类的成品酱，体验劳动乐趣，向生活世界回归，感悟工匠精神。

4. 研学探究，丰富学生生命。学生的成果应该是面向社会的。带领学生走出校园，实地考察，如"廉价泥咕咕是如何走出国门，走向世界的""我们家乡品牌酱的工厂在哪里？它又是如何生产酱的呢""河南小麦创造出的价值有哪些"。走进浚县泥咕咕作坊，走进南阳西峡香菇酱生产基地，走进郑州思念（水饺）食品有限公司进行进一步的研学探究活动，面向社会，感受时代的脉搏，大家明白只有一起付出劳动，才能使我们的家园更加美好，生活更加幸福。

七、活动案例

以"豫之酱"劳动教育主题为例，通过调查了解关于河南酱的发展历史及文化，知道酱的种类、酱的口味、酱的制作过程及酱的包装艺术等；与小组成员集体研究，感受与他人协作交流的乐趣；在家长的协助下，自己做一种酱，并尝试进行销售，激发热爱家乡、立志为家乡建设而努力学习的热情。具体活动步骤如下：

活动步骤一

话豫酱

学生对家乡的酱并不陌生，很多孩子都见过家人制作酱的场景，教师引导学生从生活实际出发，提出关于河南酱的问题并对问题进行筛选，归纳出研究的子课题。

活动步骤二

探豫酱

通过前期活动，教师指导学生组成小组到超市、社区和南阳西峡香菇酱工厂探究酱的种类和制作过程等，明白搜集与处理信息的办法，增强学生对活动的总结能力和发现问题、解决问题的能力。

活动步骤三

做豫酱

在此活动中，教师指导学生通过搜集整理资料，引导学生进行采访，了解做酱的方法和材料。在家长的帮助下，准备材料，亲手制作家乡的酱，记录过程关注天气，观看，锻炼做事持之以恒，体验实践与期待美好事物的乐趣。

活动步骤四

品豫酱

以班级为单位依次在年级开展"美味小酱"品酱活动，引导学生把自己的劳动产品进行品牌介绍、品牌设计、制作标签成为"雏形"商品，然后进行讲述式、品尝式分享交流，互相评价。

活动步骤五

促豫酱

学生通过对酱的探究，萌发了营销的想法，引导学生对酱再次包装设计，进行"小地摊，大经济，新豫酱，来助力"活动，从而贴近日常生活，贴近学生发展需要，适应社会发展。

八、课程评价

评价是一种手段，更是一种激励、肯定。课程评价要注重过程性评价和终结性评价相结合，过程性评价注重学生成长的学习态度、问题解决能力、合作交流能力、关爱意识与能力等内容。终结性评价注重学生撰写的研究报告和形成的可视化作品。这两类评价合起来能公平、公正、客观地对学生在活动中的表现进行说明，具体做法如下：

1. 设计小调查。学生的个性差别影响着学生的认知，设计一个小调查问卷，不仅适合于不同个体的发展、不同年龄段的需求，还可以促使学生与同伴、教师、家长的评价相结合。这种小调查问卷适合于劳动教育课程中对学生情感态度能力的检测，如：本次劳动课程你经历了什么、获得了哪些感悟；在以后的活动中，你打算怎么参与。

2. 注重过程性评价。教师根据不同的劳动主题设计有差异性的评价标准，以便有针对性提高活动的有效性，培养学生的评价能力素养。如"豫之酱"课程中评价标准涉及考察探究、亲手制作、品牌设计、成果分享、销售活动五个要素。

3. 档案袋评价。要求学生有活动档案袋，里面包括活动调查问卷、资料（下载的、手抄的）、活动小故事等；活动成果，如研究报告、活动总结等；活动后的感想，如学习体会、日记等；活动有关的文字、图片、音像资料等。

九、课程保障

为了加强劳动教育的研究与实践，把劳动教育纳入人才培养的全过程，我校立足实际，深入研究，不断完善，针对不同学段学生的特点和劳动教育内容，在实施过程中制定了以下措施：

1.课时安排。一至六年级每周至少安排1节课，每学期不少于20课时。

2.师资保障。我校的劳动教育课程由综合实践活动课程专职教师承担，同时其他学科教师兼职，并有家长志愿协助。

3.注重家校合作。建立家长委员会，学生以小组形式外出探究时，至少由一位家长陪同，做好后勤支持与安全护航。

（郑州市金水区文化路第三小学　程晓璐　关春霞）

手创王国

一、课程背景

　　"乐实劳动"课程是基于学生兴趣和学校优势开发的劳动教育课程，进一步促进了学校和目标的达成。

　　课程旨在以劳动创造美好生活为指导思想，重在培养学生的创造性思维能力、动手实践能力、合作探究能力、审美能力。课程关注学生在劳动过程中的体验和感悟，引导学生感受劳动的艰辛和收获的快乐，从而增强学生的获得感、成就感和荣誉感。

　　课程为学生提供了线上、线下的学习空间，开发了校内、校外的实践场地，建立了跨学科、跨专业、跨领域的教师团队，为热爱手工创作的孩子们提供了优质的体验机会。通过一个个劳动体验活动，增强了学生的社会责任感，提升了学生的实践创新能力，让学生感受劳动的乐趣，收获劳动的小幸福，从而更好地实施素质教育，进而发展学生的核心素养，培养德智体美劳全面发展的社会主义建设者和接班人。

二、课程理念

1. 课程就是奇妙的问题。课程从问题出发，引导学生通过观察、探究，运用所学知识和经验解决问题，从而获得新知。问题从生活中来，从学生中来，从课程内容中来，带着奇妙有趣的问题，一步步进入劳动探究的世界，共同闯过层层关卡，建造快乐的手工王国。

2. 课程就是快乐的体验。课程以陶行知先生"生活即教育，社会即学校""教、学做合一"为指导，将综合实践活动课程中设计制作与生产劳动相结合、技术生产与产品创新相结合，让学生在真实的生活与社会情境中体验劳动的乐趣，快乐地进行创造活动。

3. 课程就是多彩的活动。课程根据每年计划开展的校内外活动设计实践活动课程，给学生创造参与活动的机会，让学生在活动中充分展示自己的劳动成果，在活动中锻炼综合素养，从而培养全面发展的社会主义接班人。

三、课程涉及的学科

本课程涉及美术、语文、音乐、信息技术、道德与法治、科学、英语、综合实践等学科。

四、课程总目标

1. 通过问题式学习活动，探究黏土场景创作的方法，提升动手实践能力、学科整合能力、合作与沟通能力。

2. 通过体验式学习活动，了解劳动与自然、生活、社会和科技之间的联系，增强社会责任感。

3. 通过项目式学习活动，提升劳动创新能力、价值决策能力和问题解决能力，提高学生的劳动综合素养，激发学生热爱劳动、创新技能、创造美好生活的价值观。

五、课程内容规划

"手创王国"劳动教育课程分为必修课和选修课。必修课在三年级开展，选修课在四到六年级以社团形式开展。随着学生年级的增加，孩子可以基于自己的兴趣选择在社团中继续发展。课程内容在设计上层层深入，螺旋上升。

从对基本知识的了解，到具体事物的创作，再到基于学科融合的场景创作，最后进行项目式体验活动，整个过程是一个完整的劳动过程，从认知学习到创造价值，学生从中能够充分体验劳动的快乐与不易。

表 3-5 "手创王国"劳动教育课程活动表

年级	活动内容		活动目标	涉及学科	课时安排	活动形式
三年级上	一起玩黏土	认识黏土	通过对黏土基本知识与基本技能的掌握，能够运用线条、形状、色彩等基本造型元素进行创作，学会观察事物的方法，体验黏土创作的乐趣	美术	16 课时	校内
		神奇的形状				
		玩转色相环		语文		
		好玩的工具				
		奇妙的组合		数学		
	一起搞创作	美食冰箱贴	通过"美食""动物""植物""人物"与生活物品相结合的创作，掌握基本造型和用色的方法，提升动手实践能力；通过学习黏土场景的制作方法和组合方法，提升造物能力，培养热爱劳动、热爱生活、热爱大自然的感情	美术	16 课时	校内
		小萌宠笔筒				
		花儿朵朵开		语文		
		小相框		数学		
		卡通人物书签		综合实践活动		
		十二生肖年历				
三年级下	一起来体验	荷花	通过美术与其他学科的融合，逐步学会以主题进行创作，提高综合运用多学科知识的能力；通过对材料、技巧与制作过程的探究，发展劳动的创新创造能力；培养问题解决能力与勇于创新、勇于克服困难的精神	美术	16～18 课时	校内外结合
		花木兰		语文		
		动物乐园		音乐		
		小灯乐翻天		信息技术		
		好吃又好玩的面塑		综合实践活动		
	一起做项目	足球文化艺术节展示活动	通过项目活动的开展，认识劳动与自然、生活、社会的关系，掌握必备的劳动能力，提升合作能力和综合解决问题的能力，以多种形式展示劳动成果，培育积极的劳动精神，养成良好的劳动习惯和品质，树立正确的劳动观念	美术	16～18 课时	校内外结合
		巧手创价值—摆地摊活动		语文		
				音乐		
		"手创王国"期末作品展示会		英语		
				数学		
				信息技术		

六、课程实施要素

苏霍姆林斯基说过："儿童的智慧在他的手指尖上。"为了保证课程的顺利实施，我们专门设计线上线下的学习空间，以丰富学生的学习场所；开发丰富的实践活动，以提高学生学习的兴趣；开展多样的项目式活动，以促进学生全面发展；建立多元的展示平台，以培养学生的自信心。

1. 以空间立保障。学习空间是课程实施的有效保障。我校注重线下与线上学习相结合为学生进行创作活动提供重要空间。线下学习空间是学生学习的主要场所。在校内，学校为黏土手创课程修建了黏土手创工作室，在工作室内划分学习区、材料区和展示区。在校外，郑州创客空间、人民公园、科技馆、河南省地质博物馆、郑州博物馆等都是我们的校外学习空间。线上学习空间是学生交流展示的平台，在这里，更好地实现了师生、生生、师师之间的交流互动。我们建立了班级微信群，在群里进行活动布置、课程发布、交流讨论、作品展示等；小组内微信群，方便小组同学进行组内交流；教师交流群，共同研讨推进课程发展。

2. 以实践助成长。我们通过开展丰富多彩的实践活动，提升学生的综合素养。我们将实践活动分为三个阶段，分别为活动前、活动中和活动后。活动前的准备包括参展作品的设计与制作、展会方案的制定、人员的分工、布展的安排、展前的彩排等前期任务；活动中的展示包括作品的展示、对作品的介绍与解说、小老师教黏土、现场义卖、体验游戏等现场任务。活动后的整理包括撤展以及对活动的总结。每一次实践活动的开展，都伴随着学生集体劳动智慧与辛勤付出，对学生来说都是一次难能可贵的劳动教育。

除了参加校内外的展示活动外，教师还经常组织学生走向社会进行实践活动。走进郑州创客空间、人民公园、部队、科技馆、残疾人康复中心、河南省地质博物馆、邱堂小学等实践场所，体验真实的学习情境。在体验活动中，学生不仅增长了见识，了解了社会，还用自己的劳动给他人带来欢乐，帮助他人，提高了社会责任感。

3. 以项目促发展。在劳动课程中，我们带着自己的项目参加了省内外的多次大型活动，受到了国务院副总理孙春兰的称赞以及社会各界的认可，促进了课程的不断发展。

"花木兰戏曲脸谱灯"项目代表河南省参加了第三届全国基础教育信息化应用展示交流活动，"班级的故事"项目参加了郑州市小圭章绘本展开幕活动，"十二生肖谁第一"黏土创意课在郑州市创意非遗教研活动中作为观摩课展示，"与国同梦·追'球'精彩"黏土立体绘本参加了实验小学足球文化艺术节作品展，"爱心与教育"组歌项目参加了在苏州举办的苏霍姆林斯基年会，"我形我塑·'棋'乐无穷"创意黏土绘本游戏参展郑州市创客文化艺术节……孩子们在多次活动中化身公益小天使，将黏土作品进行现场爱心义卖，将义卖的收入用于购买黏土、学习用品等，赠送给山区学校，帮助山区学校更好地开展教学工作。孩子们在活动中进一步感受到自己做黏土手工创作的价值，提高了社会责任意识。

4. 以平台促提升。课程开展过程中，我们抓住一切机会，为孩子提供展示平台，无论是线上还是线下，无论是课上还是课下，无论是校内还是校外，我们都不放过，从而激发学生参与活动的热情，帮助孩子建立自信。

"动物乐园"一课，遵循"玩中学"的理念，设计了课前自主学习—课中内化展示—课后评价反馈的活动流程。在课前，同学们通过微信群展示自学成果，相互交流，共同进步。课中，给同学充分展示自己和团队的机会，小组合作创作场景并分享创作故事。课后，在微信公众号对每个小组的作品进行公开投票，让更多的人看到孩子们的创作，充分展示学习成果。由于课下的主动参与，学生在课堂上的参与度也大大提高，整个课程在愉快的氛围中进行，从而实现了高效课堂。在"手创王国"课堂教学和活动中，孩子们不仅展示自己的作品，还尽情展示自己的才艺；在"荷花场景创作"一课

中，孩子们根据三年级语文课文《荷花》表演了情景剧；"小萌宠"一课中，孩子们通过舞蹈、乐器、口技等才艺表演动物的特征……课程为孩子提供全方位的展示平台，给予孩子充分的展示机会，让孩子们在快乐的氛围中共同成长，相互影响。

七、课程评价

作为一门特色劳动课程，我们注重对学生的综合性评价，以促进学生全面发展为目标，以人人能展示、人人有提高、人人被肯定为原则，以形成性评价与终结性评价相结合的方式进行。

1. 形成性评价。形成性评价是为了解学生学习情况与教学行为的缺失而在教学过程中进行的信息反馈评价，通过及时的反馈，不断改进教学行为，指引学习活动。

我们根据学生的学习情况给学生发奖卡。对在每个活动中积极参与并完成任务的同学发一张"星星卡"5张"星星卡"兑换1张"月亮卡"2张"月亮卡"兑换1张"太阳卡"。

2. 终结性评价。"手创王国"劳动教育课程在学期末为学生举办"手创王国"作品展，以检测学生一个学期的学习成果。

（1）期末作品以黏土场景形式完成，给每人发放一颗星星卡作为选票，根据作品完成情况及展示分享进行公开投票，得到的星星计入小组总分。

（2）期末评出创意明星小组、文明之星小组、勤劳合作小组、团结互助小组，各奖励1张太阳卡。

3. 形成性评价结合总结性评价。小组整个学期获得的太阳卡计入小组总分，期末可用卡到班级超市兑换奖品。对表现优秀的小组和个人，还会颁发奖状作为鼓励。

八、课程保障

课程保障是课程能够顺利开展的基础，直接影响课程开发的成败。

1. 课时保障。学校每周四下午为黏土社团课设置 2 个课时。每周三下午第三节为黏土校本课设置 1 个课时。在校的学习时间保障了学生的学习可以顺利开展。

2. 师资保障。学校与国内知名黏土专家建立了友好关系，得到了专家的技术指导和支持。校内有十多位教师参与黏土课程的开发与实践，为课程的开展提供了保障。

3. 经费保障。学校大力支持黏土手创课程的开发工作，提供了经费支持，不仅购买大量绘本和黏土书籍供大家参考，还为老师提供黏土教学的相关培训，为课程的开发提供了有力的支持。

（郑州经济技术开发区实验小学　赵　丽　张铭荟）

指尖上的皮影

一、课程背景

郑州市金水区农科路小学北校区原为柳林镇第五小学，是一所有着35年办学历史的学校。"指尖上的皮影"是一门将制作与综合实践、美术、语言和艺术有机融合的劳动教育课程。通过"了解皮影""制作皮影""话剧皮影""拓展皮影"四个课程内容，以探究性学习为导向，引导学生究其根本，探讨本源，学习传统皮影的制作方法，研究总结皮影制作的设计特点；通过画皮影、做皮影和玩皮影一系列动手动脑的实践过程，让学生初步掌握传统皮影的制作和表演方法；让学生从历史的角度，感受传统精神文化与物质文化的厚重，提升学生的民族自豪感；感悟劳动与智慧融合才能创造更优秀的文化。

二、课程理念

每一个生命都是一座宝藏，每一个孩子都有发展的可能，在启发和引导中，每一次实践与探索都能创造奇迹。我们认为：

1.课程是文化的熏陶。在劳动教育感染下，让学生了解文化与传统艺术，增强学生学习的积极主动性，在学习中积累经验，使孩子们的课余生活丰富多彩；同时增强小学生的民族意识，激发小学生对传统非物质文化遗产传承和保护的责任感。

2.课程是经验的实践。在劳动教育感染下，每一次实践都是成长，通过劳动知识的学习，课程的学习，让孩子们知道成功后的喜悦，体会劳动带来的快乐，了解劳动人民的智慧和创造力。

3.课程是创新的养成。在了解、制作皮影的过程中、操作中、实践中见真知，不断地习得、收获、创新、成长。接触它、喜欢上它，根据个人的真知，引发创造的灵感，并在创造中不断激发自己的愿望、设想。

三、课程涉及的学科

本课程涉及综合实践、美术、语文、数学、道德与法治、音乐、经济、心理等学科。

四、课程总目标

1.通过欣赏皮影戏，了解皮影文化、皮影艺术的表现形式，激发学生对民间艺术皮影以及民间传统艺术的兴趣，让学生对中国文化产生认同感和民族自豪感。

2.通过多方搜集关于皮影的文字、图片和实物资料，进一步了解其表现形式和艺术流派，培养学生搜集资料、汇总资料、整理资料的能力，激发学生对皮影艺术的热爱。

3.通过对皮影制作方法的探索、表演技能的学习，提高学生的动手动脑实践能力，培养其创新精神和创造能力，传承非遗文化、非遗技术，感悟劳动创造世界。

4.通过皮影课本剧的选择、排练和演出，提高学生综合能力，加深对皮

影艺术的兴趣和感情，体验皮影艺术的乐趣，感悟非遗劳动技能的渊博与伟大。

五、课程内容规划

"指尖上的皮影"通过两种形式进行推广：一是必修课。通过每周的劳动教育课，了解、认识、初步体验皮影的活动项目，让每个孩子都参与活动；二是选修课。我校以社团形式深度研究，征集三到五年级共三十名学生参加，在原有的基础上，提升课程内容，提高学生综合能力。

表 3-6 "指尖上的皮影"劳动教育课程活动表

年级	活动内容	活动目标	涉及学科	课时安排	活动形式
三至五年级	指尖上的皮影	在情趣中认识皮影，掌握皮影的艺术特色；学会多角度鉴赏皮影人物的艺术美感；能够制作皮影，创新皮影，编排皮影剧；在鉴赏皮影的过程中理解艺术生活，提升尊重、保护与传承中华传统艺术的意识，培养学生劳动中创作，感悟劳动创造世界真谛	语文 美术 综合实践活动 心理 经济	20课时	校内外结合

六、课程实施要素

1.注重非遗文化弘扬。在近两年的"指尖上的皮影"课程中，学生用双手制作了不计其数的作品。为了使这些劳动成果更好地发挥育人功能，学校将学生制作的皮影作品都陈列在教学楼、会议室、多媒体上。创设了校园艺术环境，增加传统艺术的氛围，提高了学生对传统艺术的兴趣，激发了学生保护传统艺术的思想。

此外，为了让更多的学生、家长了解非遗、了解皮影，我们利用各种有效的方式，如家长会、微信公众号、家长进课堂、家长开放周等活动，让家长也参与"指尖上的皮影"课程实施，使其认识课程、了解课程、支持课程。

2.注重文化实践探究。文化实践探究是本课程的桥梁，本课程不只是知识的传授，更注重动手动脑的实践过程。学生在制作皮影人物过程中，不仅仅对"影人"的关节、神态进行研究，还对人物的背景做系统的了解。如在制作孙悟空"影人"时，孩子们会再品读、细读《西游记》，只有深入了解，才能把皮影人物刻画得活灵活现。

课程实现了劳动创造人，劳动发展人，劳动提升人，让学生悟得劳动者创造的果实如此贵重，从而尊重劳动者，珍惜劳动果实。

3.注重传统创新创造。学生在学习传统皮影的制作方法和设计特点时，需要结合时代特点，大胆探索适合小学生的制作材料和工艺，由复杂的动物皮制作改良为简单的纸艺创作，并在纸艺制作中把人物色彩刻画得更加鲜亮、美观、吸引人。通过画皮影、做皮影和玩皮影，提高学生的观察能力、实践能力，让学生初步掌握传统皮影的制作和表演方法，培养学生的创新能力和创造能力，增加劳动教育课程的趣味性。

另外，我们将运用学到的皮影制作技巧，创新皮影成为一种文化元素，如将皮影制作成书签，将皮影制作成挂饰等活动，启发学生将宝贵的传统文化与现代生活巧妙结合的创新思维和劳动技术的创造能力。

4.注重文化展示平台。我校注重课程成果的多元展示。其一，校内与校外结合，参与各种交流活动全面提升学生对于传统艺术的保护意识和创新能力。其二，家校结合。为父母生日送上一段皮影戏，增强亲子关系，感受劳动的喜悦。其三，与社区服务相结合，走进社区，进行文化宣传和皮影表演等活动，提高不同人群对传统艺术的认知度。

学生编排的《小白兔与小灰兔》《亡羊补牢》《铁杵磨成针》等皮影剧在金水区创客文化节、郑商会上表演，获得观众的一致好评。2020年1月9日，农科路小学北校区六年级学生来到广电社区，通过皮影戏向社区人员宣传了垃圾分类的重要性，得到河南电视台"都市频道"的报道。

七、活动案例

以皮影剧《亡羊补牢》为例，孩子们在探索和创新、实践和操作中寻找到快乐，体会皮影的光影魅力和表演方法，提高了孩子们学习传统艺术的兴趣，激发学生对非物质文化遗产传承和保护的责任感。

活动步骤一

皮影新制作

在这个活动中，学生搜集有关《亡羊补牢》故事的文字、图片和实物资料，在老师的指导下制作了《亡羊补牢》皮影剧影人。前期通过皮影剧故事的铺垫，让孩子们在制作过程中提出问题，找出解决方法，提高学生及时解决问题的能力。

活动步骤二

皮影促创新

孩子们通过对《亡羊补牢》寓言故事的人物刻画与制作方法的探索，自主设计出新的人物、动物、景物，老师与学生一起将皮影作品创设出故事情景，增加了趣味。学生大胆实践、创新，利用各种工具制作皮影，通过各种形式启发学生将传统文化与现代生活巧妙结合，锻炼了学生大胆创新、动手实践能力和创造能力。

活动步骤三

皮影新文化

皮影新文化是学生根据《亡羊补牢》皮影剧制做出的人物、动物、道具，通过编排皮影戏，在班级、学校、社区、广场等场合表演，提升学生的自信心，增进学生之间、师生之间的交流沟通能力，增强学生的合作意识、展示交流能力和表演能力。老师在此过程中给予学生有限的创意与构思，激发学生的创造、创新能力，感受劳动最光荣。

八、课程评价

根据课程开展阶段的不同，分为不同的评价层次。本课程评价主要关注教学活动中学生智能发展的状况，及时对学生的学习质量做出判断，肯定成绩，找出不足。以学生发展为主，既注重过程又兼顾结果。

1. 过程性评价占 60%

（1）制作过程的评价。学生对自己的表现和同学的表现进行评价，让每一个学生都拥有自己的优势项目，在自我批评、自我反省、他人的评价中不断自省和发展。

（2）作品评价。用小组合作的形式展示作品，设计制作构思是否新颖独特、影人色彩搭配是否突出、影人关节连接是否整体协调三个方面的要素进行展示评价。

2. 终结性评价占 40%。皮影汇报是教学过程中不可或缺的一部分。成果汇报要有新意，孩子们以表演自制的皮影剧为主，还可以介绍小组合作中解决的问题或者制作感受，注重学生成果创作能力的同时也关注学生的成长感悟与所得。

九、课程保障

依托学校课程的开发和设计，结合各项活动为课程实施提供保障。

1. 课时安排。根据学校情况，一至六年级开展各种课程活动，结合校内、校外的情况，每个年级确定一到两个主题，每个主题按照准备阶段、探

究阶段、撰写研究报告三个阶段实施。

2. 师资保障。我校有专职教师两位，有力保障课时落地。

3. 展示平台。学校联合社区、电视台开展皮影戏展示交流活动。

（郑州市金水区农科路小学北校区　徐丽珍　宋春露　杨丽君）

纸飞云霄

一、课程背景

郑州市第八中学在"根文化"教育思想指导下，践行课程文化育根，助力学生的终身成长，成就生命美好未来。"纸飞云霄"劳动教育课程从学生的发展需要和真实生活出发，依托河南省中小学优秀传统项目、河南省航空航天活动，在创新实践中践行工匠精神，以融合性创新开发与实践，成就孩子们的飞天梦想。本课程择选学生真正感兴趣且有研究价值的活动主题，结合项目式、研究性学习，在身体力行中，掌握劳动技能，感知劳动乐趣，锤炼劳动品质，充分发挥劳动育人的功能。

此课程集科技、体育、美术、趣味为一体的劳动教育主题探究活动，设计了探中华飞天史、绘儿时飞天愿、圆童年飞天梦、抒赤子航天情四个活动版块，使学生亲历实地调查、设计、质疑、制作、论证，强化学生的规划设计、整体构思、不断优化的意识，并培养劳动任务所需的设计、操作及团队合作能力，形成积极创新、勇于开拓的劳动精神和品质。

二、课程理念

我们认为：

1. 课程是以学生为本的设计主线。课程把学生的需求、动机和兴趣置于核心地位。在劳动课程中，活动设计是基于学生的直接经验，鼓励学生综合运用多学科知识，主动进行探究性劳动，培养学生发现问题、解决问题的能力。

2. 课程是基于生活的情境创设。课程融入生活，有实践取向，是开放的。在劳动课程中，课程要帮助学生从其生活世界中择选感兴趣的主题和内容，注重学生对生活的感受和体验，引导学生热爱劳动，学会健康愉悦、智慧而富有创造性的劳动。

3. 课程是全面发展的核心支撑。课程从学生发展的核心素养出发，多途径构建劳动课程体系。在劳动教育中，贴近学生需求的主题活动，丰富多彩的课程内容，灵活多变的课程设计，实现了以劳树德、以劳增智、以劳强体、以劳育美的目的，有效促进了学生德智体美劳全面发展。

三、课程涉及的学科

本课程涉及语文、历史、美术、物理、信息技术、综合实践活动等学科。

四、课程总目标

1. 通过了解飞行的演变历史和飞机的发展史，激发学生探究的兴趣。通过参观考察航空博物馆，进一步了解航空历史、航空文化，加深对航空业的认识与体验，增加民族自豪感，提升文化自信心。

2. 在"我为人人，人人为我"的服务与奉献教育中，学生通过团队合作完成任务，学会交流、分享研究成果和创意，提升与人交往的能力，懂得团队责任与义务。

3. 在纸飞机探究活动中发现问题、提出问题，进而分析问题、解决问题，培养科学精神、劳动意志与信念以及劳动创新精神。

4. 通过运用信息技术设计、制作模型，掌握纸飞机的改进方法，提升实践操作能力，探究劳动价值，培养劳动技能和劳动习惯，并内化为自己的价值观。

五、课程内容规划

我校以劳动引领与全学科渗透融合为支持，以劳动创造空间建设为载体，以学校、家庭和社会劳动教育协作为路径，分阶段、分步骤、有重点地开展劳动教育主题活动，培养学生的劳动素养，使学生树立劳动最光荣、劳动最崇高、劳动最伟大、劳动最美丽的观念。以下是"纸飞云霄"劳动教育课程的课程规划。

表 3-7 "纸飞云霄"劳动教育课程活动表

年级	活动内容	活动目标	涉及学科	课时安排	活动形式
七年级	纸飞机探究活动	学生通过绘制纸飞机设计图和制作纸飞机，培养学生动手操作的能力；根据学科知识的科学原理，能够推理并进行纸飞机飞行距离的实践验证和体验，培养学生的科学素养；测试纸飞机飞行距离，掌握改进纸飞机的方法，锻炼学生的动手操作能力，培养团队合作精神和工匠精神	语文 历史 美术 物理 航模 信息技术	16课时	校内 校外
八年级	木质飞机探究活动	学生通过学科知识的深入理解，动手制作木质飞机，培养学生积极的劳动观念；通过对飞机的不断制作、改进，提高飞机飞行距离、留空时间，发展学生的创新意识和审美意识，提高学生创意实现能力和创新劳动精神	物理 美术 航空模型 信息技术	16课时	校内 校外

续表

年级	活动内容	活动目标	涉及学科	课时安排	活动形式
九年级	水火箭探究活动	学生通过利用废旧饮料瓶制作水火箭，培养学生的环保意识和积极的劳动观念；运用学科知识改变发射角度、气压，观察水火箭发射高度、远度、准度，提高学生的创新意识、解决实际问题的能力和勤俭的劳动品质	物理 美术 数学 航天模型	16课时	校内 校外

六、课程实施要素

"纸飞云霄"遵循学生实践能力的发展规律，引导学生运用个人经验和各学科知识展开系统的探究、体验与实践，促使学生在"做中学""做中思""创造中学"，将学生实践活动与学科知识、现实生活相联系，培养学生的劳动实践能力，感悟劳动的乐趣。课程实施要素如下：

1. 注重劳动实践探究。本课程坚持以学生为中心，从学生的实际生活和发展需要出发，开展形式多样的探究活动；设计以学生为中心的活动内容，在解决问题的过程中获得新知识，提升学生的探究能力、科学精神、社会责任感。如学生确定劳动主题、制定劳动方案，通过专家访谈、实地参观考察，开展探究和总结交流等都是探究的过程与经历。

2. 注重项目驱动。课程注重开展项目式学习和体验学习，将有关教学内容与学生生活的知识和技能融合成一个项目进行学习。学生将思维、知识、行动、文字和情感表达等有机结合在一起，在完成实践任务的过程中进行有意义的、综合性的深度学习。如通过纸飞机飞行距离的发现、假设、探究、试错，完成项目任务，培养学生乐于探究、勤于动手和勇于实践的精神，在动手动脑、不断劳作中获得经验完善成果。

3. 注重学科整合。把主题探究与多学科相关知识相融合，实现多学科统一整合的项目学习。在课程学习过程中，面对实际生活中的问题，学生需要综合运用多学科知识来理解和分析，在实践活动中实现知识的整合、建构和拓展。如利用学科知识理解科学原理，解决纸飞机飞行的实际问题。

4.注重科技应用。科学技术融入劳动教育，紧贴时代发展。信息技术为研究性学习的开展提供了丰富的资源，也为工程设计提供了条件，同时也提高了学生创新设计能力和动手实践能力，进而提高了学生主动探究的意识。如利用信息技术绘制纸飞机制作图，培养了学生工程设计与实践能力等。

七、活动案例

"纸飞云霄"设计了四个活动版块："探中华飞天史""绘儿时飞天愿""圆童年飞天梦""抒航天赤子情"，分别从考察探究、设计制作、解决问题、评价展示四个方面进行实施。

活动步骤一

探中华飞天史

以考察探究为主要形式，学生积累相关知识，激发探究兴趣，体会工匠精神。学生通过观看航天电影、纪录片、聆听专家讲座，对航天产生了浓厚兴趣；学生们在小组分工后，通过网络、图书馆、航空基地等多渠道资料收集和实地探访航空博物馆，整合汇总形成小报。

活动步骤二

绘儿时飞天愿

通过设计纸飞机制作图，培养学生的想象力、创新力和设计能力，搭建学生交流展示的平台。举办童年飞天梦想画展，重现童年记忆，评选出最佳设计奖、最佳创意奖。其中，学生结合创作的童年梦想画，运用信息技术绘制纸飞机制作步骤分解图，实现了梦想与航空知识的结合。

活动步骤三

圆童年飞天梦

通过回顾，结合科学原理，提出假设推理，实践验证假设，改进纸飞机，并重复改进、检验纸飞机模型，使其完成任务。既锻炼了学生动手操作能力，又培养了学生科学的探究精神，反复验证的工程思维，增强劳动的意志力和不怕困难的精神。

活动步骤四

抒赤子航天情

通过多种评价方式，让学生学会反思总结。如学生回顾团队设计、制作和测试纸飞机的过程，反思在团队中的行为表现，谈感受和收获；以小组为单位讨论、总结，在全班展示，小组互评，教师点评；通过举办演讲比赛，学生撰写美文并进行演讲，抒发对航天梦的情感，感悟劳动创造世界，劳动成就梦想。

八、课程评价

评价是对课程的监控和诊断，也是教师对课程的理解和分析，感知和发现，反思和改进。评价策略应注重激励性、差异性、过程性、全面性、多元性、开放性的综合评判。

课程评价以学生评价为主，同伴评价、教师评价为辅。运用表现性评价，关注学生在课程活动中的表现，记录学生的日常行为，注重研究性学习报告、学生作品、操作技能的考核。

以"纸飞云霄"为例，学生课程总成绩由活动出勤率、任务完成情况、劳动成果展示三部分组成，最后按 A、B、C 分为三个等级。

表 3-8　学生劳动教育课程评价表

项目	内容	比例	得分
活动出勤率评价	出勤率低于 60% 无学分，超过 90%，计满分	占总成绩 20%	
任务完成情况评价	以档案袋为主要形式，依据不同的劳动主题与形式收集劳动成果，包括：研究性学习报告、飞天梦画作、纸飞机设计图稿、纸飞机模型、小作文等	占总成绩 40%	
成果展示	"童年飞天梦想画展""圆飞天梦飞行比赛""抒航天情演讲比赛""答辩"	每个活动各占 10%	
总评			

九、课程保障

课时保障、师资队伍建设、资源开发保障等是课程实施的必要条件。

1. 课时保障。劳动教育课纳入我校教学计划，每周 1 课时，定时开展教学活动。每周、每月根据不同的劳动主题开展劳动周、劳动月活动。利用节日课程、班队会以及专门的劳动教育汇报活动。

2. 师资队伍保障。我校由物理、化学、语文、历史、生物教师共同担任课程，并聘请专家来校开展弘扬劳模精神的专题讲座，让学生感受劳模精神和工匠精神。

3. 资源保障。校内航模教室和地下体育场为学生提供动手制作和实验飞行的活动场所，郑州市航空文化馆和河南省航空飞行运动管理中心作为校外实践基地。

（郑州市第八中学　任素萍　蒋　萌）

珠　趣

一、课程背景

我校劳动教育课程根据学生核心素养发展设置了六个主题，分别是"乐陶陶""绕绳艺术""珠趣""校园农场""成长的厨房""扫除道"。这六个主题劳动教育课旨在让学生从个体生活、社会生活及与大自然的接触中获得丰富的实践经验，形成并逐步提升对自然、社会和自我内在联系的整体认识，培养学生出力流汗，锻炼劳动意志，创造劳动成果，形成劳动观、人生观和价值观。

其中"珠趣"为我校重点开展的劳动课程，串珠既可锻炼学生的动手能力，又能培养学生的细心和耐心、观察能力和空间分析能力，同时还能激发学生的劳动创新意识，培养学生尽心尽责、踏实做事的作风，感悟劳动带来的生活价值和社会价值。

二、课程理念

我们认为：

1.课程就是广袤的田园。好的课程一定不会拘泥于知识技能的传授，而

是像广袤的田园，裹挟着更多有鲜活生命气息的主题和内容，让孩子们有更多的机会面对深度思考和创新实践的挑战，选择满足个体生长需要的适宜土壤。

2.课程就是丰沛的养料。小学三到六年级学生的思维活动以形象思维为主，并由形象思维向逻辑思维转化，课程应顺应这一年龄阶段学生的生理和心理特征，给予孩子合适的阳光、雨露等丰沛的养料，让每一个孩子在生命之初就得到温暖的滋养，在每一阶段的成长历程中内心充满自信和力量，美美地生长，最终成为最好的自己。

3.课程就是生命的拔节。课程的意义在于创设适合不同孩子的学习资源，满足不同孩子的成长需要，让每一个生命在对接细胞生长需要的滋养中，在与课程的对话中，拓展学生的劳动教育学习经历，追求工具价值与发展价值的统一。通过具有一定技术含量的教育内容的学习，对学生进行技术启蒙，顺应社会发展的需要，又能拓展学生的劳动和技能学习经历，发展学生的共通能力。

三、课程涉及的学科

本课程涉及数学、美术、语文、道德与法治、综合实践活动、科学、信息技术等多门学科。

四、课程总目标

课程"珠趣"拓展了学生的知识领域，具有审美情趣、创新意识；具有健康的身心、良好的情感态度；具有主人翁意识，有责任感及自我发展的技能。具体目标为：

1.通过学生亲身参与课程活动，获得积极性体验和经验，体会课程与生活的联系。

2.通过学生在活动中进一步掌握设计制作技能，创造劳动，创新作品，感受劳动带来的价值感和成就感。

3.通过学生在课程活动中的深入体验，发展团结协作、组织统筹、经济商品意识等能力，体验职业，感悟劳动与生产的关系、劳动能发展人的真谛。

五、课程内容规划

根据学生能力发展特点，我校在三至六年级开展不同主题的"珠趣"劳动教育课程，涉及两大领域——设计制作和研究性学习。

表 3-9 "珠趣"课程活动表

年级	活动内容	活动目标	涉及学科	课时安排	活动形式
三年级	初识串珠及简单的串珠饰品	了解串珠的各种知识，激发兴趣，锻炼学生的动手动脑实践能力，享受劳作的快乐	数学 美术 语文 科学 道德与法治	18课时	校内校外社区
四年级	丰收的果蔬	结合生活，设计制作，编制作品，锻炼勇于实践的意志力，形成技能，感受劳动的价值感和成就感	数学 美术 语文 科学	18课时	
五年级	生肖串珠	了解中国文化，提高审美能力和综合运用学科知识能力，加强动手动脑的能力，形成思维方式，对作品进行分享与展示，感悟劳动创造价值、劳动创新生活	数学 美术 语文 科学	18课时	
六年级	中国传统串珠挂饰	了解中国传统艺术，增强民族自豪感以及弘扬民族文化的意识，提高学生设计能力，编织能力，不怕挫折和困难的劳动精神，激发热爱劳动，创造美好生活、服务社会的感悟	数学 美术 语文 科学 综合实践活动	18课时	

六、课程实施要素

课程实施要素如下：

1.联系生活，增强体验。劳动课程注重教育与社会生活需要的结合，基础教育阶段尤其要关注教育与生活的衔接。在"珠趣"劳动教育课程中开展形式多样的制作活动，并结合本学期的一些节日，如教师节、国庆节等，开展了"我送老师串珠玫瑰""大红灯笼庆国庆""家庭生肖串珠展"等一系列小主题活动。将串珠作品与学生生活密切结合，既提高了学生的创作兴趣，又增强了学生的生活体验。

2.探索学习，创新思维。"珠趣"劳动教育课程以学生分析与操作为主要目的，让学生在参与实践的活动中，培养他们的观察思考、发现探究、动手实践、发现问题、解决问题的能力。如在六年级课程实施中，教师为学生展示多件串珠作品，由各组学生自主选择其中一件作品，组内讨论和归纳出该作品的结构特点及制作每个部分的先后顺序和方法，分析其中涉及的创新思想和方法，以创新作品。

3.学科融合，相辅相成。提升学生的综合素养，重在积极探索多学科的交叉融合。"珠趣"劳动教育课程打破了原有的学科限制，与多学科资源有效整合起来，发挥多学科的综合优势，打造多学科相互渗透、相互支撑的学校特色主题活动。学生可将知识与经验融合到串珠设计制作中，如数学中的数列、排列组合，美术中的色彩搭配等，从活动中促进学生对所学知识的理解与构建，学科领域的知识在活动中得到延伸、综合、重组与提升。

4.回归实践，展示交流。让学生积极地展示是增强其自我认同、激发学习兴趣的有效方法。"珠趣"劳动教育课程中，除了在课堂上教师的丰富评价语言外，还应多给予学生展示交流的机会。如，在班级、年级中开展"我创意，我制作"活动；全校、全区的"六一综合素质展"；市级、省级的"中小学美育活动展"，甚至让学生的展示交流走向世界。2012年我校学生赴澳大利亚开展"中国特色文化"交流活动；2019年组织学生在"中美校园文化交流"上进行串珠作品的展示，并将学生的串珠作品作为礼物赠予外国友人。学校积极为学生搭建各种平台，鼓励学生相互展示交流自己的创意作品，感受劳动创造的价值和成就感。

七、活动案例

以六年级"创意串珠"为例，让学生充分参与到整个活动中来，利用一切可能激发学生的好奇心和探究心理，让他们在实践操作中体验成功与合作的快乐，感受劳动的价值，体验劳动创造的乐趣。

活动步骤一

采购珠子

根据六年级学生身心发展特点，他们是具备"材料采购"的能力的，通过教师介绍以往采购材料的经历，让学生以小组为单位，进行材料采购。

首先，确定采购目标。学生根据自主设计的作品去选择材料，如：珠子的颜色、大小、形状（圆珠、方珠、异形珠等）、种类（水晶珠、糖果珠、地球珠、仿珍珠等），有些作品还需要中国结、钥匙扣等配件。学生通过"货比三家选店铺""商品交易中的沟通"等过程完成珠子的采购任务，全面提高学生的综合素养，增加活动兴趣。

活动步骤二

创新设计

我校从三年级开始开设串珠课程，对于他们而言课程已开展三年之久，学生在串珠技能方面已打下了扎实的基础。同时，兴趣度也会有所下降。若想继续调动学生的积极兴趣，必须让学生投入到不断创新的活动中来。

教师通过展示几件串珠代表作，以此为例引导学生分析该作品的结构和层次。各组学生自主选择其中一件作品，组内讨论和归纳出该作品的结构特点及制作每个部分的先后顺序和方法，分析其中用到的创新思想和方法。引导各组学生完成本组选择的作品，并对材料进行搭配或创意，激发学生的劳动创造能力。

活动步骤三

社区义卖

作品完成后，不但可作为艺术品摆设或生活用品应用，还可以作为礼物赠送表达心意，甚至可以让学生走进社区进行售卖或义卖。如：响应"地摊经济"，指导学生开展爱心义卖活动。学生分组进行，将自己的串珠作品进行义卖，并用于献爱心。在实

践活动中，不但提高了学生合作、沟通、经济等多方面综合能力，更让学生形成了正确的劳动价值观、人生观和社会观。

八、课程评价

"珠趣"劳动教育课程评价分为过程性评价与展示性评价，以分值进行量化，过程性评价占 60%，展示性评价占 40%，最后两者结合，得出本期本学科综合评价等级。下面进行分别阐述：

1. 过程性评价（60%）。在日常课堂操作中，对学生参与串珠实践活动

中的表现，进行过程性评价。在实践中考核学生的可信度较高，可测内容较多，减轻学生心理负担使学生乐于接受。考核内容包括学生课堂纪律表现、发言、准备工作和作品完成度等。

2.展示性评价（40%）。在规定的时间内按要求制作出串珠造型。三年级制作彩球，四年级制作串珠苹果，五年级制作创意生肖，六年级制作传统挂饰，通过完成情况进行评价。

九、课程保障

课程保障是保证教学质量的关键，是课程教学得以顺利开展的前提条件，是教学活动的重要组成部分。

1.课时保障。三至六年级每周设置校内 1 节课，校外课时灵活安排。

2.教师保障。最初学校几位热爱手工串珠饰品的数学老师，在数学实践课上进行尝试，得到了学生疯狂的喜爱，并最终在三至六年级开设。

3.物资保障。串珠的主要材料是珠子和线，我们在进行多次实地考察后，在小商品城找到了固定的材料购买商。

（郑州市金水区纬五路第二小学　李小辉　刘文婧）

第四单元

生活制造

　　问题不在于教他各种学问，而在于培养他爱好学问的兴趣，而且在这种兴趣充分增长起来的时候，教他以研究学问的方法。

——卢梭

创意画伞

一、课程背景

金水区第二实验小学自 2018 年建校伊始，强调知行合一、德才共育的教育观念，努力追寻孩子成长规律，释放孩子天性，还原教育本质。学校与社区合作利用周围别墅区的小院作为学校种植基地，把生活作为课堂，把实践作为课堂，在劳动教育课程设计、课堂实施、教学方式、管理模式等多个方面进行探索。

学校坚持劳动教育开发与学科劳动教育渗透相结合，逐步设计与实施各个年级的劳动教育必修课和选修课程，建构以项目学习为核心的创新劳动实践体系，重点培育学生的跨学科融合应用能力，用劳动教育引领学生形成正确的世界观、人生观和价值观，弘扬劳动精神，形成对劳动的正确态度和看法，养成热爱劳动的习惯。其中"创意画伞"是我校具有代表性的一个项目式劳动教育主题。

二、课程理念

我们认为：

1. 课程即实学验行的场景。生活即劳动，劳动即学习，鼓励学生投入劳动教育课程的学习之中，让孩子在生活中经历观察、讨论、思考、实践、应用和创新等过程，体验劳动的意义和价值，于实学验行的浸润中拔节成长。

2. 课程即和谐共生的旅程。在劳动探索的过程中，引导孩子用美好的童心和绽放的灵思去寻找自然规律，发现生命与创造的意义和价值。和而不同、和合而生，让每个孩子的身心自然生长，体悟人与自然的和谐共生。

3. 课程即以真启真的唤醒。在劳动教育的过程中，每一次的活动都遵循孩子的成长规律，释放孩子天性，孩子们在劳动实践的过程中能够发挥特长，彰显自我，创新实践，在体验学习中认识生命，发现生长的密码，在实践反思中认识自我，点燃生命的灵光。

三、课程涉及学科

本课程涉及语文、数学、英语、科学、道德与法治、综合实践活动、体育、音乐、美术、心理健康等学科。

四、课程总目标

1. 通过劳动教育活动课程，认识生活中常见的果蔬及植物，掌握植物种植、生长、养护等科学知识。

2. 结合自然探索活动，在自主学习与小组合作的基础上认真测量记录、统计分析植物生长的过程和规律，在观察记录、数据分析、小组分享、汇报展评的学习活动中感受创新劳动与实际生活的紧密联系。

3. 合理利用身边资源解决劳动实践过程中遇到的问题，通过项目专题活动，锻炼学生的独立思考、合作交流、创新创造的能力，培养学生大胆创新、积极探索的精神。

4. 在劳动实践的过程中树立正确的劳动观念，端正劳动态度，养成良好的劳动习惯，培养优秀的道德品质，进一步体会劳动教育对未来成长的意义和价值。

五、课程内容规划

学校劳动课程拟从校园及周边社区资源出发，以实践劳动为载体，以专题活动为杠杆，以学科知识为基点，充分渗透核心素养多维度的培养，丰富文化知识，促进自主发展，融合社会参与，努力培养出德、智、体、美、劳全面发展的少年。

表 4-1 "本真实验田"一至三年级劳动教育课程活动表

年级	活动内容	活动目标	涉及学科知识	课时安排	活动形式
一年级	共享小菜园	体验劳动实践的过程，探秘不同果蔬的生长规律，记录分享劳动过程，感受劳动的意义和价值	语文 数学 体育 音乐 美术 科学 综合实践活动	校内 8 课时 校外 12 课时	校内外结合
二年级	探秘"竹子定律"	科学进行竹子生长的测量和记录，分析验证影响竹子生长的条件，探究竹子的生长规律，培养不怕困难、坚持不懈的劳动精神	语文 数学 科学 美术 综合实践活动	校内 20 课时	校内
三年级	创意画伞	认识伞的由来和发展史，结合自己的创意，创作心中特别的伞，用劳动创造生活，点缀生活，感受劳动带来的价值，体验劳动的成就感	美术 科学 语文 道德与法治 综合实践活动	校内 8 课时 校外 12 课时	校内外结合

六、课程实施要素

本课程将劳动教育与学科教育相结合，与社团活动相融合，开展跨学科的项目式学习，寓教于乐。学生在任务驱动中激发学习兴趣，在深度体验中感受劳动意义，在评价引领中实现深度学习。整个教学活动充分链接学习和生活，学生在生动有趣、丰富多彩的实践活动中发展劳动素养。

1. 问题驱动，激发学生兴趣。课程中的问题设计是对教学的一种深入推进，是落实核心素养、促进学生全面发展的有利抓手。教学不是告诉与被告诉的问题，而是主动的建设性过程，"伞骨和伞架是怎么结合的""伞面为什么是圆形而不是方形的"，学生积极展开讨论和活动。在老师的组织下进行分工合作，开展研究性学习，有的负责收集查阅资料，有的负责创作实践和记录，有的负责讲解和汇报，学生在问题驱动下获得新知，提高自主能力。

2. 实践体验，感受劳动意义。劳动教育课程主要带领学生体验劳动过程，感受劳动的意义和价值。如学生在教师的指导和引领下进行伞的种类认识、观察伞骨、探究伞骨与伞架的结合、伞面的圆形构图等劳动实践活动，通过个人劳动和团队合作等方式进行探究，提升了学生调查研究、观察记录、实践操作、研讨反思的能力，使学生树立正确的劳动价值观，充分体验劳动实践的乐趣。

3. 学科融合，推进深度学习。课程坚持以培养学生的探险精神、科学创新精神和综合实践能力为核心，拓宽视野，把生活和实践作为课堂，引领学生在自然中接受教育，在真实的问题情境下通过实践解决真实问题。学生在这个过程中经历自主查阅相关资料、制定实践活动方案、推理验证和分析总结，在多学科融合中学生经历深度学习。例如：探秘"竹子定律"课程中，引领学生从了解"竹子定律"的含义，到用实验验证"竹子定律"的真实性，引领学生从搜集有关竹子的小故事到竹子小手工、探秘竹子定律实验小日记、实验记录等。这个过程中经历了观察、测量、记录等活动，通过同伴间的合作交流，学生具有初步的策划、组织能力，更完善的人际交往能力，为学生搭建一个良好的深度学习平台。

4. 评价引领，促进活动反思。评价引领，能够更好地推进学生进行深度学习。"'绿苑拾文'小菜园"课程中，学生亲手种植并收获了许多蔬菜及作物。教师组织学生开展小院喜收获之社区爱心义卖、小院喜收获之种植分享会等活动，引领学生在实践中进行特色分享。"创意画伞"劳动教育课程实

施中，教师引导学生在欣赏美丽的伞、创想心中的伞、绘制创意画伞以及作品展评等活动中充分进行评价引领，使学生在自评、互评、教师评、家长评等多元评价过程中逐步推进深度学习，提高学以致用的能力，增强创新劳动的热情。

七、活动案例

"创意画伞"这一劳动教育主题，学生经历了圆形伞面规划设计、了解油纸伞、伞的种类、伞的结构、画出心中最美英雄等活动，实现了对伞上作画的憧憬，锻炼了孩子们的课外实践能力，语言表达、动手操作、思维等综合能力，提高了学生欣赏美、发现美、创造美的劳动教育意义。

活动步骤一

探究伞

在老师的指导下，学生通过探究伞，认识伞的材质、伞骨、伞面等特征，引领和指导学生进行仔细观察，查阅资料和交流讨论等活动，在观察、研究、记录的过程中，交流总结伞的材质创意、伞面设计创意和美观美化创意等，引领学生经历发现问题、提出问题、分析问题和解决问题的过程，提高跨学科融合与探究的能力。

活动步骤二

设计伞

在了解伞的基础上，教师引导学生大胆猜想，动手验证设计独特的伞。结合学生认知基础，引领学生联系生活实际，确立了最美逆行者、神奇自然、印象童年等为主题的创意伞作品设计构思，并结合圆形构图、色彩搭配、诗词文化、舞台展演等多学科知识技能，小组分工合作制作心目中独特的伞。学生在问题驱动中提高学习兴趣，在深度体验中感知劳动的意义和价值，在评价引领中实现深度学习，在实学验行的劳动过程中得以发展。

活动步骤三

展示伞

老师要给学生一个展现自我、体验成功、得到肯定的机会和平台。教师引导学生对于劳动收获进行梳理，开展创意画伞劳动体验分享会，并以我伞我秀、伞下时空、伞的独白等不同形式的精彩展演，使学生在相互学习、相互鉴赏中体验劳动分享的喜悦，促进学生对劳动的价值进一步感悟，并树立劳动创造生活、劳动创造美好人生的价值观。

八、课程评价

学校以劳动素养的内化为核心，遵循发展性、全面性、明确性和过程性原则，注重过程的表现性评价为依据进行实施。

表现性评价不仅关注学生参与劳动教育的成果结论，而且注重劳动教育活动经验积累，关注劳动实践的知识与技能、过程与方法和情感态度价值观，指向学生劳动素养。从劳动认知、劳动能力、劳动习惯、劳动情感和劳动精神五个维度进行自我评价、小组互评、家长辅导员评价和教师评价。

在表现性评价实施过程中，自我评价和小组互评各占20%。学生和小组需结合日常劳动实践活动中的具体表现，从劳动准备、劳动实施过程、劳动记录情况、劳动成果展评等方面进行自主评价。例如，对劳动成果展评的创

编和演绎进行等级评定，结合朗诵、演讲、表演、创编等活动，学生针对小组以及个人在活动中的表现，以笑脸数量的形式进行自评和互评，最终得出一个学期的劳动实践课程学习中的具体表现。

家长辅导员评价占 20%，由全程参与跟进劳动实践过程的家长辅导员，对学生整个学期参与劳动课程的表现进行评价认定，最终以笑脸的形式进行汇总。

教师评价占 40%。从学生上课的精神状态、探索发现的参与程度、实践活动的持久性、合作性等方面，教师对学生进行客观的记录和评价，并在跟踪评价的过程中及时给予具体的、切合实际的指导，通过评价引领学生知道哪个地方好，哪个地方需要改进。

综合以上表现性评价，最终得出学生本学期参与劳动教育课程的具体表现。

表 4-2 "伞面设计"评价表

一级指标	优秀	良好	合格	自评	师评
劳动态度	结合生活实际，能够设计精美的伞面主题，并积极进行伞面设计的美化、装饰以及场景应用的创新；善于使用自己的特长进行实践创作；能够自信地表达自己的创意和特色，将自己的创作思路进行讲述分析	会结合生活实际设计伞面绘画主题，并进行伞面设计的美化、装饰以及场景应用的创新；能够使用自己喜欢的方法进行创作实践；主动与同伴交流分享自己的创意和特色	在家长或者老师的帮助下，能结合生活实际设计恰当的伞面主题；对作品进行创意加工以及场景应用搭配；能和同伴有效沟通，将自己的创作思路进行讲述分析		
劳动能力	结合主题，能够主动查阅相关资料，了解伞面结构、圆形构图设计等知识；积极与同伴交流合作，在有序规划创意画伞流程步骤的基础上进行探索实践；养成良好的劳动习惯，具备优秀的劳动创新能力	会在家长和同学的帮助下搜集和了解伞面结构、圆形构图设计等知识；与同伴交流合作，规划合力，创意新颖，能够在老师的引领下有效进行探索实践；具备较好的劳动创新意识	对创意画伞有自己的认知，能够合理规划创意画伞的流程步骤；在同伴及老师的帮助下能够相互配合进行探索实践；具备劳动创新意识		

一级指标	优秀	良好	合格	自评	师评
劳动成果	创意花伞的劳动成果贴近生活现实或者艺术想象，符合新时代主题设计理念；作品主题清晰，美观形象，寓意深刻，能够在主题背景中展现出优异的艺术和实用价值；在展评活动中获得80%以上的师生推荐和好评	创意花伞的劳动成果贴近生活现实或者艺术想象，具有良好的主题设计风格；作品主题突出，构思新颖，具备美好的寓意象征，能够在主题背景中展现良好的艺术价值和实用价值；在展评活动中获得60%~80%的师生推荐和好评	创意花伞的劳动成果具有个性的主题设计风格；作品有主题，有特色，能够带给人美的享受，在主题背景中展现出较好的艺术价值和实用价值；在展评活动中获得40%~60%的师生推荐和好评		
综合评价	共计获得4个及以上优秀等级	共计获得4个及以上良好等级	共计获得6个及以上合格等级		

九、课程保障

劳动教育课程是一门实践性特别强的课程。课程的实施需要从课时安排、师资队伍、课程资源的开发与校外合作等方面提供保障。

1. 课时保障。学校将每周五下午的两个课时作为劳动教育普及课，将劳动教育社团品牌融入每周二至周四下午的社团活动时间，切实保障劳动教育课程的充足课时。

2. 师资保障。学校组织安排各年级语文、数学、英语、道德与法治、体育、音乐、美术、综合实践以及科学学科教师作为劳动教育课程的师资力量。

3. 资源保障。学校与社区合作，利用周围别墅区闲置的小院作为学校"共享小院"种植基地，结合金水区科教园区的高科技产业园区"智慧谷"，将自然与科技相结合，着力开发劳动教育课程实施的优质资源。

（郑州市金水区第二实验小学　齐莉娟　刘英杰）

"衣"想天开服装秀

一、课程背景

郑州市金水区艺术小学一直秉持"初之所予、艺美人生"的办学理念，坚持以课程为统领，以美育德，在促进学生全面发展的过程中培育特色、铸造品牌。我校一至六年级劳动课程围绕"劳动创造美好"这一理念分层设计，学生劳动能力循序渐进呈螺旋式提升。"'衣'想天开服装秀"是我校中年级劳动教育课程，本课程和项目式学习相结合，着眼未来，内容丰富，形式多样，将场景式、体验式等学习活动融入其中，引导并帮助学生在实践探究中获得劳动综合素养的提升，培养孩子们拥有聪明的脑、温暖的心、灵巧的手，在寻找美、追求美、创造美的过程中成就更美好的自己。

"'衣'想天开服装秀"结合学生的真实生活和发展需要，把奇思妙想的创新精神融入劳动教育中，按照"主题确定—设计样稿—分享设计理念—修改样稿—制作修改—展示分享—反思总结"这样的步骤进行实施。本课程的整个过程与劳动教育相结合，通过了解"中国古代服装的设计、款式、色彩搭配、历史演变、寓意""现代职业服装的款式功能""各少数民族的服装特色和寓意""西方服饰的个性"等相关内容，让学生了解历史、尊重劳动、自己设计、制作，以及展示交流。同时提高学生发现问题、解决问题的能力，培养小组合作意识、劳动意识与审美能力，激发孩子的创新能力，提升学生综合素质，促进学生全面发展、健康成长。

二、课程理念

我们认为：

1. 课程即兴趣的开始。在劳动教育过程中，践行学校理念，吸引每个孩子参与到"'衣'想天开服装秀"活动中来，让学生感受劳动课程带来的快乐，使其兴趣十足，从而拉近学生与劳动课程的距离，形成积极劳动精神，掌握基本劳动技能，形成良好劳动品质。

2. 课程即沟通的桥梁。在劳动教育过程中，学生们对服装款式、寓意等不同的想法，与小伙伴进行感悟分享。学会了真诚地与人沟通，锻炼了动手操作能力，增强了学生的合作精神，更重要的是学会了总结、实践、研究问题的学习方法。

3. 课程即生活的主题。在劳动教育过程中，让学生通过自己的双手创作出自己的创意服装，感受劳动后的快乐、创造的成就感，将其劳动精神传播到周围，形成良性的社会影响。

三、课程涉及的学科

本课程涉及综合实践活动、美术、音乐、语文、道德与法治、数学、科学等学科，给予学生科学、艺术、人文等多方面的生命体验。

四、课程总目标

1. 通过不同的主题参与，培养学生自理、自主、创新的劳动意识和创造美好生活的感情。

2. 通过学生的动手能力和生活实践，掌握劳动方法与技能，形成积极向

上的劳动精神和良好的劳动品质，启蒙工匠精神；

3.通过劳动生活使学生懂得珍惜劳动成果、学会劳动、愿意参与劳动，能够正确看待劳动，懂得欣赏他人的劳动成果，明白劳动没有高低贵贱之分，端正了学生的劳动价值取向。

五、课程内容规划

围绕"劳动创造美好"的劳动课程理念，结合学生的年龄特点和实际需求，分层进行劳动课程规划。

表 4-3 我校劳动教育课程活动表

年级	活动内容	活动目标	涉及学科	课时安排	活动形式
一年级	一年级入学课程	通过礼仪、列队、就餐、就寝、整理、如厕等多方面的锻炼，加强对学生生活自理能力的培养和劳动习惯的养成，使学生更好地适应小学生活，做好幼小衔接	语文	6课时/1周	校内
			数学		
			音乐		
			美术		家庭
			科学		
			体育		
二年级	我是教室小主人	通过学习空间管理常识，能够通过自己的智慧和劳动将教室整理得干净舒适，并在劳动中培养学生热爱劳动的优秀品质，促进学生热爱集体的感情	语文	6课时/1周	校内
			数学		
			美术		
			音乐		
			科学		
			道德与法治		
三年级	做沙包玩沙包	通过缝制沙包的技能学习，学生能够自主完成一种沙包的制作，并能够设计出适合学生年龄特点的沙包游戏，提高学生的动手能力，培养学生的创新思维。	数学	1课时/1周	校内
			美术		
			综合实践活动		家庭
四年级	"衣"想天开服装秀	通过设计制作创意服装，能够培养学生的环保意识，提高动手操作能力，培养学生的劳动创新思维和审美能力	美术	1课时/1周	校内
			音乐		
			语文		
			数学		家庭
			科学		
			道德与法治		

续表

年级	活动内容	活动目标	涉及学科	课时安排	活动形式
五年级	探秘东篱园	通过在田间地头的劳动，学生不仅可以掌握一般的蔬菜种植方法，还能够培养学生吃苦耐劳的精神，懂得珍惜劳动成果，端正劳动价值取向	语文 数学 综合实践 科学	1课时／1周	校内
六年级	发现商业的秘密	通过规划、宣传、置业、售卖等一系列的商业活动，学生能够发现商业的相关要素，在实践中培养学生的财商，体悟通过双手付出，感受劳动价值的喜悦与成就感	语文 数学 美术 心理 综合实践	1课时／1周	校内、校外 家庭

六、课程实施要素

本课程实施要素主要包括四个方面：

1.注重劳动体验，培养创新意识。注重培养学生手脑并用，提高创造性劳动能力，引导学生克服制作过程中遇到的困难，关注学生劳动体验。通过劳动活动培养学生创新思维，实践能力，启蒙工匠精神。"我是教室小主人"教给学生劳动的技巧与方法，学生在整理设计教室的过程中能够发现问题，巧妙设计，体验到劳动的乐趣，感受到劳动带来的美好生活。"'衣'想天开服装秀"关注学生的过程性体验，培养学生在设计过程中的发散思维和创新意识，提高在服装制作过程中的动手能力。"一年级入学课程"引导学生从幼儿园向小学生活顺利过渡，在生活技巧、学习习惯的学习中，关注学生的真实体验，培养学生独立自主的学习与生活意识。

2.整合多重资源，打造项目学习。本课程将劳动教育与德育、智育、体育、美育相融合，关注学生核心素养的提升，并将语文、数学、美术、音乐、综合实践、科学、道德与法治等进行跨学科的多重资源整合，设计项目式课程。"发现商业的秘密"由数学教师负责指导亏盈统计知识、美术教师负责指导设计海报、语文教师负责地摊的广告词指导、道德与法治教师负责指导学生经商的道德行为、心理健康教师负责指导学生如何抓住买者心理进行价格把控、综合实践活动教师负责整体活动的策划与实施等。学生带着任务，去准备商品、设计摊位、做好记账、分析盈亏等，实现了学生多元、深度的实践与生成，体悟劳动创造价值的意义。

3. 顺应时代发展，符合学生需求。课程的实施需要顺应时代发展，遵循学生发展，为学生未来着想。"'衣'想天开服装秀""做沙包玩沙包""我是教室小主人"在设计制作与展示过程中，不仅培养学生发现美、创造美、展示美的能力，还给予学生以劳动创造美好生活，创新生活方式的空间，让学生适应未来社会，为学会生存、学会发展，打下了基石。"发现商业的秘密"带领孩子感受影响商业运作的各因素之间的关系，明白商家在商品的选择、价格的预算、与人的沟通等方面都有一定的"商道"，为今后的职业实践提前留下"一分辛苦一分收获""遵守职业道德""用心经营"的职业操守。

七、活动案例

以"'衣'想天开服装秀"劳动教育课程为例。学生通过设计、制作、展示自己的创意服装，增强了环保意识，提高了动手能力和创新思维，培养了对美的认知能力，端正了劳动价值观，明确了"劳动创造美好"的内涵。

活动步骤一

主题确定

学生主题确定的过程就是思考的过程，在老师的环保理念引导之下，学生对环保问题进行了深入思考，在衣服材料的选择上更加广泛，设计过程中关注设计理念，提高了学生的发散性思维、创新能力和设计能力。

活动步骤二

设计作图

　　学生通过构图将自己的设计体现出来，更有利于学生从整体上构思整个服装的制作，提高了制作的严谨性，避免了学生想到哪儿做到哪儿的不科学做法。通过老师对服装设计图的指导，使得学生的服装设计更加专业化、体系化。

活动步骤三

阐述分享设计理念

　　学生的设计往往带有个性化特点，完善设计理念，服装就有了灵魂。通过梳理个性化的服装设计理念，观看服装发布会视频，激发学生向观众传达自己的设计灵感，使学生明白服装设计的个性与新颖的价值，尊重他人的劳动成果。

活动步骤四

制作服装

　　学生通过动手实践将自己的设计物化，创建服装品牌故事，呈现设计灵魂。在这一过程中，学生体验到成功的快乐，增进了团队的合作凝聚力，提高了学生不怕困难的劳动意志和解决问题的能力。

活动步骤五

展示反思

展示自己的服装是本课程的重要环节之一。采用设计服装走秀形式，让孩子们穿着自己设计制作的服装进行展示，一方面增强了学生的自信心，体验到了劳动带来的乐趣；另一方面提高了学生寻找美、展示美的能力，让学生懂得学习别人，赞美他人。

八、课程评价

劳动教育课程评价，应该涵盖劳动量、劳动兴趣、劳动意识、劳动认知、劳动价值、劳动态度、劳动习惯、劳动技能、劳动韧性、劳动精神和劳动创造等多个方面。

首先，每个年级的活动课程评价主要从劳动知识与技能、过程方法与情感态度三维评价，同时进行自评、组评、老师评的"三级"劳动评价模式。

其次，关注过程评价，对学生的各环节设计不同的评价表进行多维评价，发现每个孩子的优点，激发孩子参与的积极性。

最后，通过评选"劳动小能手""劳动标兵""小小服装设计师""清洁高手"等荣誉称号，对学生进行多元评价，鼓励学生热爱劳动，积极参与劳动。

以"发现商业的秘密"中宣传海报的评价表为例：

表 4-4 "发现商业的秘密"宣传海报评价表

小组名程		海报设计		海报制作		
评价项目	评价内容			评价等级（打√）		
				☆☆☆	☆☆	☆
小组合作（自评）	1. 小组成员分工合理，能根据组员特长分配任务					
	2. 能为小组出谋划策，提出自己的合理建议					
设计制作（组评）	3. 海报布局合理，标题醒目突出，主次分明					
	4. 海报宣传与商铺售卖一致，且信息准确、无错别字					
	5. 海报内容积极向上，无违规标语					
	6. 海报的图文设计有创意，整体效果较好					
总结反思（自评）	7. 海报在商品售卖中受到了顾客的关注，对商品售卖起到了促进作用					
	8. 你在整个市场中发现了更有创意的海报，并有所启发					
合计（自评）						
总评（师评）	棒！：19~24 颗☆		不错！：15~19 颗☆		加油！：少于 15 颗☆		

九、课程保障

我校主要从以下几个方面保障劳动课程顺利开展：

1. 劳动课程教师专职化。我校劳动课程设立专职教师，固定每周课时，确保课程按时开展。教导处负责对劳动课程教师进行培训，提供课程支持，保障课程顺利开展。

2. 建立劳动课程基地。校园农场"东篱园"固定为劳动课程实施基地；在学校润德楼开设劳动教育活动室，为师生活动提供良好的环境，为学生展示劳动成果提供空间。

3. 聘请家长组成校外辅导员团队。劳动课程的有效开展离不开家庭、社会的支持，尤其家长的配合对劳动课程的成败起着决定性作用。丰富的家长资源，为劳动教育的开展提供了有力保障，家长走到田间，走进课堂，帮助

老师更好地完成了劳动教育课程。同时，家长之间的相互宣传，也确保了劳动教育可以从学校延伸到家庭，再延伸到全社会。

4.将劳动课程评价纳入学生学业评价体系。学生评价手册增加劳动课程评价内容，注重评价学生劳动素养，做好劳动教育的导向工作。

（郑州市金水区艺术小学　赵玮霞　沙　彤）

慧心巧创

一、课程背景

郑州市第七十六中学自 2015 年起，以学科主题开展劳动教育。2019 年我校重构了劳动教育课程体系，融入日常生活、生产劳务、创客等劳动内容。"慧心巧创"劳动教育课程，主要包括设计类、制作类、创造类，有"无土栽培""自制宠物屋""自制护目镜""智能方程式赛车""自制护手霜""自制口红"等。"慧心巧创"劳动教育课程采用 STEAM 项目式学习方法，融合物理、数学、化学、道德与法治、综合实践活动、生物、地理、美术等学科知识，以技术为重要载体，全面提高学生劳动素养，使学生树立正确的劳动观念、具有必备的劳动能力、培育积极的劳动精神、养成良好的劳动习惯和品质。

学校重视劳动教育的开发与实施，在劳动实践场所、师资队伍建设、经费投入等方面提供有力保障。学校提供劳技教室、创客空间、理化生实验室等校内实践基地，并积极联系各种校外场馆资源，河南省农科院、花卉市场、郑州科技馆等作为学生的校外实践基地。另外，根据课程需要，学校组建了阵容强大的劳动教育导师团队，包括校内的综合实践活动、道德与法

治、心理健康、语文、物理、生物、地理、化学、数学、美术等学科教师，并充分利用家长及当地人力资源，聘请农业、科技、创客等相关专业人士担任劳动实践指导教师。

二、课程理念

"慧心巧创"课程以学校"灵智教育"理念和"灵于心，智于行"育人目标为出发点，以使学生获得积极的劳动体验，全面提高劳动素养为基本目标，课程的开发和实施遵循以下基本理念：

1. 课程即源于生活。从学生的真实生活和需要出发，从生活情境中发现问题，转化为活动主题。例如，教师在"无土栽培"课程的导入环节，和学生一起讨论：世界耕地面积的不断减少、"粮食危机"告急、未来土地资源紧缺、人口进一步增长。面对这些情况，人类如何创造新生活？由此得出，无土栽培是一个不错的解决方案。

2. 课程即资源融合。融合各学科知识、课程资源与学习方法，提升学生综合应用各类知识观察、分析、思考、解决问题的能力，重新建构思维和融会贯通的能力。例如，"无土栽培"课程融合物理、数学、艺术、工程等学科知识，充分利用各种校内外资源，采用讲授法、示范法、练习法、实验法、参观法、反思交流法、榜样示范法等多种学习方法，组织学生进行无土栽培装置的设计与制作。

3. 课程即启迪创新。学生在探究、体验、制作、反思、交流、改进的实践劳动过程中，激发灵感，启迪劳动创新思维，获得成长，改造与创造生活。学生在"无土栽培"课程中，从创意新颖、结构合理、造型美观以及体现智能化等方面，发挥聪明才智，创造独一无二的无土栽培装置。通过将反思、交流与改进结合起来，使学生在劳动中获得成长。

4. 课程即丰富经历。课程设计以学生已有经验为基础，课程实施强调学生亲历劳动过程，通过实践活动促进学生新经验的获得与形成。学生在"慧心巧创"劳动教育课程中动手实践，将书本知识转化为实践本领，体验农民、工人、设计师、工程师等角色，体验利用知识、技能为他人服务和社会服务的成就感，丰富了人生经历。

三、课程涉及的学科

本课程涉及物理、数学、艺术、工程、道德与法治、语文、生物、地理、化学等学科知识。

四、课程总目标

1.通过学习生活、农业、工业、社会服务等相关劳动知识，提升种植、木工、养殖等生产劳动技能，树立尊重劳动、劳动最光荣的思想观念。

2.学生经历完整的工程思维：分析需求、选择方案、测试与评估、生产制造、完成项目；经历完整的科学思维：发现问题、提出假设、设计实验并验证假设、归纳总结、得出结论；提高设计、操作、创造以及团队协作等劳动能力。

3.通过劳动教育，强身健体，让学生体会到劳动的乐趣，体验劳动的意义，形成诚实守信、吃苦耐劳的劳动品质，养成自觉自愿、认真负责、安全规范、坚持不懈的劳动习惯，继承中华民族勤俭节约、敬业奉献的优良传统，弘扬开拓创新、砥砺奋进的劳动精神。

五、课程内容规划

根据国家基础课程安排，结合学校课程资源、课程门类，考虑学生的学习兴趣和发展需求，学校按照年级水平对课程内容进行系统建构，"慧心巧创"劳动教育课程内容规划如下：

表 4-5 "慧心巧创"劳动教育课程活动表

年级	活动内容	活动目标	涉及学科	课时安排	活动形式
七年级上册	无土栽培	积极参加实践创新活动,拓展知识领域,体验和感受知识与生活的链接,增长生活经验,初步培养学生的创新精神和劳动能力	综合实践活动	14课时	校内外结合
			物理		
			生物		
七年级下册	自制宠物屋		化学	8课时	基地结合
			数学		
			美术		
八年级上册	自制护目镜	在实践活动中善于观察和思考,勤于动手,勇于实践,增强探究和创新意识,发展综合运用知识的能力,在创新劳动领域有初步的体验,培养不怕挫折的劳动精神	综合实践活动	14课时	校内外结合
			物理		
			数学		
八年级下册	智能方程式赛车		信息技术	14课时	基地结合
			美术		
九年级上册	自制护手霜	在实践操作的基础上,提高学生发现问题、分析问题、独立解决问题的能力。发展学生思辨能力及个性化探究能力,在劳动创新领域有自己的作品和成果。学生感悟到劳动最光荣,劳动创造生活和价值的情感	综合实践活动	10课时	校内外结合
			道德与法治		
			物理		
九年级下册	自制口红		生物	8课时	基地结合
			化学		
			美术		

六、课程实施要素

　　"慧心巧创"劳动教育课程以"培养全面发展的人"为目标,注重以劳育人,采用项目式学习方法,利用各种资源进行项目实践,课程内容紧跟时代步伐,激发学生创新能力,充分发挥劳动过程和结果评价的激励作用,充分调动广大学生参与劳动的热情。课程实施要素为:以劳育人、项目渗透、设计创新、评价激励。

　　1.以劳育人。"慧心巧创"劳动教育课程重在培养学生劳动素养,将劳动理论与劳动实践相结合,重视学生思想教育,打造知行合一的教育新模式。将以劳育人融入立德树人的全过程,创新劳动教育形态,注重工匠精神培育和职业道德养成,促进学生的全面发展。例如,"自制护手霜"以寒冷的冬季手容易干裂的情景导入，引导学生思考谁需要护手霜，进而引出为家人、为朋友等自制护手霜的任务。这个任务本身就带有育人作用，让学生关爱身边的亲人、身边的劳动者。

2. 项目渗透。课程采用 STEAM 项目式学习方法，融合各学科知识、课程资源与学习方法，学生完成真实、综合任务，经历完整劳动过程。引导学生对项目实践进行整体构思，综合运用所学知识、技术不断优化设计方案。学生通过项目学习，获得材料认识、工具运用、操作程序、技术要领等方面的知识和能力，还可以通过项目引导学生进行评价以及作品展示等活动。"自制护目镜"以制作护目镜解决光污染为背景，融合物理、数学、美术、信息技术等学科知识，学生经历"明确问题—前期研究—设计方案—制作模型—测试改进—展示交流"这样一个完整的活动过程，让学生像科学家一样思考，像工程师一样解决问题。

3. 设计创新。课程紧跟科技发展和产业变革，准确把握新时代劳动工具、劳动技术、劳动形态的新变化，将劳动教育与创客教育相融合，创新劳动内容、途径、方式，注重发挥学生的主观能动性，鼓励学生尝试新方法、新技术，打破僵化思维，推陈出新。"无土栽培"渗透劳动教育和技术创新教育，鼓励学生发挥聪明才智，从选材、造型、智能化方面进行创新，设计无土栽培装置并亲自种植，提升创造性劳动能力。

4. 评价激励。坚持学生成长导向，让学生及时获得关于学习过程的反馈，改进后续活动。指导学生客观记录参与活动情况，收集相关过程性材料，如：现场照片、活动视频、实物作品、观察记录等，并鼓励多种形式的结果呈现与交流，如：绘画、摄影、论文、戏剧与表演等。以自我、同伴、教师、家长、社会评价相结合的方式，对劳动观念、劳动能力、劳动精神、劳动习惯和品质等劳动素养发展状况进行综合评定。评选"劳动之星""劳动小达人"等，充分调动广大学生参与劳动的热情。

七、活动案例

"慧心巧创——无土栽培"课程陶冶了学生的情操，学生设计的无土装置美化了环境，并为解决"粮食危机"尽一份力。通过活动，在同学们心中播下劳动的种子，体会到劳动的乐趣和发展智能农业的重要性。

活动步骤一

结合背景，确定主题

结合全球人口增多、耕地面积不断减少的背景，激发学生社会责任感和创作热情，确定研究主题——"无土栽培"。

活动步骤二

资源融合，制定方案

学生综合运用物理、数学、艺术、工程等学科知识，利用各种校内外资源，以小组为单位制订活动方案，以保证活动有序开展。老师带领学生到河南省农科院实验基地实地参观学习，开阔学生眼界和增长学生见识。

活动步骤三

实践探究，深度学习

学生根据之前设计的活动方案，以小组为单位制作无土栽培装置，鼓励有能力的同学除了参与小组学习之外，自己也可以制作一个作品。教师指导学生以拍照、录视频的方式保留创作过程中的资料，包括：设计图纸、准备材料、设计制作、制作成品、种植植物、观察植物、作品介绍、活动感悟等，做好后期成果展示的准备工作。在此环节，学生亲身实践，经历深度学习的过程，体验劳动的快乐。

活动步骤四

成果展示，交流分享

成果展示范围分为班内、校内展示，成果内容展示分为美篇、微视频展示。通过班内成果展示，评出各班优秀作品，推荐各班优秀作品参加校级成果展示，为获奖作品颁发证书和奖品。

八、课程评价

将劳动素养纳入学生综合素质评价体系，以课程目标、内容要求为依据，"慧心巧创"劳动教育课程采用多元化评价体系，坚持过程性评价和终结性评价相结合、自评与他评相结合的原则，注重成果分享展示评价。《慧心巧创劳动课程评价表》如下表所示。

1.过程性评价。过程性评价注重从行为表现中分析把握劳动素养的发展状况，包括劳动观念、劳动精神、劳动知识、劳动技能、劳动习惯、劳动品质六个方面，先由个人自评，再由小组商议打分。指导学生以拍照、录视频的方式记录创作过程中的资料，包括：设计图纸、准备材料、设计制作、制作成品、作品介绍、活动感悟等，做好后期成果展示的准备工作。

2.终结性评价。终结性评价是指学习结束之后对学生学习效果的评价，包括班内成果展示、校内成果展示两部分，学生要进行作品介绍，评委团进行打分。学生的劳动成果除了成品展示之外，还包括微视频、美篇等个性化展示。及时在微信公众号、班级群、各大媒体宣传学生的个性化成果。通过班内成果展示，评出班级优秀作品，推荐各班优秀作品参加校级成果展示，为获奖作品颁发校级、班级证书及奖品。

3.学生总评"得分"满分100分，"等级"分为"优秀、良好、合格、一般"四个等级。"得分"85~100分，"等级"为优秀；"得分"70~84分，"等级"为良好；"得分"60~69分，"等级"为合格；"得分"60分以下，"等级"为一般。评价采用定量、定性相结合的方式，除了定量评价之外，还有描述性的文字评价，以表扬、鼓励等积极的评价为主，采取激励性的评语，从正面加以引导，以评价促进学生劳动素养的落地。学校期末为等级优秀的学生颁发"劳动能手"奖章和奖品。

表4-6 "慧心巧创"劳动课程评价表

姓名	评价维度	过程性评价						终结性评价		总评		
		劳动观念 认同劳动 尊重劳动 热爱劳动 10分	劳动精神 勤俭节约 敬业奉献 开拓创新 10分	劳动知识 使用工具 安全知识 技术知识 10分	劳动技能 设计能力 操作能力 协作能力 10分	劳动习惯 自觉劳动 安全劳动 坚持劳动 10分	劳动品质 诚实守信 吃苦耐劳 珍惜成果 10分	班内 成果 展示 20分	校内 成果 展示 20分	得分	等级	文字 评价

多元化的评价机制，激发学生劳动的光荣感、成就感，在奔向未来的道路上，促进孩子们全面发展、个性化发展和创新发展。

九、课程保障

为保障课程的顺利开展，学校从专家引领、师资保障、场馆资源、家长支持、安全保障等方面做出明确要求。

1.专家引领。学校采用"走出去，请进来"的方法，组织教师到先进地区学习，邀请专家对教师进行劳动教育技能培训。提升教师的课程意识和创新意识，开阔眼界和思路，提高课程执行力。

2.师资保障。根据"慧心巧创"劳动教育课程的具体内容，安排1～2位专职劳动教育老师上课，其他相关学科老师提供智力支持。充分利用家长及当地人力资源，聘请相关行业专业人士担任劳动实践指导教师。

3.场馆资源。根据"慧心巧创"劳动教育的课程特点，教学环境从教室扩展到更为广阔的空间，让学生有效地利用校内外的各类场地资源。校园内资源：教室、创客空间、各功能实验室等，校园外资源：河南省农科院、花卉市场、郑州科技馆等，都将作为不可或缺的场地资源服务于本课程的建设。

4.家长支持。学校采用邀请家长来校参与课程规划、协助学生进行课程实施、参与课程效果评估等方式参与学校课程建设，从而形成家校教育合力。

5.安全保障。学校建立安全风险预警机制，建立规范化的安全管理制度及管理措施。根据课程需要，编写劳动实践指导手册，明确教学目标、活动设计、工具使用、考核评价、安全保护等劳动教育要求。增强教师安全意识，加强对学生的安全教育，提升学生安全防范能力，落实安全措施。

（郑州市第七十六中学　田　燕　秦　珂）

香薰蜡片

一、课程背景

郑州市第七初级中学组织优秀教师建立研究团队，分析学情和资源优势，整合空间、时间、人力资源，构建了"香薰蜡片"劳动教育课程体系。三叶草是多种拥有三出指状复叶的草本植物的通称，寓意爱与幸福。在本课程中，第一片叶子代表实践创新，第二片叶子代表观察记录，第三片叶子代表体验感悟。本课程将劳动教育与学科教育相结合，科学设计课内外劳动项目，采取灵活多样的形式，激发学生劳动的内在需求与动力。在跨学科的劳动实践学习中，学生感受美、创造美、分享美，促进学生得到全面的发展，践行正确的劳动价值观，形成良好的品质，培养改造社会、建设社会的劳动精神。

我校高度重视劳动教育课程的开发，为课程提供了生物实验室、物理农业实验室，并与校外花卉市场联合、家校联合，依托自身智慧课堂的优势，引领学生超越课堂，走进自然，在广阔的天地寻找问题，解决问题；鼓励学生在生活中体验，在体验中成长，使学生的情感态度、综合知识、实践能力、学习能力等方面取得较大的发展。学校为劳动实践课配备了责任心强、具有创新意识的教师团队，并鼓励年轻教师积极参与进来。同时联系校外专业人士和家长参与，通过校内、校外、家长多个维度，为课程开展提供了有利条件。

二、课程理念

1. 课程即生活。在劳动教育过程中，选题来源于生活，学生和教师对生活中的现象进行思考，共同确定选题。生活中的问题，也可以通过劳动教育课程来解决。生活中的物品，可以通过劳动教育课程制造。我们可以通过劳动教育课程制作物品装饰生活。

2. 课程即实践。学生通过观察、思考和分析，加深感性认识，培养操作技能。通过动手操作、动脑思考，锻炼劳动能力，形成良好的劳动习惯。每个学生通过实践获得直接经验，形成作品，获得丰富体验。

3. 课程即创造。劳动课程是一门给学生提供自主探究、创新应用、发明创造等的课程，有利于唤醒、开掘、提升学生的创新潜能，促进学生自主发展。我校充分尊重并鼓励学生创新能力的培养，在劳动课程中，鼓励学生将自己的创意加入劳动实践创造中，取得成果，创造美好生活。

三、课程涉及的学科

本课程涉及化学、生物、物理、美术、数学、综合实践活动、信息技术、道德与法治等学科。

四、课程总目标

1. 通过设计、制作和不断改进日常制品或用品，运用一定的操作技能解决生活中的问题，将一定的想法或创意付诸实践，感受劳动创造生活的乐趣和成就感。

2.通过思考和实践操作，掌握基本的劳动知识和技能，形成从生活中主动发现问题并独立解决问题的态度和能力，发展实践创新意识和审美意识，提高创意设计和劳动创造的能力。

3.通过作品展示和分享交流，体验获得成功的乐趣，养成合作、分享、积极进取等良好的个人品质，培养责任意识，形成积极的劳动观念和态度，增进热爱劳动、尊重劳动人民的情感。

五、课程内容规划

在党的新时代培养社会主义建设者和接班人的要求下，根据学校"博雅教育"育人理念和学生身心发展规律，课程规划突出"体验即成长"，设置了七、八年级的劳动课程体系。

表 4-7　本校劳动教育课程活动表

年级	活动内容	活动目标	涉及学科	课时安排	活动形式
七年级	制作叶脉书签	通过活动，学生学会加热、配比、溶解，学习化学药品的作用及叶脉书签的制作方法。增强学生的操作技能和探究能力，培养劳动创造美好生活的情感	化学 生物 美术	4课时	校内外相结合
	制作蝴蝶标本	通过学习展翅、固定的基本操作，学会蝴蝶标本的制作方法，增强协调合作能力和审美能力，养成严谨认真的科学精神，感受劳动的乐趣	地理 生物 美术	3课时	校内外相结合
	制作香薰蜡片和水果蜡灯	通过加热、溶解、倒模的基本操作，学会香薰蜡片和水果蜡灯的制作方法，提高合作交流能力，体会劳动成果带来的喜悦	化学 生物 美术 物理	3课时	校内外相结合
	制作牛奶香皂	通过牛奶香皂制作原理和制作方法的学习和操作，学会牛奶香皂的制作，增强创意实践能力和审美能力，体会成功的喜悦	生物 化学 美术	4课时	校内外相结合
	蒸馒头	通过学习和面、揉面等基本技巧，学会馒头的制作，了解面团发酵的原理，培养动手实践能力，养成热爱劳动、自己动手的好习惯	生物 美术	4课时	校内外相结合

续表

年级	活动内容	活动目标	涉及学科	课时安排	活动形式
八年级	制作腊叶标本	通过学习样本的采集、处理方法，学会制作腊叶标本，提升动手实践能力，锻炼不怕失败的劳动意志	生物 地理	3课时	校内外相结合
	培育芸豆，记录生长过程	通过观察芸豆的生长过程，记录芸豆发育情况。提升记录汇总的能力，初步领略生命的神奇和伟大，养成劳动的好习惯	生物 数学 信息技术	8~10课时	校内外相结合
	制作滴胶干花	通过学习滴胶的配比和融合方法，学会滴胶干花的制作，增强动手能力和审美能力，发展学生创造性劳动的思维	生物 化学 美术	3课时	校内外相结合
	无土栽培	通过学习无土栽培的原理和技术，掌握无土栽培的技术，提升动手能力，养成细致观察和详细记录的良好习惯，体会劳动创造美好生活的意义	生物 物理	6课时	校内外相结合
	多肉种植	通过多肉的种植和搭配，掌握多肉种植方法和养育方法，提高动手实践能力，获得爱惜植物、尊重生命的情感，养成良好的劳动习惯，不怕辛苦、不怕付出	生物 美术 地理	8课时	校内外相结合
	养蚕记录	通过蚕的养殖，观察蚕的生长发育并记录。提升记录能力，形成关爱生命的价值观，用双手创造生命	生物 数学	8~10课时	校内外相结合
	制作江米甜酒	通过学习发酵的原理和江米甜酒的制作，掌握江米甜酒的制作方法。提高动手操作能力，形成热爱生活的价值观，激发热爱生活，用双手创造生活的美好感悟	生物 化学	3课时	校内外相结合
九年级	插花艺术学习	通过欣赏插花表演，感受插花艺术并学会简单的插花，提升动手能力和审美能力，激发对插花文化的了解和喜爱，形成插花劳动技能，创造生活	美术 生物 地理	4课时	校内外相结合
	制作口红	通过口红制作方法的学习，制作出精美的口红。提高动手实践能力，激发对生活的热爱，感悟付出努力之后获得劳动成果的自豪感	化学 生物 美术	3课时	校内外相结合

六、课程实施要素

本课程鼓励学生从生活中选择有趣、有价值的主题，师生共同选择适当的活动方式创造性地开展活动。学生在劳动过程中获得创意作品，体会成功的喜悦，制作的成品具有实用价值、创新价值、欣赏价值。劳动体验、创意物化、问题解决、记录汇报，是本课程实施的四要素。

1. 注重劳动体验。劳动体验是劳动教育课程的必备要求。在无土栽培中，从育苗、移苗、扦插、浇水、施肥整个过程获得劳动体验，需要学生认识劳动工具、了解无土栽培的原理和技术，在实践过程中获得劳动体验；制作蝴蝶标本过程中，展翅环节需要严谨认真的态度和细致的操作，需要学生充分了解展翅的基本条件并动手亲历劳动过程；在多肉种植中，多肉的选择、搭配、种植都需要学生动手操作，在实际操作中获得劳动体验。

2. 注重问题解决。在实践过程中，教师引导学生对个人感兴趣的问题开展广泛的实践探索。对操作过程中出现的问题，能及时反思并优化调整，增强解决实际问题的能力。香薰蜡片部分学生中的蜡不成型，教师引导学生思考原因并提出解决方案。在叶脉书签制作过程中，部分学生刷不干净，或者将叶脉刷破，教师引导学生思考，共同探究解决办法，提高学生综合解决问题的能力。

3. 注重创意物化。学生在教师的指导下，积极动手操作实践，形成在实践操作中学习的意识。鼓励学生将自己的创意、方案付诸实施，转化为物品或作品。在叶脉书签的制作中，学生将绘图与书签相结合，制作出绘画版叶脉书签。"口红制作"过程中，让学生设计自己的 Logo，包装，将产品转化为商品进行赠送或销售。

4. 注重分享交流。分享交流是促进学生反思、成长和经验分享的重要方式。在养蚕、培育芸豆、无土栽培时，教师引导学生系统记录，并依照自己喜欢的记录方式，如汇报、拼图、PPT、Vlog、视频拍照等不同的方式进行记录，并及时分享和汇报，碰撞思维，互促互进，实现 1+1>2 的交流效果。

七、活动案例

"香薰蜡片＆水果蜡灯"主题活动经历了以下环节：

明确主题

　　学生在生活中发现香薰蜡灯，
色彩美轮美奂，香味清新怡人，
向老师提出是否可以制作香薰蜡
灯问题。教师和学生共同查阅相
关资料，了解香薰蜡灯的制作原
理和制作方法，并结合学生特点，
制定了香薰蜡片的主题。师生共
同确定主题，拉近了教师与学生
的距离。

动手实践

　　以学生自己动手实践为主要形
式，让学生在兴趣盎然的操作中，
学会实践操作形成技能，体验劳动
的乐趣。如在牛奶香皂的制作过程
中，学会加热、溶解、倒模的基本
操作，教师进行指导，提升学生的
基本实验操作技能；在叶脉书签的

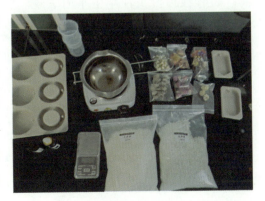

制作过程中，学生动手进行称量、搅拌、清洗、刷叶、上色，教师展示优秀作品供学生欣赏，为学生创设有效的操作情境，同时对学生的操作进行指导，激发学生的自觉能动性，启迪学生创意思维。

活动步骤三

分享作品

教师鼓励学生分享自己的作品，将作品送给自己爱的人。在牛奶香皂的制作中，学生可以走上街头，将自己制作的香皂送给环卫工人；在香薰蜡片的制作中，学生可以走进敬老院，将香薰蜡片送给敬老院老人，绵延香薰，传递脉脉深情；在口红制作中，学生可以将口红送给自己的母亲和老师；体会劳动带来的成就感和自豪感。

八、课程评价

课程评价以劳动教育目标、内容要求为依据，将过程性评价和结果性评价结合起来，制定学生劳动素养评价标准、程序和方法，利用我校智慧课堂大数据、云平台等现代信息技术手段，开展劳动教育过程的监测与纪实评价，发挥评价的育人导向和反馈改进功能。

过程性评价关注学生平时表现。关注学生在劳动教育活动中的实际表现，注重从行为表现中分析把握劳动观念形成的情况，以自评为主，辅以教师、同伴、家长等评价。一是考察课堂纪律情况，教师制定规则，由小组组长根据规则对每组学生进行记录。二是小组合作情况。各实践小组根据每人积极发言的态度及次数、完成小组合作作业（如实验成果、报告、上台汇报展示等）情况、实验操作的态度及活动情况，通过自评和互评，分别给予评价。三是作品质量。根据每次活动难易程度，按作品完整度、操作规范、新颖程度、是否按时完成等四个要素进行自评、互评和师评，必要时家长和校外指导人员也可以参与评价。

结果性评价关注学段综合评价。学段结束时，依据学段目标和内容，结合综合素质档案分析，兼顾必修课学习和课外劳动实践，对劳动观念、劳动能力、劳动精神、劳动习惯和品质等劳动素养发展状况进行综合评定。通过智慧课堂，利用平板开展课堂线上票选，初步选出优秀作品，再进行线下投票，按照比例计入综合素质评定。

九、课程保障

学校积极落实课时、经费和场地，保证劳动课程的正常开展。

1. 课时保障。七至八年级每周 1 个课时，每学期各年级拟定三到四个劳动教育主题，九年级的劳动周为主要实施方式。

2. 资源开发保障。课程空间资源开发坚持"校内资源与校外资源相结合"的原则。制作类活动在生物实验室开展和展评，无土栽培的活动地点在物理农业实验室，与校外花卉市场联系，带领学生体验多肉种植、学习插花艺术。

3. 师资保障。学校加强师资队伍建设，鼓励各学科教师参与劳动课程，为老师提供学习机会，提高教师队伍素质。同时，聘请具有实践经验的社会专业技术人员，保证课程的丰富性。

4. 经费保障。我校积极为劳动课提供资金，为劳动课购买设备，提供材料，保证劳动课的正常开展。

（郑州市第七初级中学　闫　凯　王　圆）

趣味纸雕

一、课程背景

基于郑州市金水区银河路小学独有的生源特点和学校的发展需求，学校力图以"亲身体验"的形式，引导学生去深刻地感受具有河南本土特色的悠久历史、厚重文化。为此，学校组织学生开展各类研究性学习，传承河南传统手艺，感受中华文化的魅力，构建了"趣味纸雕"劳动主题。活动将劳动教育与学科教育相结合，与项目式学习相结合，开展跨学科的研究性学习，寓教于乐，学生在动手操作中发现美，创造美；旨在突出对学生劳动实践与创新能力的培养，感悟工匠精神，感悟非物质文化的魅力；树立正确的劳动价值观，尊重他人劳动，培养劳动创造生活的动力和情感。

"趣味纸雕"旨在提高课程的适应性，促进学生的个性健康成长，启发学生的创造力和逻辑思维能力，促进手和脑的协调能力。陶冶人的情操，提高人的心智，激发学生们的想象力、观察力及创造力，培养学生不怕挫折的劳动意志，感悟劳动最光荣的价值观。

二、课程理念

每一个孩子都是一颗星，创造属于自己的美好与精彩。我们认为：

1. 课程即成长的舞台。孩子们在生活中观察感悟，在课堂上动手操作，在思考和实践的过程中，"趣味纸雕"劳动教育课程为孩子全面发展搭建了成长舞台。

2. 课程即个性的张扬。每一个孩子的发展都有其个别性与独特性，因而会有不同的成长需求。"趣味纸雕"劳动教育课程引导学生从自己的视角观察生活，通过技巧学习，创造性地制作自己独有的作品，彰显个性。

3. 课程即内在的生长。求知、探索和发展的愿望是与生俱来的，每个人都有一种向上的力量。"趣味纸雕"劳动教育课程主张让孩子用喜欢的方式去学习，持续激发学生学习的兴趣，帮助学生看到自己的潜力和许多可能性，在生动、互动、多彩的成长体验中，遇见最美好的自己。

三、课程涉及的学科

本课程涉及语文、科学、数学、美术、综合实践活动、道德与法治等学科。

四、课程总目标

1. 激发学生热爱祖国、热爱家乡以及对民间艺术的热情，传承优秀传统文化，弘扬民族精神，增强民族自豪感。

2. 掌握纸雕的创作技法及规律，具有动手操作能力，掌握一定的劳动技能，积累艺术知识、技能与方法。

3. 促进手脑的协调发展，培养儿童创新思维能力，能理解和尊重文化艺术的多样性，具有发现、感知、欣赏、评价美的意识和创造的能力。

4. 唤醒学生团队意识，学会与人合作、交流和沟通，发展学生道德认知，注重学生情感体验。

五、课程内容规划

"趣味纸雕"劳动教育课程内容分为低、中、高三个级段：低段主要学习纸雕组件的基本折法和插法；中段重在学习立体纸雕作品的制作方法；高段是学习平面纸雕作品的制作，并能装裱自己的作品。

表 4-8 "趣味纸雕"劳动教育课程活动表

年级	活动内容	活动目标	涉及学科	课时安排	活动形式
低年级	纸雕知识知多少	能熟练掌握纸雕基本组件的几种折法，掌握 16 种基本的插法，感受纸雕艺术的博大精深，培养学生对祖国民间艺术的热爱与向往，尊重他人的劳动成果，欣赏他人的劳动成果	语文 科学 数学 美术 综合实践活动	校内 12 课时 课外 6 课时	校内外结合
中年级	纸雕制作我最行	熟练掌握鸟巢、花篮、菠萝、花瓶、奖杯、天鹅、孔雀等作品的制作方法，提高动手操作能力，不怕挫折、坚持不懈的劳动品质，体会劳动带来的乐趣和成就	语文 科学 数学 美术 综合实践活动	校内 12 课时 课外 6 课时	校内外结合
高年级	纸雕作品大比拼	掌握平面作品的基本特点和插接规律，学会设计图纸并制作简单的平面作品，如《福》《禄》《寿》《喜》《雷锋》等，提高艺术品位和审美情趣，在动手制作的过程中，感受劳动的快乐，感悟劳动创造生活、创造世界的价值和意义	语文 科学 数学 美术 综合实践活动	校内 12 课时 课外 6 课时	校内外结合

六、课程实施要素

"趣味纸雕"劳动教育课程旨在突出对学生动手操作、劳动实践能力的培养，感悟劳动价值和意义，主动探究、形成技能、综合运用、多元展示，是本课程实施的四要素。

1. 注重兴趣引导，探究文化。"趣味纸雕"劳动教育课程倡导从学生的兴趣出发，观察探究非遗文化纸雕的制作过程，形成技能，做非遗小传人，传承纸雕文化。教师指导学生留心观察身边的事物和现象，整体把握事物的总特征，尝试构建纸雕作品的模型。将传统文化结合身边事物进行再创作，在动手制作的过程中感受纸雕带给我们的独特魅力，体验劳动的成就感，感受文化的精髓。

2. 注重不断改进形成技能。老师引导学生由易到难、由简单到复杂、由基本的插件技法到立体纸雕和平面纸雕的创作。学生综合运用剪、切、折、卷、撕、粘、画、描等基本技能，观察事物特点，发挥想象进行再创作。在再创作的过程中，学生们对生活的观察更为细腻，能给予作品新的形象，赋予作品丰富内涵，纸雕创作技能得到提高，高级思维得到发展，坚持不懈、不怕困难的劳动品质得以实现。

3. 注重综合运用知识解决问题。项目式学习鼓励学生在各学科学习的基础上，综合运用各类知识解决问题。如利用美术、数学、编程等学科知识和技能进行创意设计；用数学知识对数据进行整理和分析；用科学思维和知识来解决在生活中发现的各种问题，提出假设并以实验的形式加以验证，得出结论。在活动过程中，教师要引导学生积极思考、拓宽思路，尽可能地运用多学科的知识和技术来拓宽活动广度和深度。

4. 注重展示平台多元化。学校为纸雕展示搭建多元化平台，每个作品会在班级进行纸雕作品推介会，学生们会在推介会上介绍自己的作品，总结制作经验。每期一次的全校纸雕作品展示会是我校师生眼中的一场艺术盛宴，学校在操场上布置长长的展台，每个班有固定的展位，学生将作品进行展示和特色推介。每学年开展"纸雕走进社区"活动，邀请家长来参观，让家长、社区工作人员参与，学生进行相关文化介绍和作品推广。通过多元化展示平台，学生的能力得到发展，非遗纸雕为更多人所熟知，学生劳动成果得以肯定。

七、活动案例

"纸雕制作我最行——制作小花篮"劳动教育主题中,学生们在劳动制作中感受动手操作的快乐,体验作品成型后的喜悦,用双手装扮生活的成就感。具体活动步骤如下:

活动步骤一

问题驱动,研究花篮构造

学生以小组为单位,基于生活中观察到的真实花篮的样子,挑选喜欢的种类,带着如何制作纸雕花篮这样的问题,记录花篮特点,研究花篮构造。教师根据花篮的种类和学生们的设想,提出问题或合理的建议。在问题的驱动下,每个孩子积极主动地进行观察、想象,认真研究,提出合理想法,学习兴趣之火点燃求了知的欲望。

活动步骤二

学习制作技能,设计作品模型

学生根据记录下来的花篮构造,运用纸雕制作技能,构想花篮的各个部件能用哪些方式实现,设计作品模型。教师指导学习复杂环形插法,帮助学生实现作品的层次性和多样性。学生们从生活中发现美,发挥想象,熟练使用技能创造美的经历,使其逐步形成发现美、创造美的能力。

活动步骤三

团结协作，制作花篮作品

在此活动中既有合作也有分工：语言表达能力强的学生为本组的作品书写优美文案，有美术特长的成员主导设计作品外观及结构，信息技术能力强的学生负责本组活动的照片、视频采集和PPT制作。

通过小组团结协作，制作出花篮，并对花篮作品进行场景设计和包装，为下一步的展示做准备。

活动步骤四

展示推介，总结活动经验

在作品展览推介会上，展示小组合作的作品，分享制作的过程和在过程中遇到的问题、解决的方法。教师适时点拨和引导，使学生们体会到动手劳动的快乐、团结协作的力量，掌握制作花篮的技巧和遇到问题的解决方法。此活动既为学生提供了展示自我的机会和平台，又帮助他们总结活动经过，为下一次制作提供宝贵经验。

八、课程评价

我校的劳动教育课程"趣味纸雕"从课程开发者、课程实施者、学生课程学习三方面进行评价，具体方法如下：

对课程开发者的评价，主要看教学目标是否符合学校办学宗旨，课程内容是否适合学生的需要等。

对课程实施者的评价，此评价由教导处、教科室来完成。在评价时可通过学生问卷调查的方法，从教学态度、教学准备、教学方式、教学效果等方面进行评价。

学生课程学习的评价，由家长、教师、学生共同参与评价。以成长记录袋等有效的形式对学生在学习过程中知识技能、过程与方法、感情态度与价值观等方面取得的成绩做出更清晰、准确的评价。结合日常纸雕课堂要求及纸雕作品展示会上学生展示作品的情况，对学生成绩进行评定，对优秀作品进行奖励。

表 4-9 "趣味纸雕"学生评价表

班级：　　　　　　　　　　　　　姓名：

项目	标准	个人评价			教师评价		
		☆☆☆	☆☆	☆	☆☆☆	☆☆	☆
情感态度	愿意参与课程，并积极主动						
	能够制定合理的实施操作计划						
交流合作	乐于并积极承担小组内的部分工作						
	能够与组内的成员平等交流，提出自己的见解						
实践能力	能够根据设计要求，选择恰当的纸雕作品组建和拼接方式，搭建出完整的作品						
	在学习中能够及时调整与改进方案，并不放弃						
成果展示	能向他人展示作品及描述作品的功能结构，表达流畅，思路清晰						
	能够积极听取他人的建议，并能评价他人的作品						
	纸雕作品外观漂亮、结构稳定，具有创新性						
综合评价	得星24~27颗为优秀，得星19~23颗为良好，得星14~18颗为合格，得星14颗以下为待努力						

九、课程保障

为了加强劳动教育的研究与实践，把劳动教育纳入人才培养的全过程，我校立足实际，深入研究，不断完善，针对不同学段学生特点和劳动教育内容，在实施过程中制定了以下措施：

1. 课时保障。一至六年级每周至少安排一节课程，每学期不少于16课时。

2. 师资保障。我校劳动教育课程以纸雕教师团队和综合实践活动课程专职教师共同承担。

3. 注重家校合作。动员社会、家庭等力量，建立长期合作关系，为课程提供保障。在学生外出开展调查、展示等活动时，由家长及教师共同参与。

（郑州市金水区银河路小学　张　楠　王　琳）

风　筝

一、课程背景

郑州市金水区龙子湖第五小学构建了 1 至 6 年级的"萤火虫"劳动教育课程，融合学科教学、节日课程，开发与实施了以低年级家务劳动、中年级手工制作和高年级创新生活的劳动教育课程，进一步促进了我校"博学笃行、明理至善"的办学宗旨与"快乐学习，健康成长"的校训的达成。

其中"风筝"课程是一项实践性很强的劳动课程，它必须通过学生动手动脑，进行扎制、裱糊、绘画、放飞等一系列的体验操作，才能掌握知识，形成劳动技能，进而发展特长，体会劳动的乐趣、感悟劳动的价值和意义。课程实施中，要为学生创设合作交流学习的环境，指导合作交流的方法；在制作过程中，鼓励学生用创造性思维战胜困难，培养耐心、细心的劳动品质；把校内活动转变成校外开放性活动，这样更有助于学生的成长，顺应时代发展，提升学生综合劳动素养。

二、课程理念

我们认为：

1. 课程即审美的经历。学生发展的广阔舞台，是学生彰显个性、自由成长的纯洁之地，让学生在课程中灿烂绽放，徜徉在多元的课程中，做美的传播者。

2.课程即探究的经历。课程提倡学生主动参与、亲自探究、动手操作，强调学生在自主的劳动探究过程中生成感受、体验、交流、合作，使学生充分地体验劳动、理解劳动。

3.课程即生活的经历。学生经历劳动的过程，流汗，坚持，变得坚强自信，夯实尊重劳动、热爱劳动的价值观，使学生和劳动建立深厚的感情，更加积极向上，做一名"劳动最关荣"的使者。

三、课程涉及的学科

本课程涉及语文、数学、科学、美术、综合实践、道德与法治、心理健康、物理等学科。

四、课程总目标

课程目标：劳动勤思、劳动树德、劳动至美、劳动健体。

劳动勤思：培养学生的劳动观点，养成劳动习惯，学会基本的劳动知识与技能，同时能创新地运用所学知识提高劳动质量，适应现代生产和生活的需求。

劳动树德：在劳动教育实践中使学生自觉磨炼意志，陶冶情操，体验挫折与成功；增强积极进取、探索创新的意识，在劳动中形成正确的人生观、价值观和劳动观。

劳动至美：通过劳动实践，对学生进行审美教育，使其遵守劳动纪律、爱护劳动工具和珍惜劳动成果，进一步培养学生团结协作、助人为乐的精神品质，使学生心灵美、身体美、感悟美、思想美。

劳动健体：通过劳动达到强健学生身体、增强身体素质、磨炼学生意志的目的，使其在既定的劳动目标下体会流汗，锻炼身心，获得成长。

五、课程内容规划

"萤火虫"劳动教育课程关注自主、创新、实践、合作四个维度的课程目标，在各个学科的融合中，实现劳动教育课程化、劳动教育育人化、劳动教育创新化、劳动教育美学化的课程维度。

表 4-10 "萤火虫"劳动教育课程活动表

年级	活动内容	活动目标	涉及学科	课时安排	活动形式
一年级	多彩太空泥	掌握手工制作的基本知识、基本技能和方法，培养学生的科学态度和创新意识，并在动手中激发学生欣赏美、创造美的劳动能力	美术 语文 心理健康	校内 16 课时 校外 4 课时	课堂 + 社区
二年级	"纸"因有你	通过丰富的内容、有趣的故事，激发学生对一切事物的好奇心，使其有强烈求知欲望，锻炼动手动脑的能力，感受劳动的乐趣	语文 数学 科学 美术	校内 16 课时 校外 4 课时	课堂 + 社区
三年级	风筝	引导学生了解风筝的历史、文化，培养学生主动发现问题和解决问题的能力；培养学生科学的态度、创新的精神和能力；形成劳动技能，感受工匠精神，形成不怕挫折、不怕失败的劳动精神	美术 科学 综合实践活动 物理 数学	校内 16 课时 校外 4 课时	校内外结合
四年级	多彩纸藤	学生通过掌握制作多彩纸藤的技巧，体验多彩纸藤的乐趣，激发学生的探究意识，提高观察和审美能力，感受劳动创造生活、改变生活的意义	美术 科学 数学 综合实践活动	校内 16 课时 校外 4 课时	校内外结合
五年级	小小志愿者	弘扬雷锋精神，宣传志愿服务理念，倡导文明新风，引导学生积极参与关爱他人、关爱社会的活动，培养热爱自然、热爱劳动的品质	科学 综合实践 道德与法治	校内 16 课时 校外 4 课时	校内外结合 + 社区
六年级	"钩"通无限	通过毛线钩织，使学生学会基本针法，会钩织简单的饰品；培养学生观察能力和动手实践能力，从而提高热爱劳动、吃苦耐劳、珍惜劳动成果的品质，享受劳动的成就感	美术 数学 综合实践活动 道德与法治	校内 16 课时 校外 4 课时	校内外结合

六、课程实施要素

本课程的整体框架遵循由易到难、由简到繁，学生在成长过程中经历一系列的劳动教育，丰富其精神生活和物质生活，通过劳动促进学生健康成长，使劳动成为推动学生德智体美全面发展的桥梁。有以下实施要素：

1. 创造生活多样变换。课程注重学生的创新实践能力的培养。"'钩'通无限"在使学生掌握了基本的编和织的技能后，让学生自行设计图稿，根据设计制作实物；在创新形状、用途的基础上，提出新问题、新想法、新结论、新方法。将藤编作品花瓶、吊铃、置物篮……运用到生活中不同的地方，培养学生大胆探索、勇于实践的精神，让民间手工艺文化遗产得到传承和创新。

2. 发散思维求异多样。课程注重学生大胆求异、富于联想的发散思维方式。"多彩纸藤"通过有趣的图片，配合教师生动的语言和丰富的肢体动作，引导学生大胆想象，主动探索通过编织手法的变换，创造多种作品的可能性，培养学生解决问题的思路朝各种可能的方向扩散，同时学生的想象力、分析推测能力、劳动创造能力得到发展。

3. 体验生活感悟提升。课程注重学生关注生活、关注社会，丰富实践、情感的提升。"风筝"将劳动从学校、家庭带出，进入社区，并引导家长、社会关注劳动教育。学生在家庭中进行劳动技能分享、讲述有趣的制作故事等，树立正确的价值观、劳动观。

4. 融合美学美化生活。注重依托劳动实践融合美学，提升学生的审美表现能力。"多彩太空泥"课程让学生利用美术知识结合自己的审美能力，抓住作品的特点和作用，提高作品的色彩搭配，提升作品整体美观度，激发学生对美的热爱和追求，产生动手劳动的强烈欲望。

七、活动案例

"风筝"劳动教育课程重在为学生构建社会化、生活化、活动化、主体式、开放式的学习环境，提供多渠道获取知识、综合运用知识的实践机会，提高学生动手操作能力，培养不怕困难、不怕失败的劳动意志，感受劳动带来的成就感。

活动步骤一

知识探讨

此环节重在让学生通过资料查找、整理分析，了解风筝作品分类，与语文、信息技术课程相结合，了解风筝所用的材料、历史、相关古诗文，观察风筝的构造特点，了解风筝制作的基本步骤和方法。欣赏风筝的图片作品，初步分析

猜想风筝制作的基本方法、技能，在风筝制作劳动中提升安全意识，提高学生制作风筝的兴趣。

活动步骤二

动手实践

此环节，学生在初步了解风筝特性和制作后，自主设计、制作一个独特的风筝，寄托自己的愿望与理想。将美术、科学、数学、物理等学科知识融合，让学生了解风筝面色彩的搭配，造型艺术，

了解风筝的制作工艺，了解风筝骨架制作的科学性和比例，鼓励学生制作一个简单的风筝，并进行放飞。

活动步骤三

作品展示

此环节重在展示，学生可以选择创意作品，叙述所蕴含的含义、制作过程用到的技巧、活动中有趣的故事、家人对作品的评价、作品售卖等与同伴交流。

活动步骤四

活动总结

本课程涉及"风筝发展史探究""风筝文化欣赏""传统风筝的制作""传统风筝的放飞"等部分，各部分既独立又相互联系。引导学生从风筝骨架的平衡匀称美、风筝图案寓意美、风筝文化的艺术美、风筝放飞的形态美，总结与反思活动，感受劳动改造生活、创造文化的意义。

八、课程评价

"萤火虫"劳动教育课程的评价以发展性评价、激励性评价为宗旨。鼓励、肯定学生参与劳动与实践活动，嘉奖在劳动课程中表现突出、有所创新的学生，一般评价等级设置为优秀、良好、合格三种。

从劳动教育课程的习惯、技能学习及应用、实践与创造能力、学习成果质量为主，注意学生在学习活动中所表现出来的态度和情感。以"风筝"课程学生评价为例：本课程采用学生自评、学生互评、教师评价相结合的方式，师评结果根据自评、学生互评和课程表现评定，同时注重过程性与终结

性评价。

1. 评价多元。以学生自评为主，由学生评价、小组评价、教师评价、社区评价组成的多元评价体系，使评价更客观、更广泛、更有效，评价结果更具说服力。

2. 评价内容。对"风筝"劳动教育课程每个实践项目进行过程性评价，其中自评内容主要从课堂表现、整理资料、动手实践、合作交流、分享收获五个方面进行评价。风筝作品进行终结性评价，自评内容等级分为优秀、良好、合格三个等级。自评后，小组同学互评，教师评价从学生在整个活动中的表现进行总评。通过丰富的评价内容，全面反映学生的劳动综合素养和能力。

3. 评价方式多样。我校针对劳动实践内容，采取不同的评价方式，激发学生参与劳动的热情。课程"风筝骨架的扎制""风筝面的绘图""骨架和风筝面的连接"等内容偏重于实践探究操作，这类实践性活动采用过程性评价，课程"风筝放飞高度""风筝的稳定性"则偏重于实践探究，这类课程采用终结性评价。

九、课程保障

我校统筹资源，构建模式，形成重视劳动教育的氛围。

1. 师资保障。建立专兼职相结合的劳动教育师资队伍，配备专职教师2名，统一安排劳动课程；兼职老师遍布多个学科，主要负责开发多学科劳动融合课程。

2. 课时保障。开足劳动教育课程，校内校外结合，校内16节，校外至少4节实践活动，保证每周定时、定量完成劳动活动内容。

3. 社区保障。联系当地办事处、社区，并在学生家长中发现相应课程所需技术人员参与课程，满足学校多样化劳动实践的需求，并为学生劳动实践提供活动场所。

（郑州市金水区龙子湖第五小学　曹丽萍　单瑞玺）

纸的前世今生

一、课程背景

郑州市金水区一八小学从建校开始，7年来致力于综合实践课程的研发和实施，"劳动绽放美"是劳动教育特色课程与学校综合实践活动课程相融合的产物，并在研学活动践行中与劳动教育相结合，开启了"海棠红了"校内活动、"巧夺天工""地球小卫士""小脚走天下"等，进一步促进了我校"承担责任、服务众人"校训的实现。

"劳动绽放美"课程让劳动教育立足课堂，走出校园，开阔了学生的眼界，符合儿童心理特点；学生以饱满的兴趣参与活动，极大地发挥了孩子们动手操作能力，让儿童时期的他们从小树立勤于学习的习惯，学文化、学科学、学技能、学各方面知识，不断提高综合素质，练就硬本领，向书本学习，更向实践学习；牢固树立劳动最光荣、劳动最崇高、劳动最伟大、劳动最美丽的观念，只有这样才能成为德智体美劳全面发展的学生，在成长路上焕发出劳动热情、释放出创造潜能，创造出更加美好的生活。

"纸的前世今生"主题课程是我校五年级开设走进生活中纸张的探究活动。学生通过调查、访问、查阅书籍、参观造纸厂、造一张纸和变废为宝的活动，提高了探索和创新能力，并在实践活动中增强合作能力和人际交往能

力，最终形成保护环境、服务众人、创造美好人生的品质。

二、课程理念

我们认为：

1. 课程即发展。课程以儿童的视角，设计必需的、学生乐于参与的劳动体验，以项目式学习为途径，通过课堂教学、课外活动、家庭活动、参观体验、动手实践等方式促进劳动技能的掌握、自理能力的提高、劳动习惯的养成、思维能力的发展、合作意识的强化。

2. 课程即生活。生活是最好的教学资源，课程从学生生活实际、经验兴趣出发，从生活中引出问题、发现问题，引导学生展开研究活动，关注解决生活中的问题，满足生活需要。

3. 课程即传承。课程是建构在各学段劳动教育目标和学情特点上，整个体系引领教师发展和学生成长，同时更是学校育人文化的传承。让学生体验我是小主人的喜悦与快乐，通过传承活动，培养学生热爱劳动、热爱集体、创造美好生活的品质。

三、课程涉及的学科

本课程涉及语文、数学、科学、美术、信息技术、道德与法治、综合实践活动等学科。

四、课程总目标

课程目标：会动手、能设计、爱劳动。

1. 会动手。使学生获得必需的劳动工具、使用方法等基本知识；学会加工、制作、表达的基本技能，掌握劳动与技术活动中的操作技能；认识技术与科学、社会的关系；了解技术的一些基本要素和核心概念。

2. 能设计。使学生了解技术活动的一般过程；掌握基本的技术探究方法；能设计相关的操作图纸，设计科学的实验步骤，设计简单的劳动过程和自我评价；提高解决实际问题的能力；激发学生的设计创新潜能；感受劳动的乐趣。

3. 爱劳动。学生通过各种活动，体会出力流汗，养成良好的劳动行为习惯，初步建立劳动价值观；形成乐于交流、善于合作的团体意识和不断进取的创新精神；激发振兴中华、服务人类的使命感和责任感。

五、课程内容规划

"劳动绽放美"劳动教育课程内容重在为学生构建社会化、生活化、活动化、主体式、开放式的学习环境，提供学生获取知识、综合应用知识的实践活动机会，培养学生爱劳动、勇于创造、服务人类的品质，形成正确的劳动观、价值观、人生观。

表 4-11 "劳动绽放美"劳动教育课程活动表

年级	活动内容	活动目标	涉及学科	课时安排	活动形式
一年级	我是一八小主人	通过活动进一步树立学生的小主人意识，从爱护环境、遵规守纪、节约每一度电、节约一滴水这样的小事做起，增强学生的主人翁意识	综合实践活动	校内 12 课时	课堂＋校园＋家庭
			道德与法治	校外 6 课时	
二年级	地球小卫士	引导孩子们通过观察体验、实地参与及互动，体验不一样的环境教育，身体力行落实环保行动。以此激发孩子们作为未来地球小主人的使命意识、责任意识和劳动意识，为保护环境贡献出自己的智慧和力量	语文	校内 12 课时	课堂＋家庭＋污水处理厂
			科学		
			美术		
			综合实践活动	校外 6 课时	
			道德与法治		
三年级	体验农耕	通过动手、动脑，走进自然，贴近生活，亲近土地，乐享农耕，让学生在自然环境中参与农业耕作，分享农耕体验带来的乐趣，感受劳作创造美好生活的价值	语文	校内 12 课时	课堂＋校外基地＋校园餐厅
			科学	校外 6 课时	
			综合实践活动		

续表

年级	活动内容	活动目标	涉及学科	课时安排	活动形式
四年级	杏儿熟了	通过让学生参加观察、爱护、采摘杏子等系列活动，让他们在体验中感受花草树木的勃勃生机，体验劳动的快乐，自力更生的劳动成就感	数学 科学 综合实践活动	校内 12 课时 校外 6 课时	课堂＋校园＋校园餐厅
五年级	纸的前世今生	通过围绕"纸是怎么来的"这一主题研究，激发学生探究欲望，养成节约用纸的习惯，同时在研究实践中培养学生良好的学习态度、动手操作能力，体验劳动的乐趣，体验工匠精神，激发学生环境保护意识和社会责任感	科学 美术 综合实践活动	校内 12 课时 校外 6 课时	课堂＋造纸厂＋社区
六年级	舌尖上的一八	通过厨艺比拼的亲子活动，让孩子和家长一起领略自己动手的乐趣，同时提高学生的生活技能，培养学生关注父母、关注生活、热爱生活、自力更生创造生活的品质。	综合实践活动	校内 12 课时 家庭 6 课时	课堂＋家庭＋社区

六、课程实施要素

本课程取名"劳动绽放美"，就是用最通俗直白的语言告诉学生劳动者是最美的，劳动能够创造美、绽放美，寻求"劳动是最美"的真谛。具体实施要素如下：

1.新颖的活动形式。劳动教育课程以外出探寻及动手实践为主要形式，符合儿童心理特点。"杏儿熟了"课程中的"采摘乐"活动项目在每年 9 月份进行，那时校内的杏子已经成熟，是学生动手采摘的时节。从准备估算果子数量、观察采摘的最佳方位，到亲自制作采摘工具"小爪子"、搬放梯子、爬梯采摘装篮，学生在劳作中乐此不疲，感受劳动的快乐和幸福感。"农耕忙"活动组织学生到偏远农村或实践基地，共同体验农耕之趣。亲自使用镰刀割麦，小组比赛，并和机械化用具比速度和效率；挑选黄豆分组手推石磨磨豆子，体验做豆腐过程；使用已有两千多年历史的农具"耙楼"，观察由耧架、耧斗、耧腿、耧铲构成的农具样式等丰富的经历，让学生感受到劳动的科学性。

新颖的活动形式极大地调动了学生参与的积极性，提高了活动期待值。通过品尝劳动成果，体会劳动者的辛苦和不易，培养并提升劳动最甜蜜、劳动绽放美的教育意识。

2. 丰富的跨学科内容。"劳动创造美"劳动教育课程涉及小学阶段的各个学科，真正体现了多元化的课程融合。以"海棠红了"项目活动为例：活动开展前一个月，美术老师会组织学生观察小果成长的颜色形态，画一画；语文老师则从有关海棠的诗文进入，图文结合；科学教师会和孩子们共同探讨海棠果的营养成分等；体育老师带领学生蹬梯采摘果子；数学老师则带领学生实地学习估算，并平均分配全校师生共同分享劳动果实。活动中学生将所有涉及学科内容及过程进行整合，完成图文并茂中英文对照的手抄报。这一系列活动，使学生的学习融会贯通，思维得以重构，体验更为丰富。

3. 严谨科学的活动态度。为保证活动有效顺利地开展，实实在在地为学生的各项发展打下基础，在活动的前、中、后期，学校及老师会制定切实可行的计划。如"纸的前世今生"课程，其中一个活动项目是参观武陟造纸厂，从制定方案、召开教师安全会议，到联系家长成立家长志愿者等详细策划，才有了学生走进造纸的学习经历和震撼。随后师生结合造纸厂的所见所闻，科学安排如何在学校造一张纸的活动，指导学生们从制作纸浆到晒纸，做到纸浆不浪费，深感一张纸来之不易。每个环节学生都像小小设计师一样，真正做到了科学研究与实践，体验了劳动也是一项科学技术或技能。

4. 科学的评价体系。课程评价遵循儿童心理发展规律，以活动为载体在实践中引发学生兴趣点，在过程中激发学生内驱力，使之逐步成为一名内心有力量、具备社会责任感的人。在活动过程中教师大量采用正向鼓励式评价，如：描述式鼓励、感谢式鼓励、赋能式鼓励、启发式鼓励、针对性奖励等。"舌尖上的一八"活动中有学生提出绘制普罗社区美食图，便于对美食进行筛选品尝，得到同学们一致赞同，经过班级讨论设立"金点子才子奖"；

在厨王争霸活动项目中，有部分学生在亲子参与制作美食，突出色香味后用幽默童真的语言绘制、书写制作感受和品尝效果，根据作品效果设置"小精灵活动奖"；不同奖项的设置丰富了活动过程，也让整个活动在发挥学生主观能动性的基础上变得有意思，让劳动变得有趣，变得有价值。

七、活动案例

"我来造一张纸"是"纸的前世今生"主题中的一个项目。该项目主要让学生体验从调制纸浆平铺滤水并压制成纸的简单造纸过程，进一步理解纸是由各种纤维经过加工而成的，同时通过阅读资料和观看视频，了解古代造纸技术的发展过程，以及现代造纸工业的发展状况。具体实施步骤如下：

活动步骤一

说纸（了解纸的发明史）

此环节学生阅读蔡伦造纸的相关资料并观看课件——《古代造纸的过程》，通过图片和资料了解我们的祖先曾经创造过许许多多的历史奇迹，造纸术是人类文明发展中的耀眼明珠；然后教师通过提问"如果我们的世界没有纸，将会怎样？"引导学生对纸的发明进行进一步的思考，意识到技术的发明为人类与社会的发展带来了美好的生活。

活动步骤二

猜纸（制订造纸计划）

此环节，学生首先回忆古人的造纸过程：制浆—抄纸—压干—揭纸，然后在教师引导下，以小组为单位制定造纸的分工计划，其中重点讨论"如何激发小组成员特长的同时，每个人都有序参与到造纸过程中"，让分工计划有序有效，为下一步活动顺利开展提供保障。

活动步骤三

造纸（亲历造纸过程）

此环节学生小组合作造纸，教师亲历各个小组进行巡视指导。对于造纸速度比较快的小组，提出"如果想要将纸加工成彩色的，有什么方法"等问题，不断鼓励学生创想，并将自己的所思所想进行实验验证。这样的造纸不仅仅是简单的动手活动，更有创造性的思考和验证，体验造纸技术的科学性，体悟中华文化的博大精深。

活动步骤四

观纸（观看造纸工艺成果发布会）

此环节学生展示自己的劳动成果，谈感受，分享交流成就感。教师组织小组点评，引导学生正确的评价方法，实现学生间互促互进，形成正确的评价观，促进活动反思，形成活动经验。

八、课程评价

"劳动绽放美"劳动教育课程强调"立足过程、促进发展"的课程评价理念，在综合评价基础上，关注学生的进步和多方面的发展潜能，强调"过程"和"结果"并重，尤其要重视情感态度和劳动价值观。

从劳动教育课程的准备阶段、活动阶段和展示阶段三个过程进行评价，每个阶段的评价都将自评、小组评、家长评、教师评相结合，设置优秀、良好、合格三个等级。

以《纸的前世今生》评价为例：

1.对活动成果（作品）的评价。在活动过程中进行，用现场实例促进动手操作和作品的成功。作品完成后，以班级为单位借助作品评价表评选优秀作品，每班级评选 10 个优秀作品。在这个过程中教师要善于运用"赏识教育"，更多地看到学生的优点并进行鼓励，使学生感受到活动的乐趣和成功的喜悦。

2.过程性评价。合理利用评价表，提倡采用"个体内差异"的评价法，不给被评价者造成心理压力，有利于学生树立自信心、自尊心和自豪感。根据评价表中的星星累计数量评选出优秀活动个人。每班级评选10 人。

3.期末活动结束后，召开以年级为单位的成果展示交流汇报，由各班级小组代表进行活动总结与汇报，然后学生进行投票评选出年级优秀活动小组，每班评选 3 个小组。

4.对活动过程中积极组织活动、做后勤保障的家长志愿者进行表彰，由学校学生处颁发优秀家长志愿者证书。

表 4-12 "参观造纸厂"学生评价表

班级_____　　　　姓名_____

评价项目	评价内容	评价等级		
		优秀	良好	继续努力
活动准备	1.积极认真参与活动			
	2.活动方案细致周全、切实可行			
活动过程	1.服从小组分工，并能根据自己的特长提出承担的活动任务			
	2.活动中运用访谈、调查、动手操作等方法进行有效参观学习并记录			

续表

评价项目	评价内容	评价等级		
		优秀	良好	继续努力
活动总结	1.汇报展示：能用文字、视频、图片、PPT制作完整呈现成果（作品），有创新。能对成果（作品）运用科学合理的语言进行讲解			
	2.活动档案袋：从采访记录、调查实录、照片、手抄报、小组评价等方面完善个人档案袋			
综合评价				

评价说明：优秀等级：共计 5~6 个优秀；

良好等级：共计 4 个及以上良好；

继续努力等级：共计 3 个及以上继续努力。

九、课程保障

劳动教育课程的开设需要从构建、实施到评价进行管理，才能顺利开展。我校建立了强有力的保障机制，使课程开发顺利且高效。

1.师资保障。此项活动由学校语文、数学、英语、美术、科学等学科老师来承担，德育处全程协助引导。每周利用教研时间，组织开展专项培训；每周五班队会课与学生展开劳动教育的交流和学习，让学生以组织者身份自行组队商讨主题，细化方案。

2.场地保障。根据不同的活动内容，学校提供多元化的活动场地支持，如校园餐厅、校园科技馆等，在学校活动基础上结合校外劳动教育基地和普罗社区活动场所，保证学生有充分的场地进行实践活动。

3.资金保障。学校家长均能达成共识让孩子走出校园，走出课本，在活动中提升自我，拓展视野。他们积极提供周边社区资源，出谋划策，和学生形成合作者关系，共同参与劳动教育。每一年学校家委会会固定根据行走路线供给充足的费用，支持学生外出，保障学生边行走、边研学、边实践，体悟劳动的幸福感。

4.评价保障。从发起活动、组队、示范、体验、展示、演讲等环节进行

评价。充分调动学生的自主能力，根据小组活动过程中的表现，设立"金点子奖""高能量团队""最具慧眼奖""巧夺天工奖""成果显赫奖""小小演说家"等奖项；邀请家长参与成果汇报，并颁发证书和奖品，使劳动之火燃烧并燎原。

（郑州市金水区一八小学　许　晶　杨　洁）

博物之旅

一、课程背景

"劳动我心"课程让劳动教育立足课堂，走出校园，服务社会。在充分发挥课程优势的情况下，为孩子积极参与并实践劳动技能提供更广阔的空间与平台，使学生有更多的机会参与到劳动实践中来，让其感受劳动的快乐与光荣，从而树立正确的劳动观念，掌握生活劳动的基本技能。通过劳动教育课程，培养学生劳动兴趣，涵养吃苦耐劳精神，理解劳动、尊重劳动，树立正确的人生观和价值观，落实立德树人根本任务。"博悟之旅"是其中的一个主题劳动。

"博悟之旅"以项目式学习为主，拓宽劳动学习的场景，为学生提供一个走进社会劳动实践的机会，设计贴近劳动生活实际的驱动问题，在解决驱动问题的过程中学习运用劳动技能解决问题。其现场观摩、文创设计、花纹临摹等活动将精益求精的工匠精神融入项目中，在习得劳动技能的同时积极融入劳动精神、劳动品质的培养，是学校开展劳动教育的突破口和着力点。

二、课程理念

教育是影响儿童精神成长、温暖儿童心灵的事业。教育就是要用全部的心灵让儿童温暖地成长，学校课程是实现教育梦想的最基本途径。这意味着：

1. 课程即生长的方向。"'劳'动我心"劳动教育课程旨在创设国家课程、校本课程、社团课程、活动课程多个维度，努力构建劳动教育立体化的课程体系。让劳动教育遵循儿童的成长规律，为发展儿童的必备核心素养奠定基础。以儿童的视角，设计必需的、喜欢的劳动体验，以项目式学习为途径，让劳动教育链接学习与生活，实现劳动技能服务生活、服务学习的深刻共鸣。

2. 课程即生命的旅程。孩子作为独立的生命个体，其成长需要家庭、教师和社会的共同教育。"'劳'动我心"劳动教育课程精准掌握低、中、高段劳动教育现状及学生发展需要，通过丰润、适切的劳动课程，让学生体验付出的辛劳、收获的喜悦、分享的幸福。

3. 课程即相伴的成长。"'劳'动我心"劳动教育课程体系是教师发展和学生成长的沃土。学校通过各学段劳动教育目标开设劳动课程，既引领教师的发展，又关注学生的成长。通过知识探讨、动手实践、展示交流、多维评价，促进师生关系融洽，让"教师的教"和"学生的学"更加和谐。

三、课程涉及的学科

本课程涉及语文、数学、科学、美术、道德与法治、综合实践等学科。

四、课程总目标

课程目标：以劳树德、以劳增智、以劳强体、以劳育美。

1. 以劳树德：赋予新时代劳动教育新的内涵，让学生懂得体力、脑力都是劳动，树立劳动精神，崇尚劳动、尊重劳动、热爱劳动。

2. 以劳增智：在脑力劳动实践中增长智慧，让学生在实践中综合运用各学科知识，促进劳动技能的习得；用所掌握的劳动本领促进各学科的融合学习，达到学以致用、知行合一，增长智慧的课程目标。

3. 以劳强体：通过博物之旅、绿色种植实践活动，培养吃苦耐劳的精神品质，在劳动中强身健体，感悟种植过程中辛勤劳作的快乐和不易，勤于付出，懂得珍惜，感恩他人。

4. 以劳育美：通过手工制作、走进博物馆、绿色种植活动，挖掘劳动中的美育教育资源，在实践中发现文物之美、手工创作、亲历种植的美好和喜悦，引导学生用"美"的眼光去生活和创造。

五、课程内容规划

"'劳'动我心"关注自主、协作、分享、合作四个维度的课程目标，在综合运用学科知识中，实现劳动教育课程化、劳动作业生活化、劳动竞赛项目化的课程维度。

表 4-13 "'劳'动我心"劳动教育课程活动表

年级	活动内容	活动目标	涉及学科	课时安排	活动形式
一年级	博悟之旅	通过聆听讲解、采访等了解文物故事，通过手工创作、网上搜集认识"妇好鸮尊"和"鹅颈瓶"，感受文物世界的神奇、中华祖先的文明智慧和工匠精神	语文 数学 科学 美术 综合实践活动	校内 1 课时 校外 1 课时	课堂＋博物馆
二年级	博悟之旅	通过阅读活动页、聆听讲解、查阅资料，了解蔡伦发明纸的故事；实践操作"造纸术""木版年画"，感受古人智慧，感受劳动创造生活、劳动创造财富的价值	语文 数学 科学 美术 道德与法治	校内 1 课时 校外 1 课时	课堂＋博物馆

年级	活动内容	活动目标	涉及学科	课时安排	活动形式
三年级	奇幻三角插	培养学生的动手能力、想象力、观察力和创造力，促进手脑协调发展，锻炼不怕失败的劳动意志，体会劳动创造的乐趣和成就感	美术 科学 综合实践活动	校内 1 课时 校外 1 课时	校内外结合 + 基地结合
四年级	玩转瓶子	培养学生主动参与、积极用脑和动手的习惯；提高学生专心、积极做事的态度；启发培养学生对美的独特表现力和创造能力；通过手工制作创意瓶子，提升环保理念和变废为宝的意识。感受劳动点缀生活美、获得劳动创造美的快乐	美术 科学 语文 数学 综合实践活动	校内 1 课时 校外 1 课时	校内外结合 + 基地结合
五年级	走进蔬菜世界	学习掌握播种技能，通过种植，观察种子的萌发、生长、结种过程，学习观察与记录的方法，培养观察能力、合作意识。实践劳动中，培养出力出汗、接受锻炼的良好劳动品质	数学 科学 综合实践活动	校内 1 课时 校外 1 课时	校内外结合 + 基地结合
六年级	百变织布	利用各种美术资源，学习中原文化，从认识织布、识别针法入手，到设计构思、物品造型；从制作简单的小物件开始，逐步增加造型难度，让学生体验和享受设计制作的乐趣	美术 语文 综合实践活动	校内 1 课时 校外 1 课时	校内外结合 + 基地结合

六、课程实施要素

本课程取名为"'劳'动我心"，旨在强调劳动教育对促进学生德育和人文素养的强大作用。课程的整体框架及实施；遵循由内到外、由浅入深、由简单至复杂的层进式实践，以寻求"劳动教育"的解决方案。

1. 以项目激发兴趣。劳动教育需要机会和平台。结合教师开发的手工劳动课程，巧妙开展项目式学习。在学习中，让学生通过体力与脑力劳动相结合、实践与创新相结合、课堂与生活相结合，唤起对手工的兴趣。项目式学习，让学生运用劳动技能知识学以致用，主动加入班级、家庭及其他生活学习环境的美化当中。

在"以我巧手扮靓校园"项目学习中，师生开展"百变织布"创意活动。先让学生用灵巧的双手进行设计，制作出各种各样精美的小工艺品；再小组评选优秀作品，最后用制作好的作品对功能室、教室和廊道进行装扮，通过合理利用空间、创意设计造型、巧妙色彩搭配等完成项目实施，体验由个人成长到团队合作的劳动过程。

2. 以实践丰富体验。劳动技能需要培养和巩固。对于学生来说，同样的劳动项目，不同的劳动方法与技巧，会产生不同的劳动效果。在真实的劳动情境中，以课程化的思路深化对学生的动手、动脑能力，培养与之生活密切相关的劳动技能。

五年级的"走进蔬菜世界"让学生参与真正的劳动实践，从"劳动准备—课程实施—评价展示"各个环节，全程参与播种、剔苗、移栽、施肥等劳动过程。劳动实践开始，学生要设计《种植幸福递增表》和《快乐菜农实践表》，记录植物的生长过程。小组成员从记录内容中探讨蔬菜生长的变化、规律、种植小窍门及自己的不同心情。从种菜做起，让学生爱劳动、勤锻炼、长才干、提本领。

3. 以竞赛展示技能。劳动教育成果需要展示和交流。在劳动过程中，引导学生关注劳动过程，以项目化的劳动竞赛营造劳动氛围，展示劳动成果。定期开展的阶段性劳动竞赛和劳动小达人的评比活动，激发了学生参与劳动的积极性，提升了学生劳动实践的幸福感。

课程中，学生充分发挥小主人作用，通过调查、访问、讨论等形式，自发设计各个奖项标准，制定竞赛流程及规则，统筹安排竞赛进度。"最美小菜农""采买小达人""我是拼装小能手""创意小裁缝""文物研究小明星""小小文创设计师"等劳动竞赛深受学生喜爱，让每一位学生都享受劳动带来的物质收获和精神享受，让学生爱上劳动。

4. 以评价促进发展。劳动教育成果需要鼓励和肯定。我们根据不同年段、不同个体，设计多主体、多形式、动态静态相结合的评价体系。评价内容涵盖劳动次数、劳动态度、实际操作、劳动成果等方面，设置"闯关表""幸福递增表"等过程性小组评价方式，记录劳动过程和收获感悟，并作为期末劳动评价的重要内容。

三年级"奇幻三角插"在评价主体上侧重小组评价，在图样观察、造型设计、三角插拼接过程中，通过动手操作，学生在小组合作中积极开动脑筋，尝试解决问题，并在小组合作中互相启发，互相补充，培养虚心求教的好习惯。在评价形式上采取"闯关评价"，调动学生积极性。学生小组手持闯关图，陆续开始闯关——5个关口、5项测试，看似简单，其实是对三年级学生的读图、折叠、拼插、造型、想象力、动手力及统筹能力的全面检测。

七、活动案例

妇好鸮尊

"妇好鸮尊"是博悟之旅中第一个主题项目。该项目旨在让学生初步认识了解"妇好鸮尊"的艺术价值、历史价值，器物主人妇好的生平故事；初步感知实证研究的历史学科思维，感受自主探究的学习方式。学生通过近距离观察、认真聆听讲解、动手文创设计等活动完成项目学习。一年级学生喜欢画画，有浓厚的绘画兴趣；喜欢动手制作橡皮泥、折纸等手工活动；加上他们天马行空的想象力和创造力，设计"妇好鸮尊"新形象符合孩子们年龄特点和认知储备，同时也满足了学生的求知欲、好奇心和创造欲。

活动步骤一

知识探讨

此环节先安排学生观看视频《国家宝藏——妇好鸮尊》，走进历史故事。

然后通过近距离实物观察、倾听讲解、参与馆内活动等方式了解"妇好鸮尊"的故事背景；接着，教师重点引导学生观察尊体的纹样（云雷纹、饕餮纹、连珠纹、蛇纹、蝉纹、羽翎纹），通过"连一连""说一说"等小游戏充分感知各种纹饰的样子特点，进一步将纹饰的样子与名字创建形象联系，为创作纹饰做好知识准备。

活动步骤二

动手实践

此环节，以"我爱我家"为小主题进行家庭装饰、教室美化。指导学生根据家庭和教室装饰需求进行"画纹饰""捏纹饰"的文创设计。活动中，教师鼓励学生大胆想象，将自己的所感所想用自己喜欢的方式表现出来，根据需要给予适当的指导。学生通过观察模仿、教师指导、小组合作获得创意灵感，碰撞思维火花，感受动手"画一画""捏一捏""摆一摆"的乐趣，完成形态各异、花样繁多的文创作品设计。

活动步骤三

作品展示

此环节，教师组织学生先在组内进行作品介绍，并注意指导学生如何进行小组活动。一是要按小组成员座位顺序逐一介绍；二是引导学生注意不打断别人发言，认真倾听；三是要在第一轮

介绍完毕后举手小组内点评，并选出最有创意和代表性的作品。低年级的小组活动需要教师不断指导、训练，逐渐养成良好的小组讨论习惯，形成良好的合作学习模式。接着，教师安排各组代表进行班级展示，引导学生学会倾听、欣赏和评价。

八、课程评价

"'劳'动我心"劳动教育课程从多角度、多维度、多广度进行评价，将学校评价、家庭评价、社会评价相结合；过程性评价与终结性评价相结合，反思评价与鼓励评价相结合，巧妙制定劳动课程评价要求。

我校从劳动教育课程的准备阶段、活动阶段和展示阶段三个阶段进行课堂教学评价，设置优秀、良好、达标、待达标四个等级。

以博物之旅学生评价为例：

1. 完成课程活动页、评价表填写。从知识掌握、情感态度、合作探究等方面对每节课、每个单元进行自评、互评和师评。让学生在评价交流的过程中，感受到成长的进步和学习的快乐。学期结束根据评价册五星累计数量评选出优秀研究小明星奖若干。

2. 每学期期末召开"博悟之旅"劳动教育课程学生成果展示交流会，由学生投票评选出最喜爱的学生作品。每班评选 5 人。

3. 对优秀家长志愿者进行评选，颁发优秀家长证书。

4. 邀请家长代表对课程进行满意度评价，评选最受欢迎的学习内容 5 个。

表 4-14 "妇好鸮尊"活动评价表

班级：　　　　　　姓名：

评价内容	故事印象	纹饰类别	创作纹饰	博悟之星
自评	☆	☆	☆	☆☆☆
同伴评	☆	☆	☆	☆☆☆
师评	☆	☆	☆	☆☆☆

（表格备注：完成一项涂色一颗星星，完成几项涂几颗星星，三项都完成就能涂满三颗星啦！）

九、课程保障

劳动教育课程与其他课程相比具有独特的特点和实施过程的复杂性，学校对课程的研究和管理，从组织、条件和制度等方面着手，从开发、实施到评价加强劳动教育的全过程管理，确保教育功能落地有效。

师资保障：开齐开足劳动教育课程；线上线下结合，定期对专兼职劳动课教师进行培训；每学期开展调研，完善劳动教育课程实施方案；保证每周实践活动定时定点、保质保量。

场地保障：学校提供场地支持，物资配备；联系学校周边社区资源，开发校外劳动教育基地；充分发挥学校、家庭、社会"三主式"劳动教育模式，保证学生有充足的时间和空间开展劳动教育活动。

评价保障：充分完善评价体系，实现多主体、多维度、多广度评价；定期开展"劳动小能手""劳动之星""最美小菜农""创意小裁缝"等竞赛展示活动，颁发奖品，激励师生、家长、社区全面参与。

（金水区南阳路第二小学　孔　珂　任春乐　陈　楠）

第五单元

社会服务

劳动创造世界。

——马克思

芬芳职业

一、课程背景

学校有近一半的学生都是随迁子女，父母忙于生计，这些孩子在家能够洗衣做饭、打扫卫生，自理能力特别强。基于我校"向着芬芳绽放"的课程理念，我们开展了"芬芳职业"劳动教育课程。

基于以上校情、生情以及学校周边资源，我们将综合实践中的职业体验与劳动教育相结合，构建了"芬芳职业"劳动教育课程。通过"我是小交警""我是小园丁""我是小厨师""我是小律师"四个单元课程内容的开发与实施，注重在"体验"中学有所感，在"行动"中学有所成，促进学生形成初步的劳动观、职业观和成长观，培养学生规划的自我意识、创新实践能力、劳动创造生活能力，感受劳动的乐趣与魅力，在职业体验中感悟工匠精神，感悟职业的辛勤、乐趣，享受劳动的幸福感。

二、课程理念

我们认为：

1. 课程即未来图景。"教育者，非为已往，非为现在，而专为将来。"劳动课程不仅可以为孩子提供适应未来社会发展的丰富资源，还可以为其创造美好未来的准备提供帮助。

2.课程即内在生长。劳动课程，满足不同孩子的兴趣和潜能拓展，实现孩子独特的精彩绽放。孩子丰富的课程体验过程，即孩子个体的不断生长过程。

3.课程即生命情愫。依据不同孩子的实际发展，为每位孩子种下他自己独特的"生命图景"，让他们在课程中寻找适合自己的方向，让追求生命绽放的种子生根发芽、静展芬芳。

三、课程涉及的学科

本课程涉及美术、体育、语文、数学、科学、综合实践活动、道德与法治、交通、烹饪、建筑设计等学科和领域。

四、课程总目标

1.认识劳动世界，理解劳动的意义，了解职业的背景知识与职责，形成对劳动的初步认识，对职业精神的敬畏。

2.通过职业体验掌握职业必备的基础技能，通过亲身实践提高学生的劳动技能，创造美好生活的能力和改造生活的能力。

3.通过加强职业体验，提升学生的职业兴趣，形成初步的劳动观、职业观和成长观，培养学生对劳动的热爱之情，形成积极的生活态度和人生价值观。

五、课程内容规划

我校根据各学段学生身心发展的不同，家庭教育的不同，结合我校地理位置等情况，初步形成"芬芳职业"劳动教育课程方案。

表 5-1 "芬芳职业"劳动教育课程活动表

年级	活动内容	活动目标	涉及学科知识	课时安排	活动形式
一年级	家务小能手	通过完成简单的家务劳动积累生活知识，培养劳动意识和能力，逐渐意识到自己也是家庭的主人，要对家庭的事情负责，磨练意志	综合实践活动	校内 6 课时	动手实践
			劳动		职业体验
			数学	校外 8 课时	校内外相结合
二年级	我的房间我做主	自己收拾、整理、装扮自己的房间，从和自己相关的事情做起，为小家尽一份心力，体验劳动乐趣的同时建立责任感	美术	校内 8 课时	动手实践
			数学		职业体验
			建筑设计等	校外 6 课时	校内外相结合
三年级	我是小园丁	打理学校的小花园，探究植物的特点、变化规律，获得有关季节与植物、环境的感性经验，初步形成保护植物的意识	科学	校内 8 课时	职业体验
			劳动技能		动手实践
			生物	校外 6 课时	校内外相结合
四年级	我是小厨师	动手做几道拿手菜，培养动手操作能力，感受父母的辛苦，更加珍惜粮食和孝敬父母，养成自力更生、创造美好生活的劳动能力	烹饪管理	校内 8 课时	职业体验
			营养学		
			劳动技能		动手实践
			综合实践活动	校外 6 课时	校内外相结合
五年级	我是小交警	认识常用的交通信号灯、标志、标线，了解交警的工作职责，自觉遵守交通规则，提高自我保护能力，珍惜自己和他人的生命，感悟劳动的价值意义，体验成就感	综合实践活动	校内 8 课时	职业体验
			劳动技能		
			交通法规		动手实践
			体育	校外 6 课时	校内外相结合
六年级	我是小律师	感受律师的职业魅力，感受法律的庄严，律师的神圣，增强法律意识与责任意识，提升学习能力和交往能力；尊重他人，感受职业的付出给他人带来的幸福感	法律	校内 8 课时	职业体验
			心理学		
			综合实践活动	校外 6 课时	校内外相结合

六、课程实施要素

职业体验、开放性学习、社区服务是芬芳职业课程的实施要素。本课程将劳动教育与各学科课程内容整合、与生活实际相结合，相互联系、渗透、延伸，深化学科内容，深化生活体验。学生身体力行参与到课程体验中，获得属于自己甜美独特的劳动硕果。

1. 职业体验，促素养提升。学生身体力行参与到"芬芳职业"课程中，感受职业的特点、文化、快乐、艰辛和不易，从而获得属于自己独特的体验。如：每日可口的饭菜离不开家人的精心烹饪，对于放学就可以吃到美食的孩子们来说，这个过程轻而易举。可是在"我是小厨师"的劳动体验中，经历搭配、选材、摘菜、清洗、切菜再到烹饪这一系列过程，学生真切地感受到了厨师的匠人精神：厨师对食材的尊重和考究，对食材的物尽其用，对食材的珍惜和钻研，发挥匠心为食客们呈现出食材之美。同时，结合所学过的古诗《悯农》，学生对粮食和美食有了更深的体会。

2. 开放性学习，感受劳动美。"芬芳职业"课程是开放的。课程内容是开放的，学习场地是开放的，学习方式是开放的，留给学生充分选择和发挥的空间。学生经历完整的开放性的职业体验，从中感受到职业劳动中蕴藏的美学和生命的舒展。如：在"我是小交警"课程中，通过学生自学、专家培训、基地观摩、实地行动"四部曲"开展互动。教师采取多游戏的形式和学生一起学习了交通法规；邀请交警一大队的杨警官给学生们培训交警行为礼仪和基本交通指挥手势；带领学生走进交警一大队进行观摩学习；最后，学生分组在教师的带领下同协警叔叔、交警叔叔一起定期在学校附近主干路路口指挥交通。通过这一系列的开放性体验活动，学生感受到了交警高强度、高服务、高风险这一职业的特点，对交警叔叔产生了由衷的敬佩。同时，学生在开放的活动中更深刻地感受到了交警这一职业的魅力、美好和使命。

3. 社区服务，传递美好。劳动创造美好生活，人世间的一切美好离不开创造，学生在"芬芳职业"劳动教育课程中更加深刻地体会到劳动的美好。如：一、二年级的学生通过整理房间、做力所能及的家务劳动，感受到了劳动的艰辛和喜悦；三、四年级学生通过劳动课程掌握了养殖技巧和做饭技能，给社区老年活动中心带来了欢声笑语，学会了关爱老人；五、六年级学生化身安全使者，向社区居民宣传道路安全知识、法律法规知识，感受到了职业体验的魅力。社区服务活动，不但提升了学生的公民意识和责任感，同时对学生也是一种锻炼，一种激励，更是对美好生活的传递。

七、活动案例

以"小交警课程"劳动教育主题为例，经历了"小交警学礼仪""小交警明法规""小交警观基地""小交警在行动"四个活动步骤。学生在实践过程中学习交通基本知识和技能，了解交通安全的重要性。通过实地活动，学生学习交警遵守纪律、艰苦奋斗的优良品质，提高交通文明和社会公德意识，培养学生尊重劳动者的付出，增强社会责任感和使命感。

活动步骤一

小交警学礼仪

学生学习交警的礼仪知识，观看视频了解警服的设计理念，并且在教师的指导下完成交警服装穿戴、基本姿势的训练。通过实操实练，学生初步感受到交警职业的神圣与威严。

活动步骤二

小交警明法规

学生观看交通法规，学习交通知识，在教师指导下完成交通法规的宣传、标语制作以及交警操的学习任务。通过实践活动，学生不仅认识了重要的交通标志，也明晰了交通安全的重要性。

活动步骤三

小交警观基地

学生实地参观交警一大队，了解各科室的功能与任务，之后跟随民警叔叔值岗与出警，并且在教师指导下学会礼貌协调突发事件。通过观摩学习，学生可以感受到智慧交通的魅力，认识到交通法规的重要性，学会与他人礼貌沟通、耐心解疑。

活动步骤四

小交警在行动

　　学生在二环支路和沙口路交叉口有序进行交通指挥工作，并且在教师的指导下积极参与"文明出行，我在行动"交通主题活动，协助交警叔叔工作。通过亲身体验，学生掌握了交警工作的基本技能，体验了交警职业的重要性，并化身安全大使进行交通安全宣传。

八、课程评价

　　"芬芳职业"劳动教育课程的评价强调"过程"和"结果"并重，每节劳动课程结束后，依次进行学生自评、组内互评和教师评价。学生首先对本节课的表现进行自评，接着以小组成员集体讨论的方式对组内成员的情况进行互评，最后指导教师根据学生在劳动课程中的参与程度、合作交流、实践能力等进行综合评价。每周交替给学生和家长发放劳动课程调查问卷，提高家长参与度，家校携手，共同见证孩子劳动技能的成长。学校每月举行一次劳动技能小展示，学生通过照片、手抄报、现场演示、实物观赏等形式向师生展示自己的收获，进一步交流各自的成果，相互之间启迪提升。同时，为了更好地记录学生活动的感受、经历和感悟，我们设计了职业体验记录单，给孩子自主成长的空间。"芬芳职业"记录单如下：

表 5-2 "芬芳职业"活动记录单

学校：　　　　　　班级：　　　　　　姓名：

	职业活动	
	活动目标	
	参与人员	
第一次	实践步骤	
	活动感受	
	需要改进的地方	
第二次	是否解决了存在的问题	
	是怎么解决的	
	还有哪些没有解决，预案是什么	
	活动感受	
第三次	可以根据实际情况进行第三次、第四次劳动实践活动，直到自己觉得已经达到了活动目标，掌握了能力	
	活动成果（可附照片）	

九、课程保障

根据学校实际情况，我们从以下几方面加强课程建设。

1. 课时保障。学校每周五下午为劳动课，将校内理论知识与校外实践体验相结合，间周交替进行。每年 5 月份的第一周为芬芳劳动周，每班可与家庭、社区、办事处、交警大队等部门合作开展丰富多样的劳动活动。

2.师资建设保障。学校组建一支由科学、语文、美术、体育、数学学科教师组成的教育团队，每月定期教研，定期邀请校外专家进行培训，提升教师专业素养。

3.课程资源保障。学校不断拓展课程资源，与交警一大队、南阳路办事处、福园社区、南阳路派出所、索易儿童成长中心等部门合作，拓展劳动课程的外延。

（郑州市金水区沙口路小学　宋小娟　鲍　晗）

创新奇

一、课程背景

"创新奇"劳动教育课程弘扬"勤俭、奋斗、创新、奉献"的劳动精神，将劳动教育与培养学生创新能力相结合，与生涯教育相结合，与学科教育相结合，开展系列劳动教育活动，使学生从日常生活的方方面面，通过自己和小组的创新思考与创意设计，改进优化，美创生活，收获幸福与价值。

我们认为，创新是引领发展的第一动力，是全面建设社会主义现代化的战略支撑。中学时代培养学生的创新意识和创新能力是学校教育的基本内容，是培养创新型人才的奠基性工程。我校高度重视学生创新能力的培养，充分利用校内外各种资源，通过参观创新科技园区、志愿服务、角色体验、创意大赛等系列活动，积极开发"创新奇"劳动教育课程，紧贴学生生活需求与成长需要，树立幸福是奋斗出来的、劳动最光荣、创新改变生活等基本劳动价值观，进一步促进我校"生活即教育、社会即学校、教学做合一"理念的达成。

二、课程理念

1. 生活即教育。我们认为：生活中教育无处不在。学生通过家务、班级、校园劳动，感受"劳动创造美好生活"；通过师长讲解引导、亲友访谈认识到劳动是一切财富、价值的源泉，是实现人生梦想的前提；利用社区资源，引导学生以日常生活劳动和服务性劳动为主开展劳动教育活动，使学生感受劳动带来的价值与满足，尊重他人劳动，珍惜劳动成果。

2. 社会即学校。在全国人民推崇"幸福奋斗"论、为美好生活而进行各种生动实践的时代背景下，统筹校内校外、国内国外教育资源，参观学习，开阔视野，感受第四次工业革命带来的科技体验与智慧生活，树立"科学技术是第一生产力、创新是发展第一动力"的观念，认识到未来实现中国梦所需人才的标准，明确自己的成长发展目标。

3. 教学做合一。建立道德与法制、语文、历史、地理、生物等学科知识的融合，既注重课堂上的知识传授，又要结合现实生活、自然环境、社会百态去体验、去感受、去认可，在学生动手操作、动脑思考、用心感受的过程中去体验，反馈反思，树立正确的劳动价值观、人生价值观。

三、课程涉及的学科

此课程涉及语文、道德与法治、数学、音乐、美术、物理、生物、综合实践活动等学科。

四、课程总目标

1. 通过开展"共享单车我来摆""美丽社区我行动"等社区志愿服务活动，用劳动和汗水换来秩序、整洁、文明，尊重保洁人员劳动成果，提高学生热爱劳动、珍惜劳动、奉献社区的积极体验，增强社会活动参与意识和社会责任意识。

2. 通过开展省内省外、国内国外的参观研学活动，领略非物质文化遗产的魅力与转型、现代企业的创新精神、未来生活的智慧方向，开阔眼界，交流分享，思考创新，树立远大志向。

3. 通过开展义卖淘宝、兄弟校手拉手等活动，初步体验广告设计、促销、收银、会计等职业角色，认识到汇聚众人的举手之劳和点滴爱心，帮助他人、回馈社会，感受劳动意义和社会获得感，提升劳动社会价值。

4. 通过开展"新奇杯"创意大赛，掌握信息资料的搜集、分析与处理的方法和研究探索、实验实证的方法，针对问题展开头脑风暴，产生奇思妙想和金点子，用创造性思维描绘未来生活。

五、课程内容规划

我校在学生开展日常性家务劳动与校园环保劳动的基础上，分年级分步实施校外参观学习、社区志愿服务、素质拓展训练等综合实践活动，将劳动教育课程进行如下规划：

表 5-3 "创新奇"劳动教育课程活动表

年级	活动主题	活动内容	活动目标	涉及学科	课时安排	活动形式
七年级	美丽社区我行动	共享单车我来摆 垃圾分类我宣传 爱国卫生我行动	引导学生通过社区志愿劳动服务，培养学生"吃苦耐劳"的劳动品质，初步形成对学校、对社区的负责态度和社会公德意识	语文 地理 生物 道德与法制 综合实践活动	校内 6 课时 校外 10 课时	校内与社区志愿服务相结合
八年级	美好社会我参与	义卖淘宝、兄弟校手拉手、走进儿童福利院	初步进行职业体验，增强对社会职业与分工的进一步了解，培养学生用劳动和智慧服务社会、奉献社会的品质，收获建设美好社会的成就感和荣誉感	语文 美术 音乐 地理 生物 综合实践活动	校内 8 课时 校外 7 课时	校内、义卖淘宝、兄弟校手拉手三结合

续表

年级	活动主题	活动内容	活动目标	涉及学科	课时安排	活动形式
九年级	美好生活我设计	走进非遗、参观创新科技园、"新奇杯"创意大赛	通过课堂创新思维训练，提高学生创新意识与创新能力，引导学生关心当下生活，聚焦生活、社会问题解决方案，用金点子、妙创意、新思路、奇方案设计未来，创造美好生活	语文 数学 物理 化学 地理 生物 综合实践活动	校内 8 课时 校外 4 课时	校内与非遗基地相结合

六、课程实施要素

"创新奇"劳动教育课程旨在突出"创新、奉献"的劳动精神。学校组织学生参加社区志愿服务劳动、参观现代科技、参与创新活动，在真实生活情境中观察、发现、体验、实践、创造，树立"劳动创造一切价值、劳动创造美好生活"的价值观，培育学生的劳动创新精神，增强学生社会责任感。

1. 问题导向，激发兴趣。随着中学生知识的积累和生活经验的增加，社会参与意识提高，对社会各领域越来越关注，学校引导学生关注社会热点问题、关注校园、关注社区，从中发现问题，产生疑问，激发学生通过自己的努力去解决问题，创造美好生活的兴趣。如"垃圾分类我宣传"主题活动，从探索"一个作业本的前生今世"开始，在查看资料掌握纸张的生产加工、印刷等流程后，诸多使用过不需要保存的作业本的去向在哪里？扔进垃圾箱或废品收购后作业本流向哪里？是焚烧了还是回收再加工了？在全民建立节约型社会的今天，为保护森林，节约木材，我们除节约用纸外，所有的纸张都可以回收重复利用吗？废弃纸张该怎样进行垃圾分类与投放？该怎样宣传纸张的垃圾分类？通过一个个问题，一步步追问，引导学生去调查、去思考，激发其探究的欲望。

2. 体验学习，扩充储备。在教师的组织下，以发现的问题为核心，通过劳动体验、实地参观学习、课内外收集资料等方式，扩充知识储备，经历科学的实践过程，形成严谨的研究态度和能力。在"义卖淘宝"主题活动中，学生将"用过的书籍、玩具、纪念品、工艺品"作为商品，到批发市场寻找学生畅销物品，现场制作水果拼盘进行售卖；各班装点临时摊位，开展广告宣传、商品推销，深入体验商业角色；学生利用自己的零用钱开展商品买卖，将自己的劳动成果汇聚到班级，在班级分享活动收获，讨论资助目标与方式。学生参与活动各环节的小组分工与设计、角色体验与实施，充分体验劳动带来的乐趣和幸福，感受劳动价值。

3. 思维训练，思考探究。在教师的指导下，学生通过替换、对比、联想、功能集成、换位思考、头脑风暴等方法，思考、探究问题，提高创新能力与方法。如在"新奇杯创意大赛"主题活动中，学生想设计未来的学生课桌，结合学生个人对使用当前课堂的弊端和需求，未来的学生课桌都应整合哪些功能？除分格、分学科存放书本文具和根据指令自动弹取外，还可以集合哪些功能？在老师的一步步引导下，学生继续思考，进一步提出根据坐姿和身高课桌自动调节高度的功能。在"走进非遗"主题活动中，学生到开封兰考参观学习体验麦秆画的制作；在非遗传人的介绍下了解当前我省对非物质文化遗产的保护力度在增强；探讨怎样保护非遗文化与技术，将非遗技术代代传承下去，怎样让更多国人了解非遗文化等问题；在老师的引导下，学生结合自己的知识和生活经验，提出畅想、设计与建设性意见。

4. 展示交流，智慧碰撞。活动展示促进学生智慧碰撞与反思。在"新奇杯创意大赛"创意展示分享环节中，学生以实物、模型、课件、小论文、视频制作等创意作品，介绍创意灵感、创意作品设计思路、创意功能和创意价值。在"走进儿童福利院"主题活动中，学生、家长和教师慰问结束返回学校后，老师组织分享交流，学生谈自己的收获时，一方面感悟自己因有家长的付出与保障而幸福，另一方面感悟与福利院儿童沟通交流时的注意事项，使用哪些表达技巧能保护福利院孩子们的自尊心，换位思考福利院的孩子最需要什么，自己以后再次去儿童福利院时要注意什么，在分享交流中共同成长。

七、活动案例

以"美好生活我设计"劳动教育主题为例，根据初生中的生活经验和社会常识，以改善"生活用品、家居用品、学习用品"为创意设计目标，通过观察、调查和生活实际发现问题和目标需求，开展资料收集与调查，了解当前目标用品的市场种类和功能情况，做好前期准备；经教师培训创新思维方法，展开创意设计，感受劳动创造美好生活的价值和成就感。具体活动步骤如下：

活动步骤一

创意源于生活

教师分享"好创意美生活"经典案例，引导学生树立"创新引领生活、创意改变生活"的理念。

活动步骤二

科技创新知多少

教师指导学生通过参观创意产业园区、科技馆、科技市场开阔视野，学生通过上网、实地观察了解感兴趣的科技领域的最新动向，积累知识，激发创新创造能力。

活动步骤三

创新方法我掌握

教师通过课堂教学进行专题"创新方法"的介绍与培训，拓宽学生解决问

题的思路。学生开展课堂交流，熟悉常用的创新劳动方法，为问题解决提供思维准备。

活动步骤四

晒晒我的好创意

学生根据前期的知识储备，开展设计与创意，完成自己的创意作品，提交创意说明书。教师组织学生开展创意介绍说明交流活动，共同评选优秀创意，肯定学生的创意成果，感受劳动创造成果的喜悦。

八、课程评价

评价是导向，重在肯定与激励。课程评价将过程性评价与阶段性评价相结合，对学生的家务劳动、校务劳动、志愿服务、参观学习、创新成长进行评定，评定结果纳入学生综合素质评定中。评价表如下：

表 5-4 "创意大赛"活动评价表（评委用）

创意作品名称：　　　　班级：　　　　姓名：

评价内容	自评	组评
创意新颖，奇思妙想		
创意在未来实现性强		
创意实用，解决现实需要		
创意思路清晰，展示说明形象生动		
总评		

评价说明：7~8个"优秀"为"优秀"；

　　　　　5~6个"良好"为"良好"；

　　　　　4个"继续努力"为"继续努力"。

九、课程保障

课程实施需要以学校组织实施为主，家庭、社区、社会支持与配合，需要师资、课时、经费、物资的全力保障。针对不同年级学生特点和劳动教育内容，在实施过程中我们采取以下措施：

1. 课时安排。七、八年级每周安排一节课程，九年级每两周安排一节课程。

2. 师资保障。我校的劳动教育课程由政教处教师、团委教师和班主任共同承担。

3. 家校合作。建立家长委员会，家长参与学生外出探究、参观学习、志愿服务活动。

4. 融入社区。学校积极参与社区教育文化活动，拓宽劳动教育的资源和渠道。

（郑州市金水区新奇初级中学　黄永成　闫　明）

暖心•578

一、课程背景

"暖心•578"劳动教育课程有效地将校内外志愿者服务与劳动教育相结合,并与综合实践活动课程中"职业体验""社区服务"相结合,实现了劳动教育课程的更新;通过"培养劳动意识""养成劳动习惯""树立劳动榜样""投身劳动实践""弘扬奉献精神""创造美好生活"六个方面内容的开发与实施,引导学生树立正确的劳动观,弘扬奉献精神,爱服务,乐创造,全面提升学生综合素质,促进学生全面发展、健康成长。

开设"暖心•578"劳动教育课程,旨在培养学生爱生活、懂感恩、乐服务、勇担当的优秀品质。578的谐音是"我去吧""我来帮",通过课程的实施让学生在相互合作的劳动实践中,用一言一行夯实各项劳动技能,力所能及地帮助身边人做暖心事。"我去吧""我来帮"是他们行动的口号,更是他们乐于实践、暖心助人的行动宣言。

"暖心•578"劳动教育课程系统化的将各项活动与当下学生所学习的课程知识、相关技能相结合,寓教于学,连接志愿者服务内容,跨学科开展劳动教育、劳动技能学习、社会劳动服务等一系列劳动实践活动。如在"小小志愿者"活动中,联合社区、街道办事处等多方力量,给学生创建活动平台，让学生志愿者在服务过程中，奉献爱心，感悟生活之美好，五育并举，让学生在实践学习过程中提升自己各项能力。正如课程名称一样，让学生在劳动中感悟生活之美好，展现少先队员蓬勃向上的风采，带给他人阳光、朝气与快乐，温暖人心。

二、课程理念

"教育即生活""社会即学校"。我校以"奉献、友爱、互助、进步"为准则，以"立足校园，奉献社会，服务他人，快乐自己"为宗旨，增强学生劳动意识，弘扬劳动精神，帮助学生掌握必要的劳动技能，让劳动伴随孩子们的一生，并且获益终生。我们认为：

1. 劳动课程即树立正确的价值观。课程注重在学生幼小心灵埋下一颗善意的种子，指引他们具有乐于奉献的优良品质。学生从小接触志愿服务活动，懂得感恩，用真情服务他人，回报社会。

2. 劳动课程即培养学生的综合素养。课程涉及学校、家庭、社会，层层递进，螺旋上升，让学生动手实践、出力流汗，接受锻炼、磨炼意志，培养学生正确的劳动价值观和良好的劳动品质，逐步的提升学生劳动意识、实践能力和综合素质。

3. 劳动课程即成就更美好的自己。课程不仅仅让素质提升，思想进步，同时还锻炼自身能力，把学科知识变成社会实践，把技能用于服务过程中，让本领得到应用，能力得到提升。真正做到学以致用，让学生收获劳动技能的同时收获快乐。

三、课程涉及的学科

本课程涉及语文、数学、综合实践、道德与法治、科学、美术等学科。

四、课程总目标

1.通过与家庭教育结合，让学生掌握必要的劳动技能，具备满足生存发展需要的基本劳动能力，热爱劳动，形成良好的劳动习惯。

2.通过在校开展各项活动，让学生接受锻炼，磨炼意志，尊重普通劳动者，弘扬勤俭、奋斗、创新、奉献的劳动精神，全面提升各方面的综合能力。

3.通过社会实践、社区服务，增强劳动意识，树立正确的劳动观，培养乐于奉献、勇于服务的劳动精神，进而树立正确的价值观念。

五、课程内容规划

课程根据不同学段、类型的学生特点，以日常生活劳动和服务性劳动为主，设置全员参与的必修课程和社团活动为主的选修课程，将基本的习惯和技能融入平时的训练指导中，循序渐进中让学生收获劳动技能的同时收获快乐。低年级注重围绕劳动意识的启蒙，让学生学习日常生活自理，感知劳动乐趣，知道人人都要劳动；中年级注重围绕卫生、劳动习惯养成，让学生做好个人清洁卫生，主动分担家务，进行劳动技能分享；高年级注重劳动实践，参加校内外公益劳动，学会与他人合作劳动，体会到劳动光荣。

表 5-5　黄河路第三小学劳动教育课程活动表

年级	学期	活动内容	活动目标	涉及学科	课时安排	活动形式
一年级	上学期	"谁知盘中餐，粒粒皆辛苦"	做到"我"的餐桌没有剩饭（菜），懂得珍惜粮食	语文 校本 综合实践活动	校内 12 课时 校外 6 课时	校内外相结合
	下学期	自己的事情自己做	学会自己系红领巾、削铅笔、整理书包、洗袜子、系鞋带、穿衣服等基本劳动技能，初步树立劳动意识	语文 数学 道德与法治 综合实践活动 校本	校内 7 课时 校外 12 课时	校内外相结合

续表

年级	学期	活动内容	活动目标	涉及学科	课时安排	活动形式
二年级	上学期	劳动最光荣	参与班级集体劳动，主动维护教室内外环境卫生，感受劳动最光荣，培养集体荣誉感	语文 校本 道德与法治	校内 12 课时 校外 6 课时	校内外相结合
	下学期	我是家长的好帮手	能帮爸爸妈妈做力所能及的家务、洗菜、淘米、洗碗、扫地等，养成良好的劳动习惯	语文 校本 数学 道德与法治	校内 8 课时 校外 11 课时	校内外相结合
三年级	上学期	争当"内务小能手"	学会叠被子、铺床、收拾书橱、鞋柜等整理类家务技能，增强生活自理能力	语文 校本 数学 综合实践活动	校内 7 课时 校外 12 课时	校内外相结合
	下学期	正确摆放共享单车	遵守社会规则，参加服务性劳动实践，树立劳动意识，增强社会责任	语文 校本 数学 综合实践活动	校内 6 课时 校外 12 课时	校内与街道办事处相结合
四年级	上学期	"烹饪小厨王"	学习烹饪，在学做美食的过程中，学习了一些营养学知识，感知劳动乐趣	语文 校本 综合实践 美术	校内 7 课时 校外 11 课时	校内外相结合
	下学期	我是小小志愿者	进行社区劳动实践，清理花坛、清扫楼道，培养乐于奉献、勇于服务的劳动精神	校本 科学 道德与法治 综合实践活动	校内 8 课时 校外 12 课时	校内与社区相结合
五年级	上学期	超级面点师	动手实践，学习制作面点，增强生活自理能力和勤俭节约意识，培养家庭责任感	语文 校本 综合实践活动 美术	校内 8 课时 校外 10 课时	校内外相结合
	下学期	我是一名"小路长"	参与"职业体验"式服务性实践劳动，初尝"路长"的不易与辛劳，尊重劳动者，珍惜劳动成果	语文 校本 科学 道德与法治 综合实践活动	校内 8 课时 校外 10 课时	校内与街道办事处相结合

续表

年级	学期	活动内容	活动目标	涉及学科	课时安排	活动形式
六年级	上学期	我和妈妈换一天岗	做一天妈妈要做的家务活，感受妈妈劳动的辛苦，感恩妈妈的付出	语文 校本 科学 道德与法治 综合实践活动	校内 7 课时 校外 11 课时	校内外相结合
	下学期	志愿者行动我能行	参加校外公益劳动，学会与他人合作劳动，弘扬志愿者精神	语文 校本 科学 道德与法治 综合实践活动	校内 7 课时 校外 12 课时	校内与社区、街道办事处相结合

六、课程实施要素

学校劳动课程紧密结合学生的生活实际，联合周边社区，把劳动课程与志愿服务紧密结合，让学生在社会实践中磨炼意志，锻炼能力，提升素质。学生前期通过劳动课程，学习劳动榜样、内务整理、烹饪、植物种植与修剪、劳动技能展示、小制作、小发明等内容，掌握了必备的劳动技能，形成了劳动意识，树立了正确的劳动观念。后期把学习到的技能广泛运用到社区服务工作中，学以致用，奉献社会，服务他人，快乐自己，践行志愿者服务精神，提高实践能力。

1.注重技能会应用。课程注重学生的亲身体验，无论是劳动技能的学习与掌握，还是劳动实践，都要求学生参与到每一个环节中，从课程的规划、目标的制定，到方案的确立、人员的分工以及活动的实施与总结都体现了学生的主动意识与亲身实践。学生参与"烹饪小厨王""超级面点师"等活动，在体验中提升经验，探究技能小窍门，实践好方法，研究食材的营养搭配、烹饪的火候，在探究中解决问题，学以致用。开展"我和妈妈换一天岗"进行角色体验，注重学生的自主探究，在体验中感受他人的不易与艰辛，尊重劳动者，珍惜劳动成果。真正做到让学生在实践中体验，在体验中成长，在成长中进步。

2.创造美好乐生活。课程通过劳动实践，让学生在晒劳动成果、享劳动喜悦、传劳动技巧中，感受劳动的乐趣，在劳动中成长，感受劳动创造的美好。通过"自己的事情自己做""我是家长的好帮手""争当内务小能手"等活动的开展，学生们学会了快速整齐叠衣服、高效美观系鞋带、整理收纳鞋柜、清理墙面顽固污渍、烹饪美食等一项又一项的劳动技能，并把掌握的劳动技能运用于实际生活，体会生活处处皆学问，建立属于自己的劳动成长档案，从中增长知识，强化技能，用实际行动为长辈分担家务劳动，使学生懂得"美好生活劳动创造"的意义。

3.奉献精神永流传。走进社区、参与社区劳动服务是课程的核心内容，学校在各个班级招募"红领巾志愿者"，带动家庭参与社区服务活动，心怀感恩之心，将弘扬奉献精神根植于学生心中，培养学生的服务意识。学生将已掌握的劳动技能与社会志愿服务相结合，辐射周边社区，开展"志愿者行动我能行""我是小小志愿者""正确摆放共享单车"等活动奉献自己，帮助他人，拉近邻里彼此间心里的距离，把奉献精神发扬光大，使学生由表及里、由内而外地成为一名爱劳动、勤奉献的品质少年。

4.多位协同促发展。"暖心·578"劳动教育课程的活动范围不仅仅局限于家庭和学校，常与社区、办事处等多单位协同合作，为孩子提供更多的实践平台，使每一个学生在社区服务中各展所长。学校联合办事处开展"我是一名'小路长'"职业体验式服务性实践劳动，带领学生在社区劳动实践中，宣传城市文明，小手拉大手，用文明行为影响各个家庭，从而提升全民整体素质，成了社区的小帮手，劳动的小标兵。学生的暖心行动不仅体现在家庭和学校的劳动之中，而且展现于社会服务之中。

七、活动案例

以"我是小小志愿者"劳动教育主题为例。

围绕"我是小小志愿者"这个劳动教育主题，走进社区，开展多种劳动

实践活动，如：清理花坛、清扫楼道，以此培养学生们乐于奉献、勇于担当的劳动精神。活动内容如下：

活动步骤一

我是社区清洁员

学校组织学生对周边社区进行清理，为洁净社区贡献自己的力量。学生自主选择活动社区，制订活动计划，进行人员分工，教师提前到活动社区，与社区提前沟通，划定安全活动范围，保障学生安全。学生在活动中感知劳动的乐趣，体验奉献的快乐。

活动步骤二

维护公共设施展文明风采

学校组织学生帮助环卫工人摆放共享单车、维护社区公共设施等活动，从点滴小事提升学生的公民素养，进而更加珍惜他人的劳动成果。学生制订活动计划，制作宣传标语、宣传手卡。教师指导学生正确摆放共享单车，负责学生外出活动时的安全。通过活动，强化学生的社会责任感。

活动步骤三

关爱社区孤寡老人

依托重阳节的节日氛围，学校组织学生走入社区，关爱孤寡老人，让学生从小培养爱老、敬老的意识，温暖社区孤寡老人的心。学生提前到社区了解孤寡老人情况，制作贺卡，学习劳动技能。教师与社区工作人员提前联系，与孤寡老人进行沟通，安排合适的时间开展活动。学生在活动中帮助老人打扫卫生、给老人表演节目，为他们带来快乐，关爱老人，传承中华传统美德。

活动步骤四

垃圾分类宣传员

学校组织学生走入社区，普及垃圾分类的知识，并且通过制作海报、宣传页、宣传标语等方式对垃圾分类进行宣传。教师提前制作垃圾分类PPT，帮助学生更好地了解垃圾分类，提前与社区沟通，为学生提供实践平台。通过垃圾分类的宣传，让学生了解垃圾分类的重要性，用行动带动周边社区，做好家庭垃圾分类。

八、课程评价

"暖心·578"劳动教育课程将劳动素养纳入学生综合素质评价体系，依照评价标准、激励机制对学生进行综合评价与表彰，实现了劳动教育的日常化、课程化和特色化，真正将劳动教育融入学生的学习和生活中。

为促进课程规范、有效的实施，从学校层面对老师开发与实施劳动课程制定了相应评价的标准。表格如下：

表 5-6　金水区黄河路第三小学"暖心·578"劳动教育课程评价表

项目	内容	具体指标	分值	评分
劳动课程实施评价	课程开发的意义（10分）	课程的设立依据《关于全面加强新时代大中小学劳动教育的意见》，结合学校办学理念，彰显学校特色。能促进学生劳动技能的提升，提高学生综合素养	10	
	目标定位（15分）	目标明确清晰，知识、能力、情感目标齐全	10	
		技能的掌握与劳动实践相结合	5	
	课程内容（10分）	课程内容安排合理，依据学生的发展循序渐进，突出对学生综合实践能力的培养	10	
	课程评价（5分）	评价可操作性强，方法科学，具有激励性	5	
劳动课程教学过程评价	指导思想（10分）	课程体现学生的实践与探究，以学生为主的教学原则，课程实施中重视德育渗透和情感熏陶	10	
	教学过程（30分）	提前制定教学计划，安排教学进度，设计贴近学生生活的劳动实践内容	6	
		教学方法灵活，目标明确，重点和难点的设置有新意，具有时代性，且效果好	6	
		课堂与实践活动组织有序，具有启发性，能够发挥学生的主动性、积极性，创新创造	6	
		能面向全体学生，因材施教，学生参与度高，整体效果好	6	
		亲历实际的劳动过程，善于观察思考，注重运用所掌握的劳动技能解决实际问题	6	
	实施成果（20分）	1. 能激发并维持学生对劳动的兴趣，学生掌握劳动技能情况较好，乐于参与劳动实践	10	
		2. 能强化学生的劳动观念，养成良好的劳动习惯与品质，弘扬劳动精神，增强服务意识	10	
综合评价	等级分数	优秀：90分以上；良好：80~89分；合格：60~79分；待努力：60分以下	100	

　　为使课程更加深度、规范、有效，在课程实施中，我们更注重对学生劳动过程形成的知识与技能、过程与方法、情感态度与价值观的评价。表格如下：

表 5-7　"我是社区清洁员"学生评价表

班级　　　　　　　姓名

评价标准		评价等级		
		优	良	加油
认知过程	能够较好地掌握基本的劳动技能，运用到志愿者服务活动中			
	能认识到劳动最光荣，我为自己所做的事情自豪			
实际体验	能够主动搜集资料，为活动出谋划策			
	能积极参与志愿者活动，不推脱，主动承担任务			
	通过实践活动，较好地掌握劳动技能，养成良好的劳动习惯			
	在劳动过程中，能够与同伴相互合作，善于观察思考，发现并解决活动中的问题			
反思改进	能有效交流"劳动"感受，分享经验			
	善于总结自己在课程过程中的不足与收获			
综合评价	优秀：7~8 个"优秀"为"优秀"；良好：5~6 个"良好"为"良好"；总数：4 个及以下"加油"为"加油"			

注：依据评价标准，按照达成目标情况，在相应的栏中打"√"，根据"优"的数量进行综合评价。

学校会根据学生的劳动技能掌握情况，组织开展劳动技能和劳动成果展示、劳动竞赛等活动，全面客观记录课内外劳动过程和结果，对学生进行评价，通过投票的形式评选出"班级劳动小能手""年级劳动标兵""校级劳动模范"，对一个学期以来在劳动技能方面表现突出的学生颁发奖状，予以表彰。并通过社团形式开展社区服务活动，每学期根据"小暖爱心排行榜"，对表现突出的学生进行综合表彰。

九、课程保障

劳动教育课程离不开家庭、学校、社会各界的大力支持，为保证其有效开展，需要落实人力、物力等各方面资源。具体内容如下：

1. 师资保障。学校共有劳动教育专、兼职教师 7 名，劳动实践教师 3 名，并聘请相关行业专业人士担任劳动实践指导教师，保障劳动教育课每周不少于一课时。

2.资源保障。学校大力拓展实践场所，联合社区与办事处，积极拓展校外劳动教育资源，满足学校多样化劳动实践需求。

3.安全保障。在校内开展劳动教育时，不间断对学生进行劳动安全教育，强化劳动风险意识。在开展家庭劳动教育时，注重家校联系，保障学生安全。在学校联合社区、社会开展劳动教育时，提前制定劳动实践活动预案，明确各方责任，消除学生劳动实践中的各种隐患。

（郑州市黄河路第三小学　王　华　牛晓晨）

天使行动

一、课程背景

"大使行动"志愿服务课程与呆村社区建立长效合作机制，学生可定期到社区开展活动，丰富劳动实践体验；邀请社工到校开展"社工课堂"，为学生提供方法指导，保障课程顺利开展。

课程体验范围主要包括家庭、班级、校园、社区四个区域，服务内容包括日行一善、文明监督、卫生清洁、图书管理、交通管理、知识宣讲、环境保护、爱护公物、孝亲敬老等二十多项。通过课程的实施，学生把志愿服务作为一种生活方式和价值观念，增强了对国家、社会及他人的责任感，文明志愿精神也内化为学生良好的行为习惯和道德素养，涌现出一大批讲文明、有爱心、乐奉献、爱劳动、拾金不昧的"丽水榜样"。在学生"天使行动"的影响下，家长人人参与交通志愿服务，关心学校，热心参与学校活动，成为学校的坚强后盾。学校的文明志愿服务活动形式多样、内容丰富，被"人民网""阳光少年"、郑报融媒等各大媒体发布转载，点击量突破二百万，传递文明，奉献正能量。

二、课程理念

我们认为：

1.课程即文化。课程将劳动观念和劳动精神教育贯穿学生培养全过程，注重让学生在学习和掌握基本劳动知识技能的过程中，领悟劳动的意义价值，形成吃苦耐劳、乐于奉献、互帮互助的劳动精神。

2.课程即体验。课程把握劳动教育的根本特征，注重体验。让学生全身心参与，面对真实的社会性服务任务情境，亲历实际的劳动过程，运用所学知识解决实际问题，提高劳动质量和效率。

3.课程即传承。学生志愿者多次走进社区，丰富老人的精神生活，也使中华民族孝亲敬老的优良传统得以传承。

4.课程即创新。课程关注学生劳动过程中的体验和感悟，引导学生在学习和借鉴他人丰富经验、技艺的基础上，尝试新方法、探索新技术，推陈出新。

三、课程目标

1.通过学习志愿服务知识树立正确的劳动观念。了解志愿精神内涵，认识到志愿者无私奉献的伟大；认识劳动创造美好生活的道理，学会尊重劳动，尊重劳动者，树立劳动最光荣、劳动最崇高、劳动最伟大、劳动最美丽的思想观念。

2.通过体验志愿服务掌握基本的劳动知识和技能。学会正确使用劳动工具，增强体力、智力和创造力，具备完成劳动任务所需要的设计、操作能力及团队合作能力。

3.通过评价志愿服务彰显积极的劳动精神。明确"幸福是奋斗出来的"内涵与意义，继承中华民族勤俭节约、敬业奉献的优良传统，弘扬开拓创新、砥砺奋进的时代精神。

4.通过加入志愿服务组织养成良好的劳动习惯和品质。能够自觉自愿、认真负责、安全规范、坚持不懈地参与劳动，形成诚实守信、吃苦耐劳的品质。珍惜劳动成果，养成良好的消费习惯，杜绝浪费。

四、课程内容规划

学校结合家庭、社区等课程资源，对学生的劳动兴趣、发展需求等进行调研，按照服务区域、年级水平设置了 1 至 9 年级劳动课程体系。对学校劳动课程进行系统建构，形成"天使行动"志愿服务课程，具体内容规划如下表所示。

表 5-8　"天使行动"志愿服务课程活动表

服务区域	课程内容	服务岗位	服务职责	难度系数	活动目标
家庭	"日行一善乐享成长"	物品清洁	个人物品整理、清洗	☆	提高生活自理能力及动手实践能力，感知劳动乐趣，爱惜劳动成果
		美食制作	为自己和家人制作食物	☆☆	
		爱家卫生岗	进行简单的家庭清扫	☆	
		垃圾分类岗	垃圾分类等	☆	
班级	"文明监督促进养成"	文明监督岗	提醒并制止各种不文明行为	☆☆	参与班级志愿服务，主动维护教室内外环境卫生，监督不文明行为，管理班级事务，积极帮助他人，培养主人翁意识及集体荣誉感
		卫生监督岗	提醒班级保持卫生、整洁	☆☆	
		助人为乐岗	帮助同学解决困难，共同进步	☆☆☆	
	"我爱我班团结互助"	节电小能手	及时关灯、空调、班班通等电器	☆☆	
		公物管理员	提醒同学不破坏公物，发现破坏公物现象及时制止	☆☆☆	
		图书管理员	记录图书借还情况，整理书籍	☆☆	

续表

服务区域	课程内容	服务岗位	服务职责	难度系数	活动目标
校园	"文明丽水 劳动更美"	红领巾监督岗	发现各种不文明行为并制止	☆☆☆	参与校园事务管理，维护校园环境卫生、监督不文明行为，量力而行，主动担当志愿岗位，提升责任意识，体会劳动光荣，尊重劳动者，初步养成热爱劳动、热爱生活的态度
		安全志愿者	宣传安全知识	☆☆☆	
	"丽水家园 人人爱她"	校园智多星	为学校提供建议，出谋划策	☆☆☆☆	
		失物管理员	登记并管理失物，保持物品整洁	☆☆☆	
		图书管理员	记录图书借还情况，整理书籍	☆☆☆	
		体育器材管理员	负责校园足球等器材的收集整理	☆☆	
		环境保护志愿者	保护校园环境，清理校园垃圾，制止污染环境现象	☆☆☆	
	"团结互助 爱心相连"	丽水小交警	维持上、放学路队秩序，提醒同学整齐列队等	☆☆☆	
		校园活动讲解员	宣传学校活动，做好活动内容、形式等讲解	☆☆☆☆	
社区	"孝亲敬老 奉献爱心"	孝亲敬老志愿者	关心照顾老人，奉献爱心，温暖陪伴	☆☆☆☆	主动参与社区志愿服务，并根据实际需要，因地制宜制定合适的服务方案，培养勤于观察，善于思考、勇于实践的能力，提高探究和创新意识，增强社会责任感受劳动创造美好生活的成就感
		垃圾分类小能手	宣讲垃圾分类知识，做好垃圾分类工作	☆☆☆☆	
	"走进社区 传递文明"	安全知识解说员	宣传安全、卫生、文明等知识	☆☆☆☆☆	
		环境保护志愿者	保护社区环境，清理社区垃圾，制止污染环境现象	☆☆☆☆☆	
	"文明交通 安全出行"	爱护公物志愿者	提醒并制止破坏公物现象	☆☆☆☆	
		疫情防护小助手	宣讲疫情防护知识，提醒居民佩戴口罩等	☆☆☆☆☆	

五、课程实施要素

"天使行动"志愿服务课程实施要素为：传承优良文化、注重实践体验、走进社区服务、创造美好生活。课程以"学习雷锋、奉献他人、提升自己"的志愿服务理念，融合家庭、学校、社区资源进行实践，号召全体学生"关爱他人、关爱社会、关爱自然"，积极参与，无私奉献。

1. 传承优良文化。课程以立德树人为根本任务，注重优良文化传承，围绕"文明丽水 爱心相连"主题，培养学生勤俭、奋斗、创新、奉献的劳动精神。"孝亲敬老 奉献爱心"课程实施中，志愿者多次走进社区，进行垃圾分类、为老人制作礼物、奉献爱心、表演节目、送上祝福，不仅丰富老人的精神生活，也使中华民族孝亲敬老的优良传统得到传承。

2. 注重实践体验。课程以志愿服务活动为实施路径，注重实践体验，鼓励学生手脑并用、积极探索。"文明交通 安全出行"课程中，志愿者不仅动手打扫家长接送区，以良好的卫生环境影响家长的文明行为，并且开动脑筋，讨论改善交通环境的办法，最终得出"设置软隔离区""粘贴禁停标记"的办法，改善家长接送区秩序，营造良好的交通环境，保障生命安全。

3. 走进社区服务。课程注重在公益劳动、志愿服务中强化社会责任感，带领学生"走进社区、体验社会、感受生活"，以阶段性为主向常态化转化，提升学生综合素质。"走进社区 传递文明"课程中，志愿者在老师的带领下走进社区，根据活动方案分组宣传安全文明知识、与社区儿童联谊、制作寿司为社区老人奉献爱心，引导学生认识社会，增强社会责任感，同时让学生学会分工合作，体会平等和谐的劳动关系。

4. 创造美好生活。课程融合劳育、智育、美育等学科知识，让学生在动手实践中创造美好生活，实现以劳育美目标。"文明丽水 劳动更美"课程中老师让学生利用课余时间对校园进行观察，发现校园中需要动手改造的地方，然后小组讨论解决办法，明确人员分工，改善校园环境。在老师的引导下，卫生清洁组负责卫生死角清理，公共设施管理组负责乐高、积木墙的收

纳管理，图书管理组负责校园图书角的清洁摆放，绘画组负责校园 DIY 艺术墙的美化……学生们用劳动美化环境，用双手创造美好生活，用奉献净化心灵，塑造高尚情操。

六、活动案例

我校劳动课程开发注重劳动的育人功能，充分发挥学生的主体作用，让学生身心参与，积极探索，培养学生吃苦耐劳的品质、团结合作的精神和社会责任感。具体实施如下：

活动步骤一

因地制宜，明确主题

学校毗邻杲村社区，居民中高龄老人众多。老年人需要关爱、需要快乐、需要健康、需要与时俱进，如何使社区的高龄老人度过不一样的节日呢？于是，师生共同商定活动主题："爱在社区 雏鹰行动"，并约定每逢传统节日重阳、春节，走进社区老人家中开展志愿服务活动。

活动步骤二

整合资源，制订方案

学生在老师的启发下开动脑筋、集思广益，对学校、家庭和社区的资源进行分析，经过小组讨论，师生共同确定活动方案，分组行动，合作完成。

学生分卫生清洁组、手工制作组、节目表演组、采编组四个小组，共同完成主题活动。家长参与活动，提供后勤保障。

齐心协力，合作共赢

　　学生根据活动方案的人员分工，以小组为单位组织志愿服务。卫生清洁组在社区工作人员的带领下进入老人家庭，帮助老人整理房间、打扫卫生；在家长的协助下布置表演场地，为老人摆放观赏座椅；采编组捕捉精彩瞬间，拍摄照片、录制视频……在大家的共同努力下，
一场温馨感人的志愿服务活动圆满结束。活动的开展不仅丰富了老人的精神生活，也促进了社区的精神文明建设，现场观众深受感动，为小志愿者们送上阵阵掌声。

总结交流，成果展示

　　课程成果以美篇、微视频、PPT、课后感等形式展示在班级文化墙和校园电子屏上，动静结合，相得益彰。德育处根据班级成果展示，评出优秀作品，推送至学校公众号进行校级成果展示，为获奖作品颁发证书和奖品，充分调动学生的能动性、积极性和创造性，让学生感受劳动带来的成就感。

七、课程评价

学校将劳动素养纳入学生综合素质评价体系，以评价促进学生发展。课程评价坚持"以学生为本位"，采取"实时性＋阶段性＋结果性"相结合的评价办法，以自我评价为主，辅以教师、同伴、家长、服务对象等他评方式，对志愿服务能力、志愿服务态度、志愿服务区域等情况进行综合评定，充分调动学生参与志愿服务的积极性。

实时性评价根据学生在课程中的表现，及时拍照，录制视频，做好观察记录，以班级文化墙为载体，进行实时表扬激励。阶段性评价每个月进行一次总结，班级制作美篇进行交流展示，凝聚班级力量，以班队会课、学校电子屏为宣传阵地，对优秀案例进行宣传；根据班级推荐情况，每月评选"优秀志愿者"并隆重表彰。结果性评价每学期进行一次，学校统一评选"丽水榜样"并隆重表彰，获奖情况作为评优评先的加分项目，纳入学生综合素质评定。

八、课程保障

学校高度重视课程的实施，从组织架构、资源整合、安全保障等方面做出明确要求。

1.组织架构。学校重视志愿服务课程的开展，成立郑州丽水外国语学校"天使行动"志愿者组织，建立组织架构，促进课程有效落实。

2.师资力量。根据"天使行动"志愿服务课程的具体内容，每个班级由班主任、副班主任共同组织开展志愿服务活动，其他相关学科老师提供智力支持。同时，根据课程开展需要，邀请家长担任"校外辅导员"参与课程实施，进行劳动实践指导及后勤、安全保障工作，为学生提供更专业、更全面的劳动知识，保障课程顺利开展。

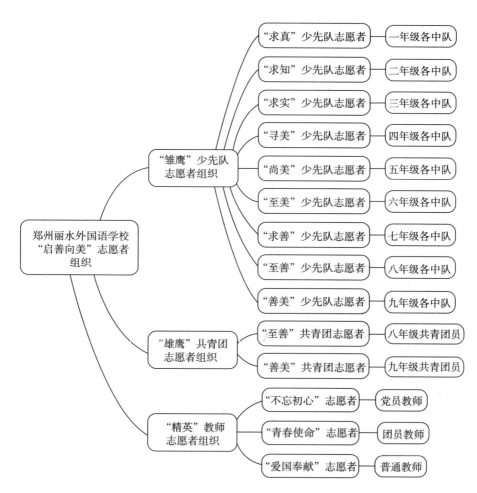

3.资源整合。为保证课程的顺利实施，学校根据课程开展需要，整合家庭、学校、社区资源，使学生参与志愿服务的环境更加立体多元。学校与社区建立长效合作机制，定期组织学生开展各种类型的志愿服务活动，并且不断扩充周边资源，使课程更加多样化、趣味化。

（郑州丽水外国语学校 袁惠玲 郭迎利）

巧手如花绽放

一、课程背景

我校依据劳动教育促进学生立德树人、五育融合、全面发展的目标，结合"厚文化"教育理念，构建了"巧手如花绽放"劳动课程，该课程体系分为"指尖上的技艺""疯狂化学""爱心绽放"等课程模块。本课程将劳动教育与学科教育相结合，开展跨学科研究性学习，将知识学习渗透在日常的生活中，使学生在学习过程中发现美、传播爱，积累学科知识的同时提升学生的劳动能力，感悟劳动创造美，劳动创造生活的深远意义。

本课程的实施融合了多学科知识，引导学生树立正确的劳动观，热爱劳动，尊重劳动；增强对父母的感恩，对社会的感恩；同时提高学生发现问题、解决问题的能力，培养小组合作意识、劳动意识与审美能力，提升学生综合素质，促进学生全面健康发展；也为学校"花园、家园、学园和乐园"四园愿景目标建设奠定了基础。

二、课程理念

教育是心心相印、知行合一的活动，唯独从心里发出来的，才能打到心的深处。

我们认为：

1.劳动即生活。课程将学生的成长与生活紧密地联系起来，从学生已有的生活经验出发，让他们在熟悉的生活情景中感受劳动的重要性和必要性。本课程不仅使学生具备适应现代生活及未来社会所必需的知识、技能、方法和态度，而且致力于学生劳动观念的培育，注重教会学生如何从劳动中体验生活的乐趣，培育一种现代"新生活"方式。

2.生活即教育。在劳动教育课程中，引导学生积极参加劳动，将渗透了各学科的理论知识与生活实践能力相结合，给学生创造实践学习的机会，使学生加强了各学科知识之间的联系，使其知识结构得到合理的调整，同时还具有以劳树德、以劳增智、以劳强体、以劳益美和以劳创新等促进学生全面发展的综合功能。

3.教育即成长。在劳动实践活动中培养学生的劳动观念、磨炼其意志，让学生在劳动实践中学会尊重劳动技术，将有形成果通过赠予或义卖的方式，回馈社会，让学生体会劳动的价值所在，体会自己作为社会的一分子肩上的责任。

三、课程涉及的学科

本课程涉及化学、语文、生物、美术、数学、道德与法治、信息技术、综合实践活动等学科。

四、课程总目标

1.通过开展不同的劳动主题活动，培养学生信息资料的搜集、分析与处理能力，使其获得参与劳动教育的积极体验。

2.通过劳动实践活动，培养学生的劳动意识和劳动习惯，使学生创造性地掌握基本的劳动知识、劳动技能以及创造能力。

3.通过公益劳动、劳动成果进社区、爱心义卖等劳动教育活动，让学生体验劳动之美在于爱的传递，劳动之乐在于为人民服务。

五、课程内容规划

自 2012 年以来，我校本着"劳动之本在于创造与付出"的课程理念，构建了一系列的劳动教育课程，具体规划如下：

表 5-9 劳动教育课程活动表

年级	活动内容	活动目标	涉及学科	课时安排	活动形式
七年级（上）	夜话桑麻	引导学生根据已有的生活经验，通过查阅古诗词等历史文化文献、参观博物馆、讲座、动手制作等探究活动，让学生了解纺织历史、种类、辨认方法、生活中的应用等相关知识，认识到纺织劳动创造的社会价值	语文	校内 12 课时	校内外结合
	素衣朱绣		历史		
			美术		
	飞针绝艺·编织		地理	校外 4 课时	
			综合实践活动		
七年级（下）	飞针绝艺·刺绣	通过讲座、参观刺绣工厂、实践活动等形式了解刺绣工具、材料，初步掌握绣工具的使用方法，形成基本的刺绣技能，感悟劳动的乐趣，劳动创造美好生活的深远意义	美术	校内 12 课时	校内外结合
			数学	校外 4 课时	
			综合实践活动		
八年级（上）	疯狂化学·食品	通过资料收集、信息交流、讨论、讲座等方式，促使学生养成良好的饮食习惯和健康的生活方式，培养学生的合作探究精神，动手动脑能力，提高自力更生、创造生活的能力，体验劳动的成就感	化学	校内 12 课时	校内外结合
	疯狂化学·饮料		生物		
			物理		
	疯狂化学·穿戴		语文	校外 4 课时	
			综合实践活动		
八年级（下）	疯狂化学·美化	通过多样化的活动，让学生经历探究过程，参与观察、思考、讨论，享受成功的乐趣，培养学生的创新精神和实践能力，帮助学生认识化学与人类生活的密切关系，感受创造劳动价值的幸福感	科学	校内 8 课时	校内外结合
	疯狂化学·环境		美术		
			物理	校外 4 课时	
	疯狂化学·日用品		化学		
			综合实践活动		

年级	活动内容	活动目标	涉及学科	课时安排	活动形式
九年级（上）	成果展示	通过知识竞赛、技能比拼、成果展览、志愿者服务等活动，形成学生探究的有形成果，并将成果应用于生活中的相关领域，增强学生劳动的成就感	综合实践活动	校内 8 课时 校外 4 课时	校内外结合
九年级（下）	社区服务	通过联合家长，学校在社区、公园等公共场所进行课程相关的文化宣传和学生作品义卖活动，并将义卖所得款项捐赠给福利院等机构，既肯定了学生的劳动价值，又培养了学生的组织能力和团队精神，增强"集小善，成大爱"的社会责任感	综合实践活动	校外 8 课时 校内 6 课时	校内外结合

六、课程实施要素

"巧手如花绽放"是我校自主开发的探索课程，旨在鼓励学生根据自己的兴趣和爱好，培养学生的好奇心和自信心；鼓励学生通过合作、体验、实践、应用等方式，发展综合能力，让学生体验劳动的可贵，生活的美好。

1. 注重探索实践的过程。我们的劳动教育课程按照不同的主题进行开展，结合课程实际，学生在探究过程中了解一些简单工具的使用方法、工艺品制作技术，通过分析食品的配料表、衣服的标签等发现我们生活中无处不在的劳动价值。在"疯狂化学"中了解人体需要的营养素及食物来源、食物和饮料中的化学成分、食物的储存及保鲜、食物怎样吃更健康等。通过情感体验和探究实践，培养学生追求卓越的学习态度，发现、提出问题，研究、解决问题的能力，开阔知识面，丰富人生体验。

2. 注重创新精神的培养。劳动教育课程的特点，决定了它在培养创新型人才过程中的重要地位。本课程通过在实践活动中调动学生的积极性，萌发创新意识，鼓励学生在劳动过程中进行工具的改进、创新、废物利用等，加

强对学生创新意识、创新思维、创新能力和创新人格的培养。

3. 注重传统技艺的传承。学生通过对编织、刺绣知识的学习和编织、刺绣针法的掌握，进一步动手制作传统香包、团扇刺绣等，使他们完成对传统技艺的学习和传承，同时了解这也是一种劳动的途径和方式。将刺绣与现代生活文化审美相结合，探索中学生通过设计制作杯垫、书签、手帕等刺绣作品的活动，培养勤俭、奋斗、创新、奉献的劳动品质，激发起学生热爱家乡和传统艺术文化的美好情感。

4. 注重有形成果的应用。本课程是一门实用性的学科，以生活劳动为主线，围绕衣、食、住、用、行、学、玩等生活活动展开，学生在劳动实践活动中所产生的有形成果应再应用于生活，回馈社会。如在"疯狂化学·食品""疯狂化学·饮料"中，通过讲座的方式让更多的人明白合理膳食的重要性，明白健康人生的重要性；如"疯狂化学·美化"和"飞针绝艺·刺绣"中，将所制作的肥皂、香包、团扇等作品带入家庭、赠予亲友及进行义卖，让学生体会劳动的价值所在，体会自己作为社会的一分子肩上的责任。

七、活动案例

以"飞针绝艺·刺绣"劳动教育主题为例，通过听讲座、自己亲自收集布料、编织、刺绣作品，到刺绣厂参观和体验，使同学们对河南刺绣汴绣、中国刺绣四大名绣有一定的了解，掌握一定的刺绣技能与方法，锻炼劳动意志和品质，具体活动步骤如下：

活动步骤一

了解刺绣

刺绣是中国传统手工艺术的精粹，其针法丰富，视觉效果各异，又有着不同的地域流派和特征，汇集了劳动人民的智慧和审美。因此需要教师引导学生通过讲座、实地考察了解刺绣的种类、针法等，并通过小组合作对自己所了解的关于刺绣的知识进行归纳、整合，组与组之间进行分享，让学生对刺绣有一个初步的了解，同时锻炼了学生的合作能力及对信息的处理能力。

活动步骤二

学习实践

学生在了解各种针法特点后，让学生借助中国特有的民俗文化和自身的知识，确立创作主题，如香包刺绣、扇子刺绣等。以小组为单位，根据选题，学生分工合作、完成作品，让学生在劳动中体验收获的快乐，提升学生的审美能力，掌握一定的技能，感受在劳动中进行创新、创造的乐趣和幸福感。

活动步骤三

成果应用

随着学生的熟练程度提高，制作的刺绣作品数量也越来越多，教师引导学生把刺绣作品带入社区、公园等公共场所进行展示和义卖，学会分享，提高交流能力，提升学生劳动的成就感，让学生从中体验到劳动的价值。

活动步骤四

感悟和收获

通过刺绣实践活动，锻炼了学生双手的灵活性和协调性，养成学生细心、专心、耐心等良好习惯和品质，并将其迁移到学习和生活中来。让学生撰写活动报告和感受，深刻理解劳动的艰辛和价值，进而发自心底的去尊重劳动、尊重劳动者、珍惜劳动果实。

八、课程评价

评价体系主要由两个方面构成，过程性评价和终结性评价相结合。过程性评价注重学生成长的学习态度、问题解决能力、合作交流能力、关爱意识与能力等内容，终结性评价以成果作品为主要参靠依据。本课程将这两类评价有机地结合起来，客观、公平、公正地对学生在活动中的表现进行说明，具体做法如下：

1. 档案袋评价。每位学生建立劳动教育课程档案袋，里面包括劳动教育出勤登记表、劳动教育活动调查问卷、活动宣传资料、学生查阅的资料等；活动后学习体会、实验报告等；活动有关的文字、图片、影像资料等。

2. 学习成果展示评价。成果展示包括小论文、调查报告、研究笔记、劳动的有形成果等，学校每学期举办劳动教育课程成果展示评价活动及劳动成果评比活动。

3. 评价者。课程主要采用师评、互评和自评形式。师评以教师在课堂观察学生表现和对劳动实践过程进行评价。教师设计学习评价表，出示优秀、良好、合格三个等级的评分标准，先自评，并在小组内进行互评，每组推荐一人进行课上展示。最后给出一个综合评价，并将成绩记入学生成长档案中。七年级偏重考察学生对知识的探究学习，如学生制作的学习手抄报、PPT；八年级侧重劳动技能的学习，如各种针法练习、刺绣作品；九年级注重培养学生关注劳动实践和生活的融合能力，撰写的活动报告、心得体会等。期末为全优学生颁发优秀劳动学生证书以资鼓励。

表 5-10　"飞针绝技·编织"评价表

学生姓名：　　　　　　　　班级：

评价指标	优秀	良好	合格	自评	互评
活动态度	对编织有浓厚兴趣；能主动积极准备材料、查阅资料；认真思考并能创造性的进行编织；能够灵活自信的表达自己的创意，并能与同伴进行有效交流合作	对编织有一定兴趣；能主动准备材料、查阅资料；能听从教师指导，持续努力学习并能用老师教的针法进行编织；能与同伴交流自己的创意	能在老师督促下准备材料、查阅资料；在老师或家长的鼓励帮助下进行编织；能与同伴进行沟通，分享自己的创意		
活动能力	能准确说出编织工具、材料名称；熟练掌握棒针起头的方法，熟练掌握平针、反针、添针、减针、收针的织法，并能认真按时进行练习；能在原有编织方法的基础上对编织花色进行探索，具备良好的劳动习惯及极强的劳动创新能力	能说出编织工具、材料名称；基本掌握平针、反针、添针、减针、收针的织法，并能按时进行练习；能与同伴交流合作，共同完成编织花色的探索，具有较好劳动习惯及劳动创新能力	经老师提示，能说出编织工具、材料名称；基本掌握棒针起头的方法，基本掌握平针、反针、添针、减针、收针的织法，并能在教师督促下，完成相关练习；在老师、家长及同伴帮助下，能进行一些探索，具备劳动创新意识，但劳动习惯及劳动创新能力需要在老师及家长的指导下进一步提升		
活动成果	能用创新针法完成一条围巾的编织或利用自己掌握的针法完成其他作品；作品花色新颖、美观、实用性强，在成果展示环节获得至少 80% 师生的认可及好评	能用学过的针法完成一条围巾的编织；作品美观、实用性强，在成果展示环节获得60% ~ 80% 师生的认可及好评	在老师和家长指导帮助下能用学过的针法基本完成围巾的编织；有完整的作品，作品具有实用性，在成果展示环节获得40% ~ 60% 师生的认可及好评		
综合评价	共计获得 4 个及以上优秀等级	共计获得 4 个及以上良好等级	共计获得 6 个及以上合格等级		

　　在评价实施过程中，自我评价和小组互评分别占总评的 25%，学生需要结合劳动活动中的具体表现，从劳动准备、劳动实施过程、劳动成果展示等方面进行自主评价。

　　教师评价占总评的 50%。教师从学生的课前准备、上课的精神状态、活动的参与程度、活动探索的能力等方面进行客观的记录和评价，并在评价过

程中及时给予可操作的指导。

总之，要通过评价加强学生劳动习惯及劳动技能的培养或改善，通过评价促进学生创新意识及创新能力的发展。

九、课程保障

为了将劳动教育融入学生培养的全过程，实现劳动教育育人的价值，我校制定了以下措施：

1.课时安排。七、八年级每周安排一节课程，每学期不少于14课时；九年级每两周安排一节，每学期不少于10课时。

2.师资保障。该课程由一线参与课程开发的教师承担，未来两年有望由专职教师承担。

3.家校合作。成立家长委员会，让家长参与到定期开展的参观、作品展览、知识讲座、捐赠等活动中来。

（郑州市第四十七初级中学　匡　燕　董清敏）

温暖回乡路

一、课程实施背景

郑州市第三十四中学从 2005 年起以综合实践活动的四大领域进行课程的建设及实践，2007 年将研究性学习、劳动教育、信息技术教育、社会实践与社区服务融为一体，重构了课程体系，涵盖生活、生产、服务及创新四个方面，研发了"劳动创造未来"劳动教育课程。课程着眼于激发学生对劳动的喜爱，培养学生阳光心态；激发学生对劳动的兴趣，在动手、动脑中发展自我；引导学生学会创造生活、建设世界，感受劳动最光荣的意义；培养学生正确的劳动观、价值观、人生观和世界观。

社区服务是"劳动创造未来"的系列主题活动之一，贯穿学生初中阶段，本活动旨在让学生在社区服务中强化社会责任意识、规则意识、奉献意识，让学生通过活动增强对家庭、学校、社区、社会的感恩意识，力所能及地付出个人的时间和精力，用自己的双手和智慧回报社会，在劳动中培养学生奉献、友爱、互助、进步的志愿服务精神。

二、课程理念

我们认为：

1. 课程即重塑。学生将经历"我爱、我思、我做、我创"的系列体验和劳动过程，认识劳动教育的意义和价值，达到重塑价值观，丰富生命。

2. 课程即经历。各个真实劳动情景的创设皆为学生提供真正的、独特的、不可重现的劳动生活，丰富学生的情感世界，形成每个个体对劳动的独特认知。在经历系列劳动过程中体验劳动知识，掌握劳动技能和劳动方法，强化学生在社会生活中创造性解决问题的意识和责任担当。

3. 课程即发展。通过该课程，引导每一个生命个体从学校走向社会，从书本走向生活，从间接经验走向直接体验，体验劳动的辛苦，感受工匠精神，在劳动中锤炼自我，强健体魄，发展身心。

三、课程涉及的学科

本课程涉及语文、数学、物理、化学、生物、美术、音乐、历史、地理、综合实践活动、道德与法治等学科。

四、课程总目标

在动手、动脑中发展自我，引导学生在认识世界的基础上，学会建设世界，塑造自己，树德、增智、强体、育美。

1. 激发热爱，塑造价值：通过丰富的劳动任务及劳动情景的创设，经历劳动的全过程，感受劳动的意义和价值，感受劳动之美、劳动之乐，树立建设世界的责任感与使命感。

2. 学中创造，改变世界：通过创新性劳动课程的学习，能综合运用所习得的劳动知识与劳动技能解决生活中的问题，牢牢树立劳动创造世界，劳动改变世界的信心与信念。

3. 知行合一，提升素养：通过亲历实践、坚持实践、感悟实践、创新实践，深刻体会劳动是人类的本质活动，理解劳动光荣、创造伟大是人类文明进步的规律，培养劳动观念、劳动态度、劳动习惯和劳动精神，知行合一，不断提升劳动素养。

五、课程内容规划

"劳动创造未来"劳动教育课程以技能劳动、社会性劳动、生活性劳动、创造性劳动为主，采取集中培训、实践活动、岗位认领等方式实施。

表 5-11 "劳动创造未来"劳动教育课程活动表

年级	活动内容	课程目标	涉及学科	课时安排	实施形式
七年级	上期	巧手绣	通过对绕线钉子画、十字手绣等技能的学习，学生在设计、动手操作的过程中激发兴趣，提高学生发现美、欣赏美、创造美的能力，养成劳动技能与劳动品质	技术	10课时	校内
				艺术		
				人文		
		烘焙	通过烘焙活动激发学生兴趣，学会烘焙基本方法，提高学生劳动意识和感恩情怀	技术	6课时	校内、家庭
				艺术		
				人文		
	下期	陶艺	通过个人或集体合作的方式参与活动，尝试各种陶艺材料、工具、制作方法，丰富视觉、触觉和审美经验，体验劳动成果的乐趣	技术	6课时	校内
				艺术		
				人文		
		百草园	通过观察、种植、记录植物的生长过程，学生能认识植物的基本形态，学会基础的植物栽培方法和养护方法，在活动中感受劳动的价值与意义	生物	6课时	校内、社区
				综合实践活动		
		学雷锋志愿服务活动	在3月学雷锋月活动，开展志愿服务活动，面向社区开展清洁打扫、环境保护宣传等活动，感受用劳动为他人服务的奉献精神	综合实践	4课时	校内、校外

年级		活动内容	课程目标	涉及学科	课时安排	实施形式
八年级	上期	3D 打印	通过数学实践操作及探究，让学生体验在动手搭建模型的过程中，感受科技的力量，体验劳动创造美好生活，劳动改造世界人的意义	数学 信息 技术 美术	10 课时	校内、校外
		能工巧匠	通过木工切割、打磨工具的使用、承重结构设计制作、木桥梁结构设计制作等动手实践和创意成果展示等创新活动，提高设计、改进、优化的意识，培养学生科学严谨、不怕困难的劳动品质	工程 物理 艺术	10 课时	校内
		关爱老人	通过进入养老院、社区帮扶老人家庭等开展卫生志愿服务活动，提升学生劳动奉献精神	综合实践活动	4 课时	校内、校外
	下期	创新机器人	通过编程、机器人组装等学习，激发学生对新型劳动技能的情感、提升学生的劳动素养	信息技术 工程 机械	8 课时	校内
		汽车模拟驾驶	通过对车辆模型的创意组装、结构驱动智能设计与操作，培养学生结合生活实践将创意变成现实的生活劳动与创造能力	机械 工程	8 课时	校内
		学雷锋志愿服务	在 3 月学雷锋月活动，开展志愿服务活动，面向社区开展清洁打扫、环境保护宣传等活动，感受用劳动为他人服务的奉献精神	综合实践活动	4 课时	校内、校外
九年级	上期	"绿城使者"城市环境治理	通过深入社区进行劳动实践和研究性学习，感受普通劳动者的不易与艰辛，强化学生社会角色意识，增强社会担当和责任感	综合实践活动	8 课时	校内、校外
	下期	校内服务劳动岗	通过丰富多彩的校内劳动岗的申请与参与，激发学生劳动兴趣和热情，促进学生将劳动知识和劳动实践相结合，达到学以致用、知行合一	综合实践活动	8 课时	校内、校外

六、课程实施要素

"劳动创造未来"旨在激发学生崇尚劳动、尊重劳动，从而树立劳动最光荣、劳动最崇高、劳动最伟大、劳动最美丽的价值观，成长为有理想、有本领、有责任、有行动的时代新人。课程实施要素如下：

1. 多样的课程实施场所。为满足学生多元化个性的发展需求，学校建造了丰富多元的课程基地——学生发展中心，其中有近40种功能性教室和学生实践场所、四个校外劳动教育基地。如"百草园课程"，学校为该课程配备15块实验田，七、八年级每个班级认领一块，配置了劳动工具如耙子、铁锨等，购买了适宜四季种植的种子，让学生能获得劳动教育的真实体验，弯腰出汗，掌握劳动技能与相关知识，激发学生劳动的兴趣，享受劳动的快乐。

2. 丰富的课程内容。为丰富课程资源，学校采取边实施边研发的课程研发策略。目前，已形成了十类以上的劳动课程资源，资源种类有校本教材、视频及学习课件，如"创新机器人"课程，学校自主编写了机器人教材，录制了视频学习资料，购买了机器人及套件等硬件资料；"3D打印"课程，学校研发了数字教材，购买了6台3D打印机和百支3D打印笔，3D建模软件等工具；这些课程的建设不仅方便了学生的学，而且不受教师师资变动的制约，保证了课程常态实施，提高了学生信息技术的掌握能力。

3. 灵活的课程实施方式。不同的课程内容特点，采取不同的实施方式，如项目式学习，研究性学习、实践探究、实地考察，职业体验等都是"劳动创造未来"课程的主要实施方式。"能工巧匠"课程涉及跨学科知识，以项目式学习为主，通过项目发布、组建团队、头脑风暴、设计方案、制作模型、实施改进等进行实施；"陶艺"课程以实地考察、动手制作方式实施，与研学考察相结合，课内与课外学习相结合；"汽车模拟驾驶"课程，让学生到公交公司采访与了解该职业的责任感，驾驶技术对乘客安全的重要性，再回校模拟。灵活的课程实施方式，既凸显新时期不同类型劳动的特点，又强化了劳动教育的效果。

4. 多元的课程评价。学校采取三结合的评价办法，即常态与动态评价相结合、过程性和成果性评价相结合、学分达标与等级评定相结合，每期评选劳动标兵，评价结果纳入学生综合素质评定中。"百草园"课程对学生是否学会了挖、耙、种等劳动技能，能否识别并挑选优良种子，是否主动参与劳动等进行评价；"3D打印"则注重对学生能力发展和作品的创新性进行评价。

评价不仅发挥育人功能，更能促进学生的全面发展。

七、活动案例

我校每年寒假期间组织志愿者进驻郑州长途汽车客运总站，开展"绿城使者"志愿服务活动，主要为回乡农民工提供站次咨询、购票服务、行李搬运、安检指引、三品检查、检票指引等服务。具体实施如下：

活动一

看见回乡路上的艰辛

活动开始前通过搜集大量的图片及视频资料，让学生了解回乡路上曾经发生过很多辛酸的故事，尤其是农民工的返乡路更是漫长，让学生明白这项活动的意义和价值，同时提出问题，怎样做能温暖回乡路等，让学生做好充分的准备。

活动二

"温暖回乡"之路在行动

每年腊月二十三，学校都如期组织学生到郑州长途汽车站开展活动，为外来务工人员提供春运车次、天气、路况等公共信息咨询；协助站区工作人员维持秩序；提供免费热水、针线、药品；协助安检台工作人员对旅客进行身份验证、秩序指引、三品检查、行李搬运、送老弱上车等，学生不怕苦累、不畏寒冷，体现了新时代青年的责任与担当，继承和发扬了志愿者精神，凸显了通过社区服务进行社会性劳动教育的价值。

活动三

评选"最有温度的人"

服务结束后，组织所有成员对本次活动进行评价，以此为契机推进志愿者招募注册、培训管理、服务记录、表彰激励等机制建设，把志愿者的积极性保护好、发挥好，把志愿服务热情最大限度地激发出来，并将认定结果纳入中国注册志愿者平台和学生的成长纪录袋中。

表5-12 "温暖回乡路"活动评价表

班级：　　　　　　　　　　　　　　　姓名：

评价内容 \ 评价主体	评价标准	过程性评价		
评价要素	具体内容	自评	师评	他人评
服务态度	积极参与，愿意为他人全心全意服务			
服务过程	有耐心、有方法，不怕累、不怕苦			
服务成效	服务过程比较专业，他人获得帮助，得到问题解决			
服务时长	能够根据规划的志愿时间坚持到底			
学生留言				
教师留言				
总评				

请在表格里填写：优秀、良好、待努力，各项累计在10~12个"优秀"以上，总评为"优秀"；

6~9个"优秀"，总评为良好；

6个"优秀"以下总评为待努力。

八、课程评价

"劳动创造未来"劳动教育课程重在强调学生在课程实施过程中的积极参与、主动实践、深度学习及自我建构，因此制定了如下的评价维度、评价标准和评价细则。

1. 劳动态度：热爱劳动，尊重所有劳动者的劳动成果，主动按时参加每一次活动，能克服劳动中遇到的困难并能主动解决。

2. 劳动品质：积极参与小组活动，能与组内成员交流、合作，在劳动教育的各个阶段体现团队意识和责任担当。

3. 劳动能力：认真完成每个劳动任务，掌握劳动知识、劳动工具及新技术的恰当运用。

4. 劳动成效：积极参与校级以上的比赛活动，有自己独立的劳动成果，在劳动中受到家长或社区、学校的表扬，有劳动过程的连续性日志或研究性学习成果。

九、课程保障

课程的实施需要课时、场地、资源、师资、培训等各个要素的共同协调，促进"劳动创造未来"课程在学校全面落地，发挥育人功能，彰显课程价值。

1. 场地保障。依据课程计划，每期20个课时，采取集中与分散课时相结合。分散课时在学生发展中心和校内劳动基地实施，集中课时在校外实践基地实施。

2. 师资保障。学校目前有专兼职教师近20人，并外聘高校专家、社会专业人士作为专家团队进行专业指导。

3. 资金保障。学校每年从师资培训与劳务、资源建设、活动开展、专家指导、课题研究等方面进行预算，对任课教师发放课时津贴，并对公开课比赛、课题研究成果等成果显著的教师给予奖励。

（郑州三十四中　王远荣　张慧民）

后 记

　　从来没有停止过的教育活动，陌生的是劳动教育"课程化"。既然是"课程"那就不是单一的劳动，而是一种劳动教育的规范化、系统性活动，涉及课程应该具备的课程目标、年级段目标、有体系的内容、实施的策略、评价的方法、基地的建设、校外的协作、资金的支持等，还有最基本的保障要素是有任课教师。

　　其实，学校开设了不少劳动教育课程，只不过在教育部没有出台《关于全面加强新时代中小学劳动教育的意见》前，没有将劳动教育课程进行"仪式感"地重新审视与课程建构乃至经验推广。

　　我区在劳动教育课程这方面有不少零散的、成熟的案例，如何将这些案例进行梳理，帮助学校重构劳动教育课程体系，建构学校的劳动教育课程文化模式，是一名区教研员需要思考和实践的。

　　于是，守着这份愿望，在 2020 年的暑假，我将在劳动教育、综合实践活动、创客、研学等方面做得有成效的学校——罗列出来，与负责的学科领导、老师进行交流，帮助他们找到课程实施中的亮点和闪光点、经验和特色，从课程实施意义、教育哲学建立课程模块，进行顶层设计，重构课程实施体系与评价等。

　　老师和我在这个过程中，一起成长着：

王欢主任说：在课程的建设中，我发觉自己不仅是课程的创生者，亦是受益者。劳动推动社会的进步，是人维持自我生存和自我发展的唯一手段。课程的建设与实施即是用劳动浸润堂堂正正中国少年的成长之路！

姜萌老师说：劳动课程应与当下社会生活相结合，体现时代性、创新性；劳动课程应与学生的生活经历相结合，符合学生需求；劳动课程更应彰显学科特色，在浸润式的教学过程中，成就全面发展，成就生命美好未来。

杨海威主任说：劳动教育的落实离不开真情实景、真做实干、真心实意，这使得我们的劳动教育课程必须面向真实世界，必须基于现实生活，要让儿童面对生活中的真实问题进行探索和解决，在操作、思考中积极创造。

闫明主任说：劳动教育没有统一部编教材，全凭劳动教育教师的个人理解，很不成体系，很难科学设计课程及评价。通过关老师的指导，重新思考与梳理了劳动课程，实现了我校"创新奇"劳动课程设计更加科学、环节更加完善、视野更加开阔、教育功能更加有效。

董清敏老师说：劳动教育不仅是简单的技术训练，也不仅是教育理论联系实际，而是让学生发现生命才华，品尝劳动幸福，懂得奉献付出的人生才是幸福人生的人生观和价值观。听君一席话，胜读十年书，这个暑假关老师让我真正明白了课程。

易芙蓉校长说：谢谢关老师，您帮我们把想做的事情进行了指导和完成！

作为一名区域教研员，身上肩负着太多的职责和义务，同时也有重任和期望。段立群主任经常叮嘱我们，教研员是指导者，也是引领者、服务者，我们要服务好学校、指导好教师，为学校和教师的发展着想！

而我，作为一名综合实践活动课程、劳动教育课程的教研员，牢记这份责任和使命，及时发现学校的优秀成果经验，通过自己的努力将其提升、凝练、出版，以和同人们一起分享、交流、切磋！

再次感谢校长们的支持，感动每一位学校中层和教师牺牲暑假的时间一次次和我深入地交流、一遍遍地修改稿子，才有了这样一本具有代表性、推广性、借鉴性的成果集。

感谢柳袁照校长在繁忙之中为这本书写序，从中我感受到他文笔的细腻和力度，感受到他对劳动教育课程的深度理解和思考；作为诗人，他有开阔的眼界；作为管理者，他有独到的艺术；作为教育者，他有深邃的思考和精湛的专业度。这些都将激励着我前行，并带领我区教师继续走在研究的路上！

希望同人们，通过一个个优秀的成果，能够深刻感受到劳动教育不仅仅是"劳动技能"的达成，更是引领学生经历"丰富的探究""多元的体验""科学的评价""有可视成果"等多元的课程实践，进一步树立学生劳动品质，出力流汗，不怕艰辛，感悟工匠精神，激发劳动创造美好生活，劳动创造世界的意识，形成正确的劳动价值观、人生观、世界观。